JN025329

組織内弁護士の実務と研究

Practice and Research of
In-House Lawyers

日本組織内弁護士協会=編
Japan In-House Lawyers Association

日本評論社

巻頭言

　日本組織内弁護士協会の創立20周年を記念して、ここに「組織内弁護士の実務と研究」をお届けさせていただきます。

　20年前は、法曹界において「組織内弁護士」や「インハウスロイヤー」という言葉を耳にすることはほとんどありませんでした。当時まだ法律事務所に勤務しており、実在の組織内弁護士に会ったことはなく、組織内弁護士の存在について見聞きしたのは、米国ロースクール留学時代でした。そんな時代に日本組織内弁護士協会は誕生したのです。

　その後、司法制度改革により、『法の支配』を社会の隅々までゆきわたらせ、社会のさまざまな分野・地域における法的需要を満たすことをめざし、弁護士の職域拡大が推進されました。組織内弁護士の数が数十名のレベルから、1,000人、2,000人と堅調に推移し、3,000人に到達する日は目前です。上場企業などにおいては、組織内弁護士がいる企業が約3分の1を占め、「珍しい存在」から「当たり前の存在」になりつつあります。

　数の増加だけではありません。職域の拡大も顕著です。当初は、そのほとんどは外資系企業か金融業界に所属しておりましたが、徐々に組織内法務の世界は変化しました。多くの組織内弁護士が日本企業に進出し、現在では、製造業、商社、IT、通信、流通といった幅広い分野に多くの組織内弁護士が所属しています。さらに、民間企業だけにとどまらず、国家公務員、地方公務員、教育機関や大学、病院、国際機関、NPOなど、こんなところにもインハウスが、と驚くような組織にまで進出しています。

　このことは、『法の支配』を社会の隅々まで広めようという、当初の司法制度改革の狙い通りといえます。しかし、あまりの急激な変化で、それまで弁護士を有さなかった組織が初めて弁護士を迎えることは容易ではなかったはずです。終身雇用で厳格な人事制度を有する日本企業などはその典型例といえます。アメリカをはじめとする先進国の企業ではすでに多くの組織内弁護士が活躍していたものの、歴史的経緯や法制度が大きく異なる日本では、司法制度改革という法制度の後押しがあっても、新たな職域

を開拓することに伴う苦労は並大抵のものではなかったと考えます。

　いまだに多くの行政や企業等の組織において、欧米であれば弁護士が担当する業務を日本では弁護士以外の者が担当しております。弁護士でない者が多数存在する業務領域に弁護士が後から参入しているわけです。かような日本独自の背景や組織風土の下では、お手本にできるロールモデルやマニュアルもありませんでした。「組織内弁護士の役割」についての共通理解がそもそも日本には存在しなかったのです。

　組織が初めて弁護士を雇用すると、雇用者側と被雇用者側の双方は「組織内弁護士の役割」について考えさせられます。例えば、弁護士が業務を遂行する意義は何なのか、弁護士が担当すると何か変わるのか、さらに、人材育成、キャリア形成、昇格、評価や処遇等、繰り返し論議されてきました。そこで、20周年を機に、「組織内弁護士の実務と研究」と題して、組織内弁護士についての役割や機能についての研究成果を言語化したものが本書です。

　次の10年、20年に向けて、AI等のテクノロジーの発展も含めた外部環境の変化に伴い、組織内弁護士に期待される役割や機能は変化し続けることになるでしょう。過去20年の研究結果から示唆を得つつも、未来の組織内弁護士がより広い職域において法の支配の実現や社会的責任が果たせるよう不断の努力を重ねてまいりたいと考えております。

　最後に、本書の刊行にあたっては、組織内弁護士としての本業と両立しながら多大な貢献により短期間での発刊を可能として下さった出版プロジェクトの方々、執筆のご担当者の方々に感謝と尊敬の意を表します。

　2021年8月

日本組織内弁護士協会理事長

榊原美紀

はしがき

　本書は、日本組織内弁護士協会創立20周年記念事業の１つとして編纂された、組織内弁護士に関する論文のみを集めた研究論文集です。

　当会創立から20年、この間、組織内弁護士を取り巻く状況は大きく様変わりしました。当会が創立されたのは2001年８月。６月に司法制度改革審議会の最終意見書が内閣に提出された直後のことでした。当時は、旧弁護士法30条により、弁護士が組織に入って活躍することについて厳しい制限が設けられている時代でした。弁護士会の厳しい審査を経て企業で働くことが認められた弁護士は70名に満たず、公務員に就任することは禁止されていました。

　このような状況に対し、司法制度改革審議会は、「今後は、弁護士が、個人や法人の代理人、弁護人としての活動にとどまらず、社会のニーズに積極的に対応し、公的機関、国際機関、非営利団体（NPO）、民間企業、労働組合など社会の隅々に進出して多様な機能を発揮し、法の支配の理念の下、その健全な運営に貢献することが期待される」と明確に述べ、旧弁護士法30による参入規制の撤廃を提言したのです。これを受けて、2003年に改正弁護士法が可決成立、翌2004年４月１日より、弁護士の公務就任と営利企業への関与が原則自由となりました。

　そこから20年近くが経ち、組織内弁護士は民間企業だけでも2600人を超え、全弁護士の６％強を占めるまでになりました。東京都内に限れば１割を超えています。弁護士は民間企業から官公庁、非営利法人に至るまで社会の隅々にまで広がり、社会全体に法の支配の理念が浸透したといってよい状況になりつつあります。本書は、このように社会の隅々に行き渡った組織内弁護士の様々な側面を捉えた研究論文を体系化して紹介することで、組織内弁護士の多面的な理解を可能とし、現在の発展を次の世代の更なる飛躍に繋げていくことを目的として編纂いたしました。

　本書は、3部構成となっています。第Ⅰ部では、「法の支配と組織内弁護士の役割」と題し、組織内弁護士が日本あるいは諸外国においてどのような実在として位置付けられているのか、また、司法、行政、立法の各分野でどのように機能し、法の支配の一翼を担っているのかについて明らかにしていきます。

　第Ⅱ部では、「企業統治と組織内弁護士の役割」と題し、企業グループのガバナンス、コンプライアンス、リーガルリスクマネジメントにおいて、組織内弁護士がどのような役割を果たしているのかについて明らかにしていきます。

　第Ⅲ部では、「特定の法分野と組織内弁護士の役割」と題し、知財、金融、エネルギー分野といった、特に社会的経済的に喫緊の課題となっている個別分野における組織内弁護士のかかわりや役割について、組織内弁護士の目線で明らかにしていきます。

　当会が、初めての書籍『インハウスローヤーの時代』を上梓したのは2004年6月のことでした。同書は、組織内弁護士について書かれた日本で初めての書籍として、改正弁護士法施行のタイミングに合わせて出版されました。商業書籍として成り立つのか全く分からない中で、同書に意義を見出し、快く出版の機会を与えて下さったのは日本評論社様でした。当会創立20周年の節目にあたり、今回改めて日本評論社様より本書を出させていただくことができ、大変嬉しく、喜ばしく思っております。

　本書には、我が国における組織内弁護士に関する最先端の研究成果が結集しています。組織内弁護士の次の10年の飛躍の基礎となるものと確信しています。

　2021年8月

日本組織内弁護士協会
創立20周年記念事業担当副理事長／事務総長
梅田康宏

目　次

法の支配と組織内弁護士の役割

第1章

法の支配と組織内弁護士
——日本の組織内弁護士の更なる発展のために

須網隆夫

1　はじめに——フロンティアとしての組織内弁護士

　1990年代までの日本に、組織内弁護士はほとんど存在しなかった。このことは、欧米諸国と著しく異なる、日本の弁護士のあり方の特徴であった。既に1970年代に、アメリカの企業法務部は弁護士を主力に編成され、進出した日本企業も、一定規模以上の子会社の過半数は、1980年時点で、米国弁護士を法務部に雇用していた[1]。これに対し、経営法友会が1980年に国内で実施したアンケート調査結果では、回答企業350社のうち、弁護士を雇用する法務部はわずか5社（外国企業の日本子会社1社を含む）にとどまっていた[2]。日本とアメリカの法規制・訴訟件数・法文化等の相違を考慮しても、その懸隔は甚だしいと言わざるを得ない。

　組織内弁護士のそのような状況は、司法制度改革以前の日本における弁護士の量的供給の少なさが一因であった。1980年当時、毎年の弁護士供給は年間400人未満でしかなく、法律事務所の需要に応えるのが精一杯であり、企業法務部にまで供給する余地は乏しかった。この状況を変化させた

---

1) Setsuo Miyazawa, *Legal Departments of Japanese Corporations in the United States: A study on Organizational Adaptation to Multiple Environments*, Kobe University Law Review, No.20, 97, 101-102, 108-109 and 119（1986）.

2) *Id.*, at 101-102 and 108-109.

のが、21世紀初頭の司法制度改革であった。2001年の司法制度改革審議会意見書は、司法制度全般の改革を試み、弁護士についても、弁護士人口の大幅な増加とともに、政府、民間企業など組織内弁護士の拡大を、改革の一手段に位置付けた[3]。弁護士数が著しく制限されてきた日本社会では、様々な場面で、欧米諸国であれば、当然に弁護士が担っている役割が非法曹によって担われ、言わば弁護士抜きに社会が機能するようになっていた。その是非はともかく、換言すれば、日本社会には弁護士が進出し得る様々なフロンティアが残っており、それらのフロンティアへの弁護士の進出による「法の支配」の実現を期待したのが司法制度改革であった。そして、その提言を具体化した最も顕著な事象が、過去20年間に渡る企業内弁護士（インハウス）の増加であったと評価することができよう。本稿は、日本におけるインハウスの更なる発展を願って、そのための課題を「法の支配」の観点から論じようとする。インハウスに関しては、これまで、多様な役割を果たすインハウスの「弁護士の独立」と「弁護士倫理の遵守」をめぐって多くの議論が交わされてきた。本稿は、それらの議論を参照しながら、弁護士依頼者・秘匿特権とコーポレート・ガバナンスを中心に検討し、その前提として、インハウスが世界に共通する普遍的な現象であることを確認する。

2　企業内弁護士の普遍的意義

(1)　アメリカにおけるインハウスの隆盛

　インハウスが量的にも質的にも、最も活発に活動してきたのはアメリカであろう。アメリカのインハウスには19世紀後半にまで遡る長い歴史がある。第二次大戦前から戦後にかけて、大規模ローファームの発展により、

3）意見書は、弁護士が「公的機関、国際機関、非営利団体（NPO）、民間企業、労働組合など社会の隅々に進出して多様な機能を発揮し、法の支配の理念の下、その健全な運営に貢献することが期待される」と提言している（「司法制度改革審議会意見書──21世紀の日本を」〔2001年6月〕）。

企業法務の大部分を外部のローファームが担ったことから、インハウスは一時その地位を低下させるが、1970年代以降、企業法務における社内法務部の比重が増し、インハウスの地位は再び上昇に転じる[4]。1960年代までは、ローファームでパートナーになれなかった弁護士がインハウスに転向すると言われたが、現在では、そのような関係はなく、ローファームとインハウスの間では双方向的な移動によるキャリア形成が日常化している[5]。インハウスの地位・影響力は、21世紀に入ってからも一貫して上昇曲線を辿り、法務部門の最高責任者であるゼネラル・カウンセルは経営中枢に直結し、社内で大きな影響力を保持するようになる[6]。インハウスの地位向上と並行して、1970年代以降、インハウスの数も増加する。特に1980年代（1980年から1991年）にはインハウスは33％も増加した[7]。1982年に設立された「アメリカ企業内弁護士協会（American Corporate Counsel Association, ACCA）」は、2007年には2万人以上の会員を有すると報告されたが[8]、現在はアメリカ国内に限っても弁護士の約10％、人数にして10万人以上がインハウスと推定されている[9]。

---

4) Eli Wald, *Getting In and Out of the House: The Worlds of In-House Counsel, Big Law, and Emerging Career Trajectories of In-House Lawyers*, Fordham Law Review, Vol.88, 1765, 1767-1780（2020）.

5) *Id.*, at 1789-1790; Jonathan C. Lipson, Beth Engel and Jami Crespo, *Who's in the House? The Changing Nature and Role of In-House and General Counsel*, Wisconsin Law Review, 2012, No.2, 237, 238-239（2012）.

6) Eli Wald, *supra* note 4, at 1776-1777; Omari Scott Simmons and James D. Dinnage, *Innkeepers: A Unifying Theory of the In-House Counsel Role*, Setton Hall Law Review, Vol.41, No.1, 77, 79-80（2011）.

7) Jonathan C. Lipson, Beth Engel and Jami Crespo, *supra* note 5, at 240.

8) Sarah Helene Duggin, *The Pivotal Role of the Corporate General Counsel in Promoting Corporate Integrity and Professional Responsibility*, Saint Louis University Law Journal, Vol.51, 989, 998-999（2007）; なお、ACCA は、2003年には、名称を「企業内弁護士協会（Association of Corporate Counsel, ACC）」と改め、現在は世界84か国に4万5000人以上の会員を有するグローバルな組織に発展している。

9) Eli Wald, *supra* note 4, at 1781.

(2)　ヨーロッパ諸国のインハウス

　アメリカと同様にヨーロッパでも、インハウスの歴史は19世紀後半に遡り、20世紀には、法務部の発展とともに、企業に雇用され、法務部に所属するインハウスは、弁護士の普通の業務形態となっている[10]。インハウスの団体も、1930年のオランダを嚆矢に各国で設立されており、後述するEU司法裁判所のA.M.&S.事件判決翌年の1983年には、各国（EU加盟国・非加盟国）のインハウス団体の連合体として、「ヨーロッパ企業内弁護士協会（European Company Lawyers Association, ECLA）」が設立され、ベルギーのブリュッセルに本拠を置いている[11]。ECLAには、2012年時点で20か国の団体が加盟し、各団体の構成員合計は43,000名に達している[12]。ヨーロッパにおける法務部・インハウスの機能はアメリカと大差ないが、異なるのは、インハウスの弁護士登録の可否であり、登録を認めるのは一部の国（イギリス、アイルランド、ドイツ、ノルウェー、オランダ、ポーランド、スペイン、ポルトガル）に止まり、雇用関係にない弁護士とは異なった取り扱いをする国が多い。そのためECLAは、一方で後述（注21）の欧州弁護士会協会（CCBE）行為規範の採択、独自の倫理規則の制定を進めるとともに、秘匿特権の適用、弁護士会加入など、インハウスに通常の弁護士の地位を求めて欧州委員会・欧州議会などに対してロビー活動を継続している[13]。

---

10) ドイツの1878年法は、インハウスが弁護士会に所属できることを既に定めていた（European Company Lawyers Association, Celebrating 30 Years of ECLA（26 September 2013））。

11) 各国の団体設立は、スウェーデン（1954年）、ベルギー（1968年）、フランス（1969年）、イタリア（1976年）、ドイツ（1978年）であった（*Id.*）。

12) Philippe Coen, *An Introductory Chapter*, in Company Lawyers: Independent by Design, An ECLA White Paper（Philippe Coen and Pr. Christophe Roquilly eds., 2012）.

13) ECLA, *supra* note 10; ECLA, Code of Ethics, Declaration of common ethical principles relating to the company lawyers' practice in Europe, 30 May 2014.

(3)　ロシア・中国等新興国のインハウス

　インハウスが増加しつつあるのは、欧米諸国だけではない。弁護士と企業内法律専門職（enterprise legal advisor）が別資格として成立している中国でも、1980年代以降、外部の弁護士を顧問弁護士に迎えて、中国企業の海外進出に対応する法務部の強化が企図されたが、さらに2008年の金融危機後は、民間企業が弁護士をインハウスとして採用するようになり、社内の法務能力は2010年代に著しく強化された[14]。ロシアの場合も、2000年代初めの調査で、調査対象企業の80％がインハウスを雇用し、その半数は法務部に配属されているとの報告があり[15]、インドでもやはりインハウスの増加が見られる[16]。

　中国の場合、弁護士の独立は欧米と同様に保障されているわけではなく、ロシアの場合も、法務部の社内での影響力はソ連時代よりも小さい等[17]、欧米諸国のインハウスと同様の役割を果たしているとは限らないが、少なくとも企業内部に法律家を必要とする点では共通性がある。

(4)　小括

　以上、過去20〜30年間に、法務部に所属する弁護士資格者の増加は、グローバル化を背景に、法律サービス市場に現れた変化の一つであり、広く各国に見られる世界的現象のように思われる。Simmons と Dinnage は、インハウスを登場させた要素として、① 現代の会社構造の複雑化（事業部門化による企業の複数単位への分割と法務部の拡大による法律サービスの内

---

14)　Sida Liu, *Palace Wars over Professional Regulation: In-House Counsel in Chinese State-Owned Enterprises*, Wisconsin Law Review, 2012, No.2, 549, 552–553 and 571 （2012）; 2001年時点では、弁護士が90,257人に対し、企業内法律専門職は約23,000人であった（*Id.*, at 556）。

15)　Kathryn Hendley, *The role of in-house counsel in post-Soviet Russia in the wake of privatization*, International Journal of the Legal Profession, Vol.17, No.1, 5, 6–7 （2010）.

16)　Vivek Vashi and Prakritee Yonzon, *The role of in-house counsel in India*, 1 September 2013.

17)　Kathryn Hendley, *supra* note 15, at 6–27; Sida Liu, *supra* note 14, at 550.

製化）、②　法規制の変化（ビジネス関連法制の増大によるコンプライアンス費用の増加）、③　法律サービスの性質（外部弁護士によるサービスのインハウスによる代替性、依頼者によるサービスの質の判定不能性）を指摘する[18]。要するに、③は法律サービスの普遍的性質であるので、当該国・地域の企業・法規制が①・②の条件を満たす限り、そこではインハウスによる法務部発展の前提条件が満たされたことになる。そして、インハウスは、外部弁護士が作り出せない様々な価値を会社内に作り出すこともできる。インハウスは、外部弁護士と異なり、法を企業活動・組織文化に組み込む機能をも果たせるのである[19]。日本におけるインハウスの発展の開始は、司法制度改革という固有の事情に由来するところが大きいが、その後継続する発展は、世界的な現象の文脈に位置付けられるべきであろう。

3　組織内弁護士の独立——弁護士秘匿特権とインハウス

(1)　問題の所在

さて、過去数十年間に渡り、インハウスをめぐる最大の論点は、弁護士・依頼者間秘匿特権（以下、「秘匿特権」とする）のインハウスへの適用の可否であった。アメリカを含むコモンロー諸国とヨーロッパ大陸諸国とでは、組織内弁護士に対する認識・その位置付けが異なる。その相違が顕在化するのが、秘匿特権の適用という場面であり、その背景には、組織内弁護士の独立に関する考え方の相違がある。日本では、「弁護士の独立」が、社会正義の実現を任務とする弁護士にとって不可欠な制度的保障であることは、弁護士職務基本規程を見ても明らかであり（前文、2条、20条、50条）、判例も弁護士職務の高度の独立性を承認している[20]。「弁護士の独立」の重視は、日本だけではなく、諸外国の弁護士制度でも、その不可欠な要素として認められている[21]。そのため、雇用者と雇用関係にあるイ

---

18) Omari Scott Simmons and James D. Dinnage, *Innkeepers: A Unifying Theory of the In-House Counsel Role*, Setton Hall Law Review, Vol.41, No.1, 77, 94-110（2011）.
19) *Id.*, at 84, 87.and 115-134.

ンハウスの場合も、当該国で弁護士と認められていれば当然に独立の維持が必要となる。それでは、両地域の秘匿特権に対する考え方をまずは概観しよう。

(2)　アメリカにおけるインハウスの秘匿特権

　アメリカには、組織内弁護士と通常の弁護士を区別する発想が乏しい。したがって、組織内弁護士にも同じ行為規範が適用されると想定しており、秘匿特権についても、1981年のアメリカ連邦最高裁判決は、内国歳入庁の文書提出要求に対し、従業員とインハウス（同事件ではゼネラル・カウンセル）との間の通信は、秘匿特権によって保護されると判示し、秘匿特権がインハウスに認められることを明らかにしている[22]。そのため、それ以後、組織内弁護士は、その依頼者、すなわち「政府」又は「企業」との関係で、秘匿特権を有することが当然とされている[23]。アメリカで現在争われるのは、インハウスの秘匿特権を前提に、①特権の範囲（会社に限られ、従業員には及ばない）、②範囲の限界の確定（法的助言のみに適用）に限

---

20)　森際康友編『法曹の倫理〔第2版〕』（名古屋大学出版会、2011年）270頁、須網隆夫「「弁護士の独立」の尊重と「弁護士会の指導監督」」森際康友・高中正彦編『依頼者見舞金——国際的未来志向的視野で考える』（ぎょうせい、2017年）42-53頁、奈良地判平成20年11月19日判時2029号100-110頁。

21)　例えば、ヨーロッパの弁護士会の連合体である「欧州弁護士会協会（Council of Bars and Law Societies of Europe）」の定めた「欧州共同体内の弁護士のための行動規範」及び「ヨーロッパ法律専門職のコア原則憲章」は、弁護士の絶対的独立が司法にとって重要であることを明示している（規範2.1.1、コア原則（a））。また、アメリカ法曹協会の「ABA法律家職務模範規則」前文も弁護士職の独立性・弁護士自治の意義を語るとともに、幾つかの規定が弁護士の独立した判断を要請している（規則1.7条、1.16条、2.1条等）（Pam Jenoff, *Going Native: Incentive, Identity, and the Inherent Ethical Problem of In-House Counsel*, West Virginia Law Review, Vol.114, No.2, 725, 726 and 734-736 (2012)）。

22)　Upjohn Co. v. United States, 449 U.S.383 (1981); Sarah Helene Duggin, *supra* note 8, at 1008-1009; Alison M. Hill, *A Problem of Privilege: In-House Counsel and the Attorney-Client Privilege in the United States and the European Community*, Case Western Reserve Journal of International Law, Vol.27, No.1, 145, 166-171 (1995).

23)　ロナルド・D・ロタンダ（当山尚幸・武田昌則・石田京子訳）『事例解説アメリカの法曹倫理』（彩流社、2015年）97-98頁。

られている[24]。

　もっとも、インハウスの秘匿特権が判例上確立しているアメリカではあるが、学説には異なる潮流も存在し、インハウスの直面する倫理上のジレンマを意識し、インハウスがビジネス上の判断に益々係らざるを得なくなっていることが秘匿特権の範囲画定を困難にするとともに、会社業績と連結した報酬システムが独立した判断を妨げる危険を指摘している[25]。とりわけ Jenoff は、第1に、ストック・オプション等により、インハウスの収入と会社の利益が連結される場合、インハウスが自己の利益を考慮してしまうことにより、独立した判断が困難になること（インセンティブの問題）、第2に、インハウスが自らを組織の一員と意識することにより、社内の他者との関係性から、独立した助言者としての自己認識が低下すること（アイデンティティの問題）を指摘し、両者が複雑な相互作用の中で相互に強化し合う結果、独立した判断が不可能になると論じ[26]、包括的解決として、インハウスには、別のルールを適用するという解決を提示する。彼の提案は、インハウスの地位と独立は両立しないことを前提に、第1に、期限のないインハウスの雇用を止め、期間限定で派遣され、また元の法律事務所に戻るという「外交官モデル」を採用することであり、これが取り得ない場合は、第2に、次に述べる、外部弁護士と異なるルールを適用する「ヨーロッパモデル」を採用することである[27]。アメリカでこのような提案が実現するとは思えないが、アメリカにも、ヨーロッパ型を支持する意見があることは興味深い。なお、秘匿特権がインハウスに肯定されることが、全ての場面でインハウスが通常の弁護士と同様に扱われることを意味するわけではない。別の場面で、インハウスと外部弁護士を区別して扱う判例もあり、その点につき裁判官の判断が分かれる可能性もある[28]。

24）Jan C. Nishizawa, *Ethical Conflicts Facing In-House Counsel: Dealing with Recent Trends and an Opportunity for Positice Change*, Georgetown Journal of Legal Ethics, Vol.20, No.3, 849, 857-861（2007）; Alison M. Hill, *supra* note 22, at 168.

25）Jan C. Nishizawa, *supra* note 24, at 860-861.

26）Pam Jenoff, *supra* note 21, at 738-747.

27）*Id.*, at 753-757.

(3)　ヨーロッパにおけるインハウスの秘匿特権

(i)　AM&S v Commission 事件判決

　アメリカと異なり、EU の司法機関である EU 司法裁判所は、一貫して、インハウスの秘匿特権に否定的である。この争点に関する指導的判例は、1982年の AM&S v Commission 事件判決である。同判決は、依頼者と弁護士間の書面による通信の保護を、加盟国法に共通する EU 法の一般原則と認めた上で、そのためには以下の2つの条件、すなわち、第1に、書面による通信は依頼者の防御権の目的・利益のためになされること、第2に、それが独立した弁護士すなわち依頼者との雇用関係によって拘束されない弁護士からの通信であることを満たさなければならない、と判示した[29]。なお、ここに言う弁護士とは、EU 加盟国のいずれかの弁護士資格を有する者である[30]。換言すれば、同判決は、EU 加盟国での弁護士資格を有する「独立した弁護士」との通信だけを秘匿特権の対象とした。この「独立した弁護士」の範疇から除外されたのが、インハウスと EU 域外の弁護士であったのである。

　インハウスの秘匿特権を否定することは、EU 司法裁判所（旧欧州司法裁判所）独自のアイデアではない。1982年当時の EC 加盟国10か国のうち4 加盟国（イタリア、フランス、ベルギー、ルクセンブルク）は、インハウスの社内での独立維持は困難と想定して、インハウスが弁護士会に加入することを認めていなかった[31]。弁護士会に登録せず、弁護士でない以上、彼らが秘匿特権を主張できないことは自明である。しかし、同判決には多くの批判が寄せられた。インハウスの弁護士会加入を認め、秘匿特権を保証していた加盟国が、同判決に納得できないだけでなく、インハウス達が判決に反対したことも当然である[32]。

28）Ted Schneyer, *Professionalism and Public Policy: The Case of House Counsel*, Georgetown Journal of Legal Ethics, Vol.2, No.2, 449, 458-482（1988）.

29）Case 155/79 AM & S v Commission, 18 May 1982, ECLI:EU:C:1982：157, paras. 18-21 and 27; Alison M. Hill, *supra* note 22, at 146-157.

30）Case 155/79, *supra* note 29, paras.25-26.

31）Alison M. Hill, *supra* note 22, at 157-162.

(ⅱ)　「ヨーロッパ企業内弁護士協会」の設立

　この判決を契機に翌1983年には、前述の「ヨーロッパ企業内弁護士協会（ECLA）」が設立され、ECLA は、その後一貫して、秘匿特権のインハウスへの適用拒否に反対している[33]。ECLA は、弁護士の独立を不可欠と認識した上で、弁護士の雇用関係は独立を当然には損なわず、現行ルールにより、弁護士の独立が担保される以上、秘匿特権を認めるべきであると主張し、熱心に EU 機関へのロビーイングを展開してきた。欧州議会は、2003年、EU 競争法の一部である合併規則の改正に際して、適切に資格が付与され、専門職団体の定められた専門職倫理規定により統制される限り、インハウスと会社との通信も秘匿特権の対象とするという改正案を採択したが[34]、これも ECLA の活動の成果であった。しかし、欧州委員会が、インハウスによる違法性の指摘を理由に課徴金を増額しないと約束したことにより、欧州議会は提案を撤回し、改正案は成立を見なかった[35]。

(ⅲ)　AKZO 事件判決

　インハウスの秘匿特権は、2010年に EU 司法裁判所が上訴審としての判決を下した AKZO 事件で再び争点となった。同事件では、AKZO 社のインハウスとの通信に対する秘匿特権が争われ、上訴審の手続には、ECLA だけでなく、欧州弁護士会協会・オランダ弁護士会なども参加し、いずれもインハウスの秘匿特権を支持した[36]。

　上訴人は、弁護士の独立は雇用関係の有無ではなく、適用される専門職

32）　*Id.*, at 164-166.

33）　Maurits Dolmans and Dr. John Temple Lang, *The Independence of In-house Counsel, and Legal Professional Privilege in the EU*, in Company Lawyers: Independent by Design, *supra* note 12.

34）　European Parliament, Report on the proposal for a Council regulation on the control of concentrations between undertakings: 'The EC Merger Regulation', 9 July 2003.

35）　Maurits Dolmans and Dr. John Temple Lang, *supra* note 33.

36）　Case C-550/07 P, AKZO Nobel and Akros Chemicals v Commission, 14 September 2010, ECLI:EU:C:2010：512, paras.7-11.

としての倫理義務によって担保されていると主張したが[37]、判決はそれを否定した。すなわち、判決は、前述の AM＆S 事件判決に従うことを明示した後に、特に独立した弁護士との書面による通信の保護につき、独立の要件は弁護士と依頼者間の雇用関係の不在を意味し、したがって、秘匿特権は企業内のインハウスとの通信を対象としないと明言する[38]。そして、上述の AM&S 事件判決よりもさらに踏み込んで、その理由を、「インハウスは、弁護士会への所属と自らが負う倫理義務にも係らず、外部法律事務所の弁護士が依頼者との関係で有するのと同程度の雇用者からの独立を享受できない。その結果、インハウスは、専門職の義務と依頼者の目的との抵触を効果的に処理する能力において劣る」と説明する[39]。要するに判決は、雇用関係の存在を重視し、専門職行為規範は、社内におけるインハウスの地位を強化はするが、外部弁護士に匹敵する独立性の担保には十分ではないと判断し[40]、その効果をあまり評価しない。雇用者への経済的依存と雇用者との密接な関係から、インハウスには、外部弁護士に匹敵する独立性はないと言うわけである[41]。そして、原告の平等原則違反の主張に対しても、インハウスは、外部弁護士とは根本的に異なる立場にあると判示して[42]、これを一蹴した。本件の法務官 Kokott は、インハウスの雇用者への経済的依存の程度は、通常、外部弁護士の依頼者への依存の程度より格段に強いと述べていたが[43]、判決も同様の認識を基礎にしていると思われる。判決は、インハウスへの秘匿特権につき加盟国法制は依然として分かれており、EU 内に明確な傾向は看取できないと認

37）*Id.*, paras.34-36.

38）*Id.*, paras.43-44.

39）*Id.*, para.45.

40）*Id.*, para. 46; オランダ法により、法律助言に関して、インハウスは、雇用者の指示から明示的に免除されていたが、法務官も、それを積極的に評価しなかった（AG Opinion, Case C-550/07 P Akzo Nobel and Akros Chemicals v Commission, 29 April 2010, ECLI:EU:C:2010：229, paras.63-64）。

41）Case C-550/07 P, *supra* note 36, para.49.

42）*Id.*, para.58.

43）AG Opinion, Case C-550/07 P, *supra* note 40, para.69.

識して、AM&S 事件判決以後の状況の変化が判例変更に十分とは認めな
かった[44]。総じて、同判決は、AM＆S 事件判決の論理を一層強化したと
評価できる。

　同判決以後、インハウス又は取締役である弁護士による雇用企業の訴訟
代理についても、EU 一般裁判所は、AKZO 事件判決又は AS＆M 事件判
決に言及して、それを否定する判断を下している[45]。インハウスと外部
弁護士の扱いを異にする点で EU 裁判所は一貫しているのである。

⒤　EFTA 裁判所・国内裁判所のより柔軟な態度

　しかし、EU 裁判所の外に一歩出ると、同じヨーロッパでもインハウス
をめぐる風景はかなり異なる。第 1 に、EU が参加する「欧州経済領域
（EEA）」の「欧州自由貿易連合（EFTA）」側を管轄する EFTA 裁判所は、
2014年の命令で、訴訟当事者は、裁判所において独立した第三者によって
代理されねばならないという要件は、被用者による本人代理を一般的に排
除する趣旨ではないと解釈し、法人の場合、第三者による代理の要件は、
法人が、当該法人から十分に分離した者によって代理されることを確保す
る趣旨であり、その判断は、事案ごとに行われると判示した[46]。雇用関
係にあるインハウスであっても、独立性が損なわれるとは限らないという

---

44) Case C-550/07 P, *supra* note 36, paras.71-76; 法務官も同意見であり、加盟国にお
　けるインハウスの地位・秘匿特権の取扱いは一致しておらず（AG Opinion, Case C-
　550/07 P, *supra* note 40, para.89）、明確な傾向も指摘できないと述べる（*Id.*, para.
　100）。インハウスの弁護士会加入についても、相当数の加盟国は依然として認めて
　おらず（*Id.*, para.101）、むしろ認める加盟国はコモンロー地域とオランダと少数で
　ある（*Id.*, para.103）。このように、全体的状況は AM&S 事件判決の時点からさほ
　ど変わっていない（*Id.*, para.104）。ただし、フランスで、企業内弁護士に秘匿特権
　を認める動きが最近報じられている（Michael Thaidigsmann, *France moves to
　protect confidentiality of in-house advice*, 28 June 2019）。

45) Case T-226/10 Prezes v Commission, 23 May 2011, ECLI:EU:T:2011::234, para.18;
　Joined Cases C-422/11 P and C-423/11 P Prezes and Poland v. Commission, 6
　September 2012, ECLI:EU:C:2012：553, para.24; Case T-110/14 ADR Center v
　Commission, 24 March 2014, ECLI:EU:T:2014：170, para.8; Case T-221/14 Associa-
　tion/Vereniging Justice & Environment v Commission, 18 November 2014, ECLI:
　EU:T:2014：1002, para.15.

趣旨であり、同じ考え方を適用すれば、インハウスの秘匿特権も認められる可能性がある。ただし、EFTA 裁判所の判断が、雇用関係により弁護士の独立が損なわれる危険を認めていることにも注意が必要である。そして第二に、加盟国法がインハウスの秘匿特権を認めている場合がある。AKZO 事件判決の時点では、秘匿特権をインハウスに認めていたのは少数の国（イギリス、アイルランド、ギリシャ、ポルトガル、ポーランド）だけであったが、ベルギーのブリュッセル控訴裁判所は、2013年に、ベルギーではインハウスの弁護士登録が認められないにもかかわらず、ベルギー法及び EU 基本権憲章 7 条・欧州人権条約 8 条を根拠に、インハウスの秘匿特権を認め、さらにオランダ最高裁もやはり2013年にインハウスの秘匿特権を認める判断を下している[47]。これらの判決は、EU 機関ではなく、国内当局との関係で下されているため、前述の AKZO 事件判決と抵触するものではないが、秘匿特権について異なる考え方を打ち出していることは間違いない。もっとも、EU 司法裁判所は、加盟国（現在27か国）の過半数が支持しなければ、インハウスの特権を認めないだろうと指摘されており[48]、当面 EU 司法裁判所は、これまでの判例を維持すると思われる。

(4)　若干の考察

　このように、インハウスの秘匿特権をめぐる判例・学説の状況は複雑であり、錯綜している。アメリカ・ヨーロッパ双方において確立した判例法への異論があり、今後の情勢はなお流動的である。弁護士の独立を前提にした秘匿特権の議論は、簡単に結着がつく単純な問題ではない。そもそも、前提となる「弁護士の独立」の捉え方自体につき、アメリカとヨーロッパでは、一定の差異が存在するからである。すなわち、CCBE の行為規範・コア原則は、いずれも、弁護士の個人的利益又は外部的圧力から生じる、

---

46)　Case E-8/13 Abelia, 29 August 2014, paras.45-47：EEA 法及び EFTA 裁判所については、法律時報85巻 8 号（2013年）の「小特集・多元的法秩序間の調整メカニズム——ヨーロッパ経済領域を素材に」を参照。

47)　Maurits Dolmans and Dr. John Temple Lang, *supra* note 33.

48)　*Id.*

あらゆる影響から自由な「弁護士の絶対的自由」が、弁護士の負う義務の履行に必要と考えている[49]。そこでは、弁護士への影響は幅広く理解されており、その独立は、国家との関係だけでなく、様々な関係者、さらに依頼者との関係で議論されている[50]。これに対し、ABA 模範規則前文は、「自己規制はまた、政府支配からの法律専門職の独立維持を援助する。独立した法律専門職は、政府を法の下に管理する重要な原動力である」と述べる[51]。この言及が示すように、弁護士の独立につき、模範規則は政府からの独立に重点を置いている。模範規則は「弁護士の専門職としての独立性」を規定するが（5.4条）、その対象は、非弁護士との報酬配分、経営責任の共同負担に限定され、他方、政府弁護士、社内弁護士などインハウスに関する規定を置き、その存在を前提としている[52]。要するに、ABA が独立に対する脅威と認識するのは第一次的に政府であり、それ以外の主体による脅威への認識は、CCBE より希薄である。しかし、政府以外の脅威を軽視して良いとは限らない。特に、後述するインハウスのコーポレート・ガバナンスのために果たす役割・エンロン事件が象徴する企業不祥事に鑑みると、雇用関係による独立への脅威にも相応の注意を払わざるをえないであろう。弁護士の独立は、本質的に程度問題である。強制力を伴う政府の干渉に比べて、企業のインハウスへの影響が弱いことは肯定できるが、他方、雇用関係にない外部弁護士の場合も完全に独立しているとは限らない。特定の依頼企業に収入の過半を依存する場合、その独立は制約されるからである[53]。しかし、「弁護士の独立」と「被用者として会社に負

---

49) CCBE, Code of Conduct for European Lawyers 8（2006）; CCBE, Charter of core principles of the European legal profession & Code of conduct for European lawyers 12（2008）.

50) CCBE, Charter of core principles, *supra* note 49, at 8.

51) ABA Model Rules of Professional Conduct: Preamble（1983）.

52) ロナルド・D・ロタンダ、前掲注23）186-195頁、302-306頁。

53) 高柳一男『エンロン事件とアメリカ企業法務──その実態と教訓』（中大出版部、2005年）3頁、Suzanne Le Mire, *Testing Times: In-House Counsel and Independence*, Legal Ethics, Vol.14, Part 1, 21, 33（2011）; Ted Schneyer, *supra* note 28, at 477-478.

う義務」との間に構造的な緊張関係が存在することも否定できず、インハ
ウスと通常の弁護士との相違を軽視もできない。インハウスの団体である
ECLA の倫理規定は、「インハウスは、企業への忠誠を維持しながらも、
分析・起案・助言などあらゆる場面で、独立心（an independent mind）を
持って、自己の任務を常に遂行する。独立は、組織内弁護士の職務にとり、
本質かつ不変の職業的義務である」（4 条「知的独立」）、「利益相反が生じ
る又は生じそうな場合、インハウスは、利益相反を回避するか又は企業組
織内の然るべき者に警告するために、適切な措置を取る」と規定し（5 条
「利益相反」）、そのような緊張関係に正面から対応している。日本のイン
ハウスも、同じ緊張関係に直面していることは、企業内弁護士に対するア
ンケート調査の回答に、「弁護士としての自由・自立性を保つことが難し
い」・「上司の決裁が必要という意味では独立性はない」等の記述がまま見
られることからも明らかである[54]。

　このような状況に鑑みると、具体的妥当性を担保するには、EFTA 裁
判所の判断が示す事案ごとに検討するアプローチがより優れていると思わ
れる。この点では、コモンロー諸国は、一般にインハウスの秘匿特権に好
意的であると理解されるが、オーストラリアが、インハウスの秘匿特権に
より慎重な立場を取っていることが参考になる。すなわち、インハウスは
独立の点で、通常の弁護士より危険に晒されるとの認識から、多くの判決
は、インハウスと外部弁護士を区別した上で、当該事案におけるインハウ
スの独立性を具体的に判断している[55]。例えば、2010年のニューサウス
ウェールズ州最高裁判決は、結論としてインハウスのソリシターと他の従
業員（リスク・マネージャー）とのメールを秘匿特権の対象と認めたが、

54）上野登子「弁護士の営業許可の実情と問題点」NBL452号（1990年）22-23頁。
　　インハウスである本間も、事実認識として組織内弁護士の辞任・転職はそう容易で
　　はなく（本間正浩「組織内弁護士と弁護士の「独立性」〈1〉」法律のひろば2009年
　　3 月号〔2009年〕59-60頁）、さらに組織内弁護士は、組織の意思決定そのものを行
　　っており、組織と自分を対置するという意味での「独立性」を観念することは困難
　　であると述べている（同60-61頁）。

55）Suzanne Le Mire, *supra* note 53, at 45-46.

インハウスが当然に秘匿特権を認めるに足るほどの独立性を備えているとは限らないと認識して、証拠関係を具体的に検討し、同事件のインハウスは、必要な独立性を備え、個人的な忠誠・義務・利益は、専門職としての法的助言に影響していないとの結論を下した[56]。また、オーストラリア連邦裁判所の判決は、ゼネラル・カウンセル・オフィスにつき、社内での独立性を確保するためにこらされた様々な工夫を指摘し、具体的な判断の方法を示唆してもいる[57]。これらの判決は、具体的な事実関係を離れて、雇用関係の有無のみで一律に判断することが妥当でないことを示しているだろう。最近の公正取引委員会の秘匿特権のインハウスへの適用に対する考え方も、これに近いと思われるが、他方、外部弁護士につき無条件で秘匿特権を認める点には疑問の余地があろう。

4　組織内弁護士とコーポレート・ガバナンス

(1)　問題の所在

　組織内弁護士の独立性が問われる場面は、秘匿特権だけではない。より重要な場面は、コーポレート・ガバナンスである。司法制度改革が、日本における「法の支配」の血肉化を目標とし、組織内弁護士に、組織内に法による統治を貫徹させる役割が期待された以上、コーポレート・ガバナンスは、インハウスの重要な任務の一つであり、企業不正に対処すべきゲートキーパーとしての役割をインハウスは担わなければならない[58]。それでは、日本のインハウスは、そのような役割を十分に果たせているのであろうか。20世紀末まで、日本企業は弁護士の雇用に一般に消極的であった。

56）*Id.*, at 43; Banskia Mortgages Limited v Croker and Ors, 27 May 2010 [2010] NSWSC535, paras.24-26; 同様にオーストラリア連邦裁判所も、独立性は依頼者と弁護士の具体的関係に基づいてのみ判断できるとの立場から、事案の証拠関係を検討し、本件訴訟の結果により、会社とともに個人的に批判されかねない弁護士が率いる法務部門は、秘匿特権に必要な独立性を欠くと判示した（Rich v Harrington, 13 December 2007, [2007] FCA 1987, paras.46 and 59-60）。

57）Rich v Harrington, *supra* note 56, para.48.

58）高柳・前掲注53）16頁、245-249頁。

しかし現在、インハウスの採用は広く一般化した。このような変化は、日本企業の文化に一定の変容が生じ、インハウスがコーポレート・ガバナンスに一定の役割が果たせる前提条件が整備されつつあると理解して良いのだろうか。それらが、次の問いである。

(2)　諸外国のインハウスによる経験

　日本では、未だインハウスとコーポレート・ガバナンスの関係についての知見は乏しい。そこで、インハウスが既に長い歴史を有するアメリカ等の経験の検討から始める。

　インハウスとコーポレート・ガバナンスにつき、アメリカでは、企業の違法行為に関連して多くの判例があり、そこからは日本にとって貴重な教訓を得ることができる。第1に、インハウスの存在により、自動的にコンプライアンスが改善するわけではない。そのことは、インハウスが発達したアメリカで、繰り返し企業不祥事が発生していることから明らかであり、インハウスの行動が批判される事例も少なからず存在する。例えば、21世紀初頭のエンロン事件は、外部弁護士の独立性喪失の例として語られることが多いが、エンロンのインハウスの問題行動も合わせて指摘されている[59]。第2に、秘匿特権についても言及したが、相当数のインハウスは、組織の利益と専門職の負う義務とのジレンマを社内で常に感じている。インハウスに対するあるアンケート調査結果では、組織の要請と専門職義務の抵触があったと回答した者は全体の43％であり、この43％につき、更に

59）Suzanne Le Mire, *supra* note 53, at 27; 高柳・前掲注53）9-10頁、222-223頁、244-246頁。アメリカでは、民間企業ではなく、政府で働く弁護士の行動につき、依頼者からの独立を欠くと批判された例もある（Suzanne Le Mire, *supra* note 53, at 27）。アメリカだけでなくオーストラリアでも、インハウスが会社と一体化して、その違法行為に積極的に関与するなど、問題事例が幾つか報告されている（Suzanne Le Mire, *supra* note 53, at 25-26; D.F. Jackson Q.C., Report of the Special Commission of Inquiry into the Medical Research and Compensation Foundation (September, 2004); Terence RH Cole, Report of the Inquiry into certain Australian companies in relation to the UN Oil-for-Food Programme, Vol. 1, Summaty, recommendations and background (November 2006)）。

その頻度を「滅多にない」から「頻繁にある」まで 5 段階評価で尋ねたところ、回答者の平均値は2.5であり、さらにその半数以上は、過去 2 年間にそのような状況に直面していた[60]。インハウスと言っても、その地位・役割は一様ではなく、それらに応じてジレンマに直面するリスクも異なり、当該企業の戦略的決定に関与する者はより大きなリスクを負うが、全体としてもやはり相当数のインハウスが、ジレンマを共有していると言うべきであろう[61]。第 3 に、アメリカでは、違法行為への関与を拒否したために解雇されたインハウスが、雇用者に損害賠償を請求できるかが争われ、判例は概ね、インハウスと普通の弁護士を区別せず、請求を認めないという立場を取っている[62]。判例の結論の是非はともかく、そのような紛争が一定数存在すること自体が、インハウスが社内においてコンプライアンスのために積極的に活動していることを示している。

　このように検討してくると、日本のインハウスは、企業の違法行為に対し、どのように行動しているのだろうかという問題意識が生まれてくる。

(3)　最近の東芝事件の教訓

　インハウスが、会社の違法行為を告発した例としては、2018年のオリンパス社の事例が報道されているが[63]、インハウスの歴史の浅さもあるのか、逆にインハウスの企業内における行動が日本で問題視された事例は管見による限りない。しかし、そのことは、現在又は将来の日本のインハウスに問題が生じないことを意味するとは考えられない。

　2021年 6 月に公表された、株式会社東芝の問題行動に関する報告書を素

---

60)　アンケート調査は、インハウス2414人に質問票を送り、484通の回答を回収している（Hugh P. Gunz and Sally P. Gunz, *The Lawyer's Response to Organizational Professional Conflict: An Empirical Study of the Ethical Decision Making of In-House Counsel*, American Business Law Journal, Vol.39, No.2, 241, 261-265（2002））。

61)　*Id.,* at 265 and 276.

62)　Ted Schneyer, *supra* note 28, at 468-470.

63)　朝日新聞・2018年 1 月29日（https://www.asahi.com/articles/ASL1W46N5L1W ULZU001.html）、BUSINESS・2018年12月号（https://facta.co.jp/article/2018 12024.html）。

材に、インハウスの取るべき行動を検討してみよう[64]。コーポレートカバナンス・コードは、その補充原則1-1③において、「上場会社は、株主の権利の重要性を踏まえ、その権利行使を事実上妨げることのないよう配慮すべきである。」と規定するところ[65]、報告書は、東芝と経産省商務情報政策局は一体となって、特定の外国株主をアクティビスト株主と決めつけて、「改正外為法上の当局の権限を発動させ、あるいは、かかる権限を背景とした働きかけ」によって、その株主提案に対処しようとしたとその問題行動を特定する[66]。そして報告書はこれが安全保障上の要請から株主提案を問題視してなされたと認めることは困難であり、改正外為法の本来の趣旨から逸脱するものと評価し、東芝の所為は、株主の権利行使を事実上妨げることを意図し、株主に直接又は間接に不当な影響を与えたものであり、本株主総会（筆者注・2020年度株主総会）は「公正に運営されたものとはいえない」と結論付けた[67]。本稿との関連で注目すべきことは、報告書が、東芝法務部の法務部員の行為に各所で言及していることである。すなわち、東芝・「法務 T2氏」は、「改正外為法によってアクティビスト対応をすることは無理」と当該行為が妥当でないことを社内で報告していた[68]。しかし報告書による限り、同氏は、その後も、東芝内の本件外国株主対応チームの一員として一貫して行動し、それ以上同社の問題行動にブレーキをかけようとした形跡は見られず、むしろその実行に協力している。2015年の別の不祥事に対する報告書は、「東芝においては、上司の意向に逆らうことのできないという企業風土が存在していた。」と述べており[69]、同氏の行動は、そのような企業文化が引き続き存在していたため

64）株式会社東芝・調査者「調査報告書」（2021年6月10日）。

65）株式会社東京証券取引所「コーポレートガバナンス・コード──会社の持続的な成長と中長期的な企業価値の向上のために」（2021年6月11日）。

66）株式会社東芝・調査者、前掲注64）104頁。

67）同・105-107頁、報告書はさらに、本件の経産省情報産業課長の行動は、国家公務員法の守秘義務に違反すると思われ、行政指導であれば行政手続法32条1項に照らして大いに問題があると指摘している（同・105-106頁）。

68）同・105頁。

69）株式会社東芝・第三者委員会「調査報告書」（2015年7月20日）278頁。

かとも推測する。2021年報告書の記述からは、「法務 T2氏」が弁護士であるか否か不明であるが、仮に弁護士であった場合、彼の行動は如何に評価されるだろうか。東芝事件における同氏の行動の詳細は不明であるが、仮に最初に一回違法だと意見しておけば、その後違法行為に協力しても、弁護士倫理上問題ないと考えるのであれば、インハウスのコーポレート・ガバナンスへの貢献は形だけのものになってしまいかねない。日本企業では、インハウスが現実に違法行為を強制されることはほとんど想定されないとの見方もあるが[70]、それはいささか楽観的に過ぎるだろう。東芝事件は、諸外国と同様に、日本でもインハウスが企業の違法行為に加担させられる現実の危険性を証明している。

(4)　コーポレート・ガバナンスへの貢献のための条件

　2005年に123人だった、日本の企業内弁護士は、2020年6月現在で2,629人にまで達しており、東京では全弁護士の約1割がインハウスである[71]。このようなインハウスの増加が、コンプライアンス及びコーポレート・ガバナンスの改善に貢献することは、日本でも大いに期待されている。しかし、アメリカでは、過去の企業不祥事に際して、その予防にインハウスが役立っていないとも指摘されている[72]。アメリカでも当初、インハウスは、他の専門職よりも深刻に、雇用者の要請と専門職の義務との抵触に直面すると想定されていた[73]。しかし、実際にはインハウスは、そのよう矛盾にそれほど悩むことはなかった。それは、彼らは、専門職としてよりも企業の一員として思考しがちだったからであるとある論文は説明する[74]。専門職の行動は、その労働環境から影響を受けざるを得ないところ、インハウスは、労働環境からの圧力に脆弱であるというのが、同論文

70）髙中正彦・石田京子編著『新時代の弁護士倫理』（有斐閣、2020年）223頁。

71）日弁連「弁護士白書2020年版」（2021年）150頁。

72）Pam Jenoff, *supra* note 21, at 748.

73）Hugh Gunz and Sally Gunz, *Ethical Challenges in the Role of In-House Counsel*, Case Western Reserve Law Review, Vol.69, 953, 956-960（2019）.

74）*Id.,* at 960 and 968.

の結論である[75]。

　インハウスが、ゼネラル・カウンセル又は取締役に就任すれば、状況は変わるであろうか。日本のインハウスで、役員又はゼネラル・カウンセルとなっている者は、現時点ではごく少数である[76]。今後、彼らがより上位の地位に就けば、より大きな裁量権を持ち、ガバナンスにもより貢献できるであろうか。しかし、その問に安易に肯定的に答えることはできない。組織の戦略的運営に関与すると、組織人としてのアイデンティティが強化される可能性があるからである[77]。ゼネラル・カウンセルの役割を検討した研究も、ゼネラル・カウンセルが助言する領域の1つはコーポレート・ガバナンスであり、ゼネラル・カウンセルは自己の行動により企業行動を変化させられることを認識しながらも[78]、所属組織の要求・目的に大きく影響され、専門職の独立意識にもかかわらず、自己と専門職として負う義務を、組織の目的・組織内の有力者が定めた規範から区別することに困難を抱えると論じる[79]。もしそのような見方が正しければ、ゼネラル・カウンセルになっても、状況は普通のインハウスの場合とあまり変わらないことになる。

　コーポレート・ガバナンスの文脈では、独立性だけを基準に判断すると、インハウスが様々な役割を果たせることを見逃しかねないと懸念されている[80]。被用者の地位にあるから、ゲートキーパーとして実効的でないとは限らないとの趣旨である[81]。そうであれば、求められるのは、インハウスが、コーポレート・ガバナンスのために適切な役割を果たすためには、どのような条件整備が必要かを考察することであろう。インハウスのコーパレート・ガバナンスへの貢献を評価し得る報酬体系の設計は、その一例

75）　*Id.*, at 973.

76）　日本組織内弁護士協会「企業内弁護士に関するアンケート集計結果（2020年2月実施）」（https://jila.jp/wp/wp-content/themes/jila/pdf/questionnaire202002.pdf）。

77）　Hugh Gunz and Sally Gunz, *supra* note 73, at 971.

78）　Sarah Helene Duggin, *supra* note 8, at 1004, 1023 and 1040.

79）　*Id.*, at 1022-1023.

80）　Omari Scott Simmons and James D. Dinnage, *supra* note 6, at 90.

81）　*Id.*, at 91 and 141.

であり[82]、違法行為への対応を怠ったインハウスへの民事責任追及も、そのような文脈で把握する必要があろう[83]。

5　最後に

　日本は、組織内弁護士を弁護士会に加入させ、通常の弁護士同等に扱うという枠組みを選択してきた[84]。したがって、日本の弁護士は、法律事務所に所属する弁護士と企業・官公庁等に勤務する組織内弁護士を両輪として前進せざるを得ない。組織内弁護士の業務は、社内の各部門の調整、関係者の教育、業務の組織など広範に及び、外部の弁護士では不可能な様々な役割を果たし、独自の価値を生み出すことができる[85]。また、インハウスと外部事務所の関係は、当初はゼロサムと考えられたが、アメリカでは、1990年代以降、インハウスの増加とともに、外部事務所への支払いも増加していることが判明し、両者の役割分担による補完的関係が認識された[86]。外部弁護士の役割は、その会社でインハウスが何をしているかとの関係で決まるのである。

　インハウスの社内での立ち位置は論理的に難しい。インハウスには、法的判断者としての正統性のために独立が保障されなければならないが、他方で、その強調は、企業の目標を共有しない者として社内で周辺化される危険を伴う[87]。周辺化されては、自己の任務の達成も覚束ない。そのため、常に両者の均衡を保つことを余儀なくされ、その配慮が独立性を損なうことにもなりかねない。しかし、インハウスにとってより危険であるの

---

82) *Id.*, at 141-142.

83) Scott L. Olson, *The Potential Liabilities Faced By In-House Counsel*, University of Miami Business law Review, Vol.7, No.1, 1, 25-26, 31, and 33-38（1998）.

84) 弁護士職務基本規程を採択した日弁連弁護士倫理委員会では、組織内弁護士は伝統的な弁護士業務についてのみ基本規程の適用を受けるという考え方も主張されたが、委員会の多数の賛成を得ることはできなかった。

85) Omari Scott Simmons and James D. Dinnage, *supra* note 6, at 84.

86) Eli Wald, *supra* note 4, at 1782-1783.

87) Suzanne Le Mire, *supra* note 53, at 34.

は、企業の目標を内部化してしまい、依頼者の要望に従って、法を認識してしまうことであろう。要するに、本人は独立して判断していると信じているにも係らず、実際には、通常の法律家の発想とは離れて、偏った判断を下してしまうことである。Suzanne Le Mire は、弁護士に求められるのは依頼者からの独立であり、法、法制度、公益を依頼者の利益に従属させてはならないと強調する[88]。弁護士のプロフェッショナリズム自体、社会的な構築物であり、変化に晒されざるを得ず、弁護士の独立の位置付けも不変ではあり得ない[89]。しかし、当面、この理念自体を是とするのであれば、企業内でも、様々な工夫によりインハウスの独立を守ることは可能であると同時に、企業内における日々の労働・社会生活には独立を損ないかねない多くの要素があることを直視する必要があろう[90]。インハウス自身がその危険を認識しなければ、何も始まらない。1980年代の日本企業のアメリカ子会社は、弁護士倫理に拘束された米国弁護士のインハウスの忠誠心に疑念を抱いていたと分析されている[91]。21世紀に入ってからの日本国内のインハウスの拡大は、そのような日本の企業文化が変容したためであろうか、それとも日本のインハウスが、米国弁護士ほど倫理を重視していないためであるのか、どちらであるのだろうか。日本のインハウスが、企業にとって便利で比較的安価なコスパの良い法律サービスの提供者に止まるのか、それとも企業内部における「法の支配」の担い手となり得るのか、その答えはまだ出ていない。それが、次の20年間の日本のインハウスの課題であろう。

88）*Id.*, at 28-29.

89）Alan A. Paterson, *Professionalism and the legal services market*, International Journal of the Legal Profession, Vol.3, No.1-2, 137-168（1996）.

90）Suzanne Le Mire, *supra* note 53, at 35-36.

91）Setsuo Miyazawa, *supra* note 1, at 149-150.

第2章

米国におけるゼネラル・カウンセル
——Mary C. Daly と Sarah Helene Duggin の論文に見る発展

奥田真世・堀籠 雄

1　はじめに

　ゼネラル・カウンセル（GC）、チーフ・リーガル・オフィサー（CLO）。昨今、企業における法務部門の最高責任者を示すこれらの肩書が、日本でも広く浸透しつつある。一方で、米国では、約150年も前からゼネラル・カウンセルが存在し、今では大企業のほとんどにゼネラル・カウンセル又はチーフ・リーガル・オフィサーが設置されている[1]。このため、米国においては、その存在意義、企業における機能・役割についての研究も、わが国よりもはるかに先行しており、わが国の場合を検討する際にも大いに参考になるであろう。このような問題意識から、JILA 海外事情研究会は、Mary C. Daly, The Cultural, Ethical and Legal Challenges in Lawyering for a Global Organization: The Role of the General Counsel, 46 EMORY L.J. 1057（1997）及び Sarah Helene Duggin, The Pivotal Role of the General Counsel in Promoting Corporate Integrity and Professional Responsibility, 51 St.Louis U.L.J. 989（2006）の邦訳を行った。

　本章2以下に見るように、米国においては1980年代に GC・CLO が著し

---

[1]　経済産業省「国際競争力の強化に向けた日本企業の法務機能の在り方研究会報告書」（平成30年4月）7頁が参照する「平成29年度産経研究委託事業（企業法務先進国における法務部門実態調査）報告書」。

く発展し、その機能についての理論的な研究が活発になされるようになったのがまさしくその後の1990年代後半から2000年代にかけてであり、この時期にGC・CLOのあり方や役割に関して多数の論文が集中的に発表されている。今回取り上げた論文は、この時期の代表的なものであり、いわば「古典」と称するべきものである。現在、当時の米国のようにGC・CLOが急速に普及している状況にある我が国においては、両論文は十分参考になるものであると考えられる。

本稿では、両論文に基づいて、米国におけるGC・CLOの発展と変遷の歴史、その役割・機能を紹介する。Daly論文の邦訳は、神戸法学年報第32号（2018）「グローバル組織の法務活動における文化的、倫理的、法的課題：ゼネラル・カウンセルの役割」[2]、Duggin論文の邦訳は、中央ロー・ジャーナル　第17巻第2号（2020.9）「企業のインテグリティ（Integrity）と専門家としての責任の推進の中核となるゼネラル・カウンセルの役割(1)」及び同誌第17巻第3号（2020.9）「同（2・完)」[3]に公表されているので、あわせてご参照されたい。

なお、本論に入る前に、「ゼネラル・カウンセル」と「チーフ・リーガル・オフィサー」の語の意味について確認しておきたい。次節に述べるように、米国において、19世紀後半から弁護士が企業内で高い地位に就くようになり、ゼネラル・カウンセルの肩書が生じた。後年になって、いわゆるC-suiteの1つとして、法務部門の長は、CEO、CFO等と並んで、CLO（Chief Legal Officer）と呼ばれるようになった。どちらの名称を用いるかは、各社の判断であり、職掌によっては、CLOとCCO（Chief Compliance Officer）等を別に設けることもあれば、後述するように包括的な役割を担うゼネラル・カウンセルと同じ意味でCLOを用いる会社もある。

日本においては、弁護士である法務部門の長が増え始める時期とC-suiteの名称が普及する時期がおおよそ重なり、どちらも区別なく用いられる。敢えて言えば、まさに本稿が採り上げる多様な機能を包括的に有し、

2）以後、この邦訳を参照する場合は、「ダリー」とのみ表示する。
3）以後、この邦訳を参照する場合は、各々「ダギン(1)」、「ダギン(2)」と表示する。

経営に積極的な関与することを強調する際にゼネラル・カウンセルの名称
が用いられることが多いようである。

　本稿では、両論文の記載にしたがって、「ゼネラル・カウンセル」と
「チーフ・リーガル・オフィサー」の語を使用するが、定義上の本質的な
差異はない。なお、「企業内弁護士」は、法務部員等、法務部門の長以外
の従業員である弁護士も含める場合に用いられる。

2　米国におけるゼネラル・カウンセルの歴史的展開

　まず、米国におけるゼネラル・カウンセルの歴史についてみていきたい。
その歴史は大きく黄金期、停滞期、復興期に分けて考えることができる[4]。

⑴　ゼネラル・カウンセルの台頭〜黄金期〜

　米国におけるゼネラル・カウンセルの歴史は19世紀後半にまで遡る。大
規模な事業を手掛けるために、継続的な法人形態の「企業（Corporation）」
が一般的となっていった19世紀後半から1930年代にかけて企業内弁護士が
一般化した。大手鉄道会社や生命保険会社といった企業でゼネラル・カウ
ンセルとなることは、名声と莫大な報酬を得ることを意味し、裁判官も含
めた法曹界の中でも最も優秀で有能な人材がその地位を求めるようになっ
た。20世紀に入ってからもこの傾向は続き、1920年代から30年代は「企業
内弁護士の黄金時代」とも称され、当時の多くの最高経営責任者（Chief
Executive Officer, CEO）が法務部から昇進しており、CEO の約 4 分の 3 が
弁護士出身であったとされる[5]。

　この背景には、トクヴィルが『アメリカのデモクラシー』で描写したよ
うな米国市民の「起業家精神」が弁護士にも共有されていたこと[6]、米国

---

4 ）本節の内容は、主としてダギン⑴50-53頁による。ダリーに基づく部分は適宜、
　　注記にて示す。「黄金期」「停滞期」「復興期」の呼称は、筆者らによる。

5 ）Carl D. Liggio, Sr., "A look at the Role of Corporate Counsel: Back to the Future –
　　Or is the Past?" 44 Ariz. L.Rev.621（2002）at 621（ダギン⑴51頁（注）17による引
　　用）

では建国以来、弁護士が政治的リーダーシップを取り、公的機関の要職に就くことも多く、民間ビジネス部門への参入はよりハードルの低いものであったという文化的背景もあろう[7]。

(2)　ゼネラル・カウンセルの一時的衰退〜停滞期〜

　1940年代に入ると、GC・CLO の地位は凋落する。その原因の１つに、ビジネススクールの台頭がある。それまで文科系の高等教育機関といえばロースクールが筆頭であったが、ビジネススクールの出現によりマーケティングやファイナンスを学んだ MBA 取得者がビジネス界の主導権を握るようになったのである。また、GC・CLO にとって本業の法律実務の観点においては、規制法や金融取引が今日に比べて極めて単純であったことから、企業の経営資源を法務部門に充てる必要性・重要性が経営者に認識されなかったとされる。これらの背景から、GC・CLO の報酬は停滞ないし低下し、また昇進の機会が減少することに伴い、その魅力はそがれていくことになる。

(3)　ゼネラル・カウンセルの再興〜復興期〜

　しかし、1970年代に入ると、GC・CLO の地位は再び注目されることとなる。多くの大企業においてその地位は向上し、CEO との給与差も改善され、外部弁護士の管理においても強い権限を有するようになった。企業内における法務部の人員規模も拡大し、より広範な業務を行うようにもなった。

　こういった変化の背景にはいくつかの要因がある。主として、規制強化による法律問題の複雑化、雇用問題から製造物責任の分野に至るまであらゆる場面での訴訟の激増、加えて、ビジネスの国際化・グローバル化により法務の関わる領域が広く、深くなったということが挙げられる[8]。さらには、これらと関連するが、法律事務所による法的サービスの高額化もあ

6）ダリー109頁。
7）ダリー115頁。

げられよう。弁護士費用が増加するにつれ、企業はゼネラル・カウンセル
の責任を拡大させるとともに、多くの法務業務を外部法律事務所に委託す
るのではなく、内製化するようになった。これは、企業として何を求めて
いるかを外部者に説明する手間を削減し、情報を共有する企業内弁護士が
ビジネス自体に関与する機会を増やすことにもなった。

　このような環境の下では、企業が自身の有する法的問題へどう対処する
かがその存続や成功において決定的に重要な意味をもつこととなる。ビジ
ネス戦略を練る過程において法的問題を検討することの重要性が高まるに
つれ、GC・CLO、ひいては組織内弁護士の重要性・影響力も高まること
となったのである。すなわち、企業内弁護士は単なる法的助言者ではなく、
企業のビジネス上の成功を積極的に推し進めていくことが期待されるよう
になり、法律面だけでなく、ビジネスも含めたアドバイスを行う立場にな
っていったのである。

　Daly は、これに伴う企業内弁護士の業務スタイルの変化に注目してい
る。それまでは、このような法的な問題があると指摘するだけだった企業
内弁護士たちは、法的な問題があれば、それをどうしたら解決できるのか、
他に方法はないのかを一緒に考えるようになっていたのである。「こうす
ればできる（"can do"）」という姿勢である。Daly は、このような企業内
弁護士の在り方を、弁護士活動における「プロアクティブ・モデル
（Proactive Model）」と呼んでいる[9]。

　そして、停滞期において弁護士としては二流であるという烙印を押され
てきた企業内弁護士は、その業務が「挑戦するに値し、かつ、やりがいの
あるキャリアの選択であることを擁護する、プロフェッショナルとしての
アイデンティティ」を確立し[10]、1982年、the American Corporate Counsel
Association（ACCA）が設立されるのである。

8）Daly は、論文のタイトルから分かる通り、ビジネスのグローバル化の影響を重
　視している。ダリー103頁等。
9）"can do" アプローチやプロアクティブ・モデルについては、ダリー107-109頁参
　照。
10）ダリー100頁。

　なお、Daly は、「プロアクティブ・モデル」の起源を米国市民の「起業
家精神（entrepreneurship）」に求め、米国社会に特徴的なものとして描き
出している。このため、グローバルに活動するゼネラル・カウンセルは、
こうした文化をもたない外国の法律事務所の弁護士を用いるときや、海外
子会社等の雇用する企業内弁護士に対して、プロアクティブな態度を求め
ることで軋轢が生じることを述べている[11]。

⑷　SEC Part 205の制定と法律家職務模範規則1.13の改正

　上記のような歴史を経たゼネラル・カウンセルの地位を揺るがす大きな
きっかけとなったのが、2001年に起こったエンロン事件[12]である。この
エンロン事件をきっかけに、GC・CLO、組織内弁護士に対して SEC
Part205ルール、法律家職務模範規則1.13の改正が行われ、企業のために
業務を行う弁護士、とりわけゼネラル・カウンセルが企業における問題点
について見ざる・聞かざるという態度をとることを困難にする義務を課さ
れた。また、GC・CLO、企業内弁護士が民事訴訟、株主代表訴訟、さら
には刑事訴訟でも名指しされることが増え、企業内弁護士として働くこと
そのもののリスクが高まったのである。
　このような背景の下、多くの企業内弁護士は内部統制体制の構築に積極
的に取り組むようになる。これは、本章３に述べる役割論において、企業
内弁護士がコーポレート・ガバナンスにおいて重要な役割を担うようにな
ったことを意味する。なお、エンロン事件以前の1997年に執筆された
Daly 論文においては、当然ながら、このルールは言及されていないが、
規制当局がその能力の限界から十分な監視をし得ないところで、企業自身
により不正を発見し、自浄するために、企業内弁護士の予見的／予防的な
機能が重視されていくであろうことが述べられており[13]、これが法令と

11）ダリー122-124頁。
12）エンロン事件とは、米国の多角的大企業であったエンロン社が、SPC（特別目的
　　事業体）を使った簿外取引により決算上の利益を水増し計上していた事件。発覚に
　　より2001年12月に経営破綻、世界の株式市場に大きな影響を与えた。
13）ダリー136-138頁。

して明確化されたものと見ることもできよう。

　このような変革をもたらすこととなったSEC Part205ルール、法律家職務模範規則1.13の内容について概観したい。

　まず、SEC Part205ルールは、上場企業のために、「SEC に出頭して業務する（appearing and practicing before the Commission）」弁護士に適用される。この「出頭し又は業務する（appear or practice）」については、広い意味でとらえられており、企業内外を問わず企業法務に関与する弁護士すべてに適用される。これらの弁護士は、重大な法令違反が疑われる事象について調査し、CLO・CEO に報告しなければならない。CLO は、「出頭し又は業務する」監督弁護士（supervisory attorney）とされ、被監督弁護士（subordinate attorney）が、報告義務に従っていることを保証するために合理的な努力をする責任を負う。また、CLO は、重大な違反が起きたと判断するかしないかにかかわらず、報告をした弁護士に結果を知らせねばならない。その報告した弁護士が、その対応が適切であると合理的根拠をもって信じない場合は、監査委員会、独立取締役で構成される他の取締役会内委員会等に報告しなければならない。そして、究極的には、もし「上場企業や投資家の資産や経済的利益を大きく損なうであろう重大な違反」を防止し、会社による偽証又は偽証教唆を抑止し、SEC に対する不正行為を防ぎ、又は「上場会社による重大な違反行為であって、当該弁護士の業務がこれを行うために使用されている場合であって、かかる違法行為が上場企業や投資家の資産や経済的利益を大きく損ない又は損なうであろう場合において、これを是正するために」必要であると考えたときは、SEC に対して「当該業務に関する秘密情報」を会社の同意なしに開示することができることとなる。

　次に、法律家職務模範規則1.13であるが、これは、法人に関する業務を特に取り上げた規定である。SEC Part205ルールと異なり、本規則は公開会社だけでなくすべての法人に適用される。制定時より、企業内弁護士は、構成員に対する忠誠よりも優越した忠誠を法人に置かなければならないとされていたが、これに加えて、2003年の改正により、上層部への報告義務、依頼者の秘密情報を外部に報告することが許容される状況が明示された。

すなわち、当該企業において重大な損害が生じうることを知った場合、弁護士は原則として当該組織の上層部にその問題を報告しなければならず、さらには厳格な要件[14]の下、弁護士としての秘密保持義務を超えて企業の外部に情報を報告することを容認しているのである。

　上記でみた SEC Part205 ルールにおける法的基準及び法律家職務模範規則1.13を取り入れた各州の倫理基準が実際に機能するか否かは、外部当局によるルールの執行だけでなく、当該企業への規範の浸透度合いにも影響される。このような規範を企業内部に浸透させるための能力・意欲においては、ゼネラル・カウンセルをおいて他にはいないであろう。さらに、SEC Part205 ルールや法律家職務模範規則1.13は、ときに一企業内弁護士が上司を飛び越えて取締役会等の「最上級機関」に報告することを求めているが、現実に CEO や取締役会と接触することは困難であり、実際は CEO や取締役会と関係のあるゼネラル・カウンセルに依存しており、その意味でもゼネラル・カウンセルの果たす役割・影響は大きいものといえよう。

3　米国におけるゼネラル・カウンセルの役割・機能

　日本では、GC・CLO はまだまだ法律知識に富んだ、企業における法務機能のトップ、というイメージが支配的であるように思われるが、米国では、前項に述べた歴史を経るなかで、その役割は極めて多面的なものとなり、機能が明確化されている。Duggin 論文が、これを詳細に分析・分類しているので、主にこれにより概観する[15]。

---

14) 組織の上層部に問題を報告しても適切に処理されなかった場合であり、かつ、当該問題が明確な法律違反であり、組織が相当な損害を被ることが合理的に確実であると当該弁護士が考える場合で、しかも当該弁護士が、損害を回避するために必要であり、必要な限度であると合理的に信じる限りにおいて、企業の外部に情報を報告することを容認している。

15) ダギン(1)53-69頁。

(1)　伝統的法務機能（Traditional Lawyering Roles）

　GC・CLO の伝統的な法務機能として、主に①リーガルアドバイザー（Legal Advisor）、②組織における教育者（Educator）、③取引の調整・推進者（Transaction Facilitator）、④組織における代弁者（Advocator）、⑤不祥事の調査担当者（Investigator）というものがあげられる。

　企業の法務として、まず第1に求められるのが、取締役、執行役員、その他企業のために活動する従業員に対し、法律問題に対して法的な助言を与えることである（①）。また、経営者及び企業の構成員に対し、ビジネスにおいて法律上何が可能で、何ができないかを伝える・教育することにより、個々が能動的に日々の企業活動から発生する潜在的な法律問題や異常な事象を早期に発見し、重大なトラブル・不祥事を未然に防止することができる（②）。さらに、近年活発な M&A や JV の組成、知的財産権の取得及び移転、不動産取引、またそれらに付随する高度に洗練された資金調達スキームを活用するにあたっては、多数の法的規制を理解し、時機に応じた助言をすることが求められる（③）。また、不幸にも民事・刑事を問わず訴訟に巻き込まれた場合、GC・CLO は企業を代表して訴訟における倫理的妥当性を監督し、会社を代理する弁護士に対し責任ある専門家としての行動を要求する責任を負うとともに、行政調査等の場合は当局との連絡・調整をする役割も担う（④）。加えて、近年その重要性が高まっているのが不祥事が生じた場合における役割である。すなわち、企業において深刻な結果をもたらしうる重大な問題が生じた場合、その問題を調査・究明することの必要性について役職員を説得し、内部調査を開始させる役割である（⑤）。

(2)　準法務的機能（Quasi-Legal Roles）

　上記の役割以外にも、GC・CLO は企業を取り巻く法的環境の変化に伴い、特に⑥コンプライアンス（Compliance）と⑦企業行動指針・企業倫理（Corporate Policy and Ethics）という、法的洞察力とマネジメント能力双方を必要とする分野においても新たな職責を負うようになっている。

　⑥について、それまで企業に対する法執行は頻繁になされるものでなか

ったが、1970年代ごろから大企業のもつ影響力の大きさ、特にひとたび不祥事が起きたときの影響力に鑑み、証券取引委員会（SEC）、米国歳入庁（IRS）、司法省（DOJ）その他連邦当局がこぞって法執行に及ぶようになり、さらには1991年に米国量刑委員会（United States Sentencing Commission）が公表した「連邦量刑ガイドライン（Organizational Guideline）」により、適切な場合には民事のみならず刑事的な制裁が課されることが明らかとなった。これらにより、企業は「体制的な予防」を確立することが求められる。すなわち、それは「悪い行動を思いとどまらせる契機」を作ることとなり、それができなかった場合、「悪い行動を発見する機会」となる。この「体制的な予防」は、仮に不祥事が生じた場合に連邦量刑ガイドラインに従い量刑を軽減される可能性をもつとともに、当局に訴追を行わないよう説得する際にも重要性を有している。

　また、⑦について、GC・CLO は、単なる法令遵守を超えた、企業の経営方針に関する倫理的な行動規範についても助言する立場にある。

(3) マネジメント及びその他法務以外のビジネス上の役割（Management and Other Extra-Legal Business Roles）

　GC・CLO は、⑧マネジメント（Management of Law Department）、⑨外部弁護士の管理（Manager of Outside Resources）、⑩執行役員（Corporate Officer）、⑪経営会議メンバー（Management Committee Member）、⑫戦略立案者（Strategic Planner）、⑬取締役（Director）としての立場も有する。

　GC・CLO は、他にどんな業務をしていたとしても、企業の法務部門の上級管理職の地位にある。部門の責任者として法務部門における財務・運営機能を統括するほか、最も重要な任務として法務スタッフの採用と訓練の監督がある（⑧）。また、外部弁護士・法律事務所を起用するにあたっての方針を決定し、それらを統括する機能も有している（⑨）。さらに、ほとんどの GC・CLO は執行役員であり、法律の専門家としての義務に加えて執行役員としての信認義務（fiduciary allegiance）を会社に対して負っている（⑩）。GC・CLO は、通常、経営会議の一員であり、日々の重要な経営上の意思決定及び長期的な計画双方に関与することで、その企業に

おける重大な業務上・財務上の問題について知ることができるとともに、CEO や CFO といった企業の最高経営幹部と接触する。これにより、GC・CLO は企業の重要な意思決定が策定され、実行される過程において、それに影響を与える機会を得ることとなる（⑪）。また、企業における戦略立案は「法的帰結に照らした目標設定及び目標の評価は（中略）不可分な要素である」[16]との言葉のとおり、戦略立案において法的事項の検討は切っても切れないものであり、その点において GC・CLO は重要な役割を果たす（⑫）。加えて、GC・CLO の中には、取締役として企業に採用されることもあるが、取締役としての職務は弁護士としての倫理と相反する場面に出くわす可能性があり、米国法律家協会（ABA）は弁護士が企業の取締役に就任することこそ禁止はしなかったが、取締役となることの危険性並びに利益相反が生じた場合に取締役を辞任することが必要となる可能性について注意喚起している（⑬）。

(4)　非公式な役割（Informal Roles）

　GC・CLO が組織において強い影響力を有するのは、上記(1)～(3)の正式・公式な職務を果たしていることに加えて、非公式な役割、例えば、⑭危機管理者（Crisis Management）、⑮ビジネスに関するアドバイザー（Ad Hoc Planning Advisor）、⑯企業内における仲裁者（Arbitrator）、⑰法務機能の社内マーケティングといった役割を担っているからである。

　たいていの企業は、インサイダー取引から情報漏洩、あるいは職場のハラスメント問題など、些細な出来事から経済的な大ダメージを負うような不祥事まで、あらゆる危機にさらされている。それが現実化した際、直ちに適切な調査を通じて正確な情報を把握し、取締役その他重要な利害関係者に的確な情報を伝え、当局との対応を指揮し、最終的に組織全体への損失を軽減するための対策をとることが重要となるが、そのいずれの対応に

---

16)　Irma S. Russell, Keeping the wheels on the Wagon: Observations on Issues of Legal Ethics for Lawyers Representing Business Organizations, 3 WYO.L.REV. 65, 522（2003）（ダギン(1)63頁による）

おいても法的観点から検討・対応することが必須である。GC・CLOは、その法的専門知識とリーダーシップを持つがゆえに、すべきことを見分け、そのために必要な資源を集めて動かすという役割をすることが通常である（⑭）。また、ビジネススクールの台頭により一時衰退するまでのゼネラル・カウンセルがビジネスリーダーの役割も果たしていたように、近年その存在が見直され、企業の新規ビジネスを検討する初期段階で社内の各部門から企業内弁護士に対してアドバイスが求められるようになっている（⑮）。さらに、組織が大きくなればなるほど、組織内で異なる利害関係により対立が生じ得るが、その対立の核心となる問題を見極め、解決するために間に立って双方と交渉する、すなわち企業内において仲裁者としての役割も担っている（⑯）。加えて、企業内弁護士は得てして各事業部門の目的達成のために支援してくれる人というよりは障害になる人と認識されがちである。また、企業内弁護士は社内から信頼して話を持ち掛けられるのでない限り、そもそもその力を発揮できない。そういった見地から、なぜ法的知見を早期にかつ頻繁に求めることがビジネス上重要であるのかを社内に知ってもらうとともに、実際の課題に直面した際に企業内弁護士が「付加価値」をつける能力があることを実証することが重要となってくる（⑰）。

(5)　小括

　以上のように、GC・CLOは、法律的なアドバイスや法律事務という純粋な「法務」としての役割から、社内のコンプライアンス体制の構築やマネジメント、危機管理や仲裁も行うようになってきたことが分かる。マネジメントについていえば、法務部門の管理職から、経営上の意思決定までをも含み、この方向への発展はDalyのいう「プロアクティブ・モデル」によって裏付けられることになろう。そして、法律に関する専門性と、交渉力・調整力、倫理観に基づき企業文化全体への影響力を有するに至って、非公式な役割も担うことになると考えられる。

　Dugginは、上記の分析に加えて「ゼネラル・カウンセルの役割を広くとらえることが望ましいこと」を述べている。狭義の法務だけでは活動領

域を狭くし、場合によってはビジネスを阻害することになりかねないが、ビジネス的な判断だけではコンプライアンスの確保もままならない。このようなゼネラル・カウンセルの広汎な関与によって、「インテグリティ」が実現されるのであり、Duggin の分析は GC・CLO のあるべき論ともなっている。

4　グローバル企業のゼネラル・カウンセルの　倫理的・法的課題

　Daly は、企業活動のグローバル化によって、国際的企業のゼネラル・カウンセルが、外国の法律事務所の弁護士に委任する際あるいは、海外子会社等で現地弁護士を雇用する場合に、米国では確立している規範が他国では確立していないことや、同様の規範が存在していてもその捉え方や解釈が異なることを、ゼネラル・カウンセルが直面する課題として論じている。

　まず、弁護士の行動規範が、米国以外の国では米国と同等の法的地位を有さない場合があることがあげられる。例えば、弁護士会職業倫理に関する規則があっても適用範囲が限定的で法的拘束力を持たない事例、成文化された行動規範と実効性ある懲戒制度が存在していても、極めて抽象的であり、不確実性をもつものである事例、旧東側諸国では弁護士の独立性自体が確立していない事例などが言及されている。また、教育の面でも、米国のロースクールでは倫理教育が確立しているが、他国では必ずしもこのような教育制度や弁護士倫理の理解を資格取得要件とはしていないことが述べられている。この論文が発表されたのは1997年であり、それから20数年が経過している現在、各国の事情はかなり異なっているであろうが、それでも、国際間のビジネスはますます拡がり、異なる法文化が併存する以上、「グローバル企業のゼネラル・カウンセルは、その内容、法規範としての受け容れられ方および執行が米国におけるそれとはまったく異なるであろう、多様かつ発展途上な弁護士の行動規範を考慮に入れなければならないのである。[17]」という状況は、「米国」を「自国」と読み替えるなら

ば、現在の我々にとっても同様にあてはまるであろう。

　そして、特に大陸法系の国で問題となるものとして、利益相反と兼業禁止の法理（doctrine of incompatible profession）を、「法的課題」として、弁護士秘匿特権を採り上げている。なお、上記引用部分で、「多様かつ発展途上な弁護士の行動規範」と書かれているが、米国と同じ規範をもつことが望ましいのかどうかという点も議論があり得よう。残念ながら、上記のような問題意識で書かれた Daly 論文では、米国における規範の内容には言及されていないため、その内実を検討することは本論の範囲を超えるものであるが、それが、どんなものであり、全面的に模範とすべきものであるのか否かは、別途検討を要しよう。

(1)　利益相反

　Daly は、利益相反は、米国では「法的な問題」であるが、大陸法系のほとんどの国では「倫理の問題」であると述べる。ほとんどの国の弁護士の行動規範には、利益相反の禁止を含まれているが、具体的な利害の対立状況（「弁護士が直面しうる特定の誘惑」）よりも、弁護士の依頼者に対する独立性や依頼者との距離の置き方の問題として扱われる。また、その適用について、米国では裁判を通じて行われるのに対して、多くの国では、弁護士会への苦情という形で行われる。その判断も、弁護士の共同体における道徳的権威としての弁護士会長が判断し、それを当事者は受け容れるとする[18]。

　これは、もちろん、執筆当時の状況であり、現在では変わっていてきているものと思われるが、システマティックなコンフリクト・チェックの仕組みを、米国の法律事務所が先行して作りあげたことは間違いない。

　Daly の主張を敷衍すると、多くの国において、弁護士たるものは、何らかの利害関係があっても公正で依頼者の利益となる行動をするものだという矜持があり、利益相反の問題は、こうした矜持と弁護士の共同体的な

17）ダリー143頁。
18）ダリー143-146頁。

道徳によって律せられ、明確なルール化自体が避けられる傾向があったということであろう。この結果、何が利益相反に当たるか自体が、国によって異なるということになる。

(2)　兼業禁止の法理

「兼業禁止の法理」（The Doctrine of Incompatible Profession）とは、あまり耳にしない用語であるが、Daly によれば、「弁護士が、法律実務以外の職業やビジネスに関わるのを禁止する」ものであり、ヨーロッパ諸国で規範化されている。米国においても、弁護士が依頼者企業の取締役に就任することは、弁護士としての独立性を失わせ、弁護士秘匿特権も失わせるおそれがあるとして議論があったが、弁護士事務所はしばしば、クライアントとの関係強化のために、企業へ取締役として送り込んだ。本章2に述べたように、早い時期から、プロアクティブ・モデルに基づき弁護士がビジネスに関与し、企業にゼネラル・カウンセルが存在していた米国では、弁護士が企業の取締役に就くことに抵抗が少なかったものと思われる。

　しかしながら、他国の子会社の取締役に弁護士を就けようとする場合に、その国に兼業禁止に法理があると問題となる。外国子会社においては、現地法の法令や慣習に適合して活動するための現地法の専門家として、また、子会社を監督・調査し親会社に報告する者として、現地の弁護士を子会社の取締役に迎えたいが、これが困難になるのである。ここでは、実例として、弁護士にビジネス活動を行う権利や非法律業務において常勤または非常勤で雇用される権利を否定するイタリアの行動規範、弁護士でない者に雇用される場合には弁護士会の許可を要する日本、地元の弁護士会が「プロフェッションとしての尊厳と調和しないものでない」と判断するならば、企業の消極的なパートナーになることはできるとするインドが例示されている[19]。

　日本が既に許可制でなくなっているように、こうした状況についても、

執筆当時から年月を経て各国で変化しているものと思われるが、現在でも、弁護士が企業に雇用されることを禁じる（雇用された場合には、弁護士資格が停止される）という国も存在する。斯様に、ビジネス活動に携わることが、弁護士としての独立と尊厳を毀損するものであるという考え方が強かったのであるが、そこでいう「独立性」や「尊厳」が何を意味するのか、企業で働くことがそれらを失わせると考える根拠は何だったのかは、検討に値する問題であろう。会社の中にいても、専門的な見地から客観的・中立的な意見は述べられるのだし、時として経営者に対して意見することもできる一方で、外部の顧問弁護士のような立場でも、クライアントである会社に従属的な判断をすることもあるからである。

　なお、ここで Daly が、取締役に就任することに限定して論じている理由は定かでない。会社に対する従属性を問題にするのであれば、従業員である場合の方が制約は強く、監督権限を有する取締役の方が会社に対して意見を述べやすいように思われる。

(3)　弁護士秘匿特権

　「弁護士秘匿特権」あるいは「弁護士・依頼者秘匿特権」（Attorney-Client Privilege）を、Daly は「訴訟において、相手方当事者が、依頼者または弁護士に対して、一方が秘密裏に伝達したものの開示を求めることを妨げる証拠法則」と定義する。一般に弁護士秘匿特権を認めている国においても、その範囲及び運用は国によって異なる。当時の状況として、EU 加盟国15か国（当時）のうち 7 か国は企業内弁護士と企業とのコミュニケーションには、弁護士秘匿特権を認めていない[20]。ここでも、Daly の関心は、米国と他国との文化的・制度的な違いの背景にあり、弁護士秘匿特権の要件、範囲、訴訟実務等については触れていないので、別の機会の検討課題とせざるを得ない。

　当時の米国でも未だ一部に残留していたが、他国においてはより一般的

20）ダリー156-157頁。

に、企業内弁護士は外部弁護士と同じ品質の独立したアドバイスや提案は提供できず、法律事務所でパートナーになれない弁護士が就くものだという偏見があり、その原因の一端は、法教育と資格制度によるものだという。

　教育に関しては、米国以外のほとんどの国では、法学教育は学部レベルに位置付けられ、理論中心で、法実務はほとんど教えられない。法律専門家になるには、別途の訓練課程や資格試験があり、それを目指さない法学士は、企業等の法務職に就くことも多く、訴訟または行政手続における依頼者の代理権（「弁論権」）をもたない。Daly の論旨は、必ずしも明確でないが、そのような環境で、弁護士が企業の法務職に就くことは、このような法学士と同じ身分になることであると看做されることになるということであろう。

　資格制度に関して、弁護士が企業に雇用された場合は、弁護士資格を失うか、弁護士業務を行っていない者の名簿に登載される。弁護士ではないということは、ゼネラル・カウンセルが企業内でその機能を果たすのに必要な威信を欠くことになる。また、先に述べたように、企業内弁護士には弁護士秘匿特権を認めない国が多く、不利益な情報を収集し、助言を与える機能が弱体化される。

5　総括

　日本においては、本章2(3)に述べた「復興期」と同様の状況が、2000年代から始まり、企業内弁護士の数は飛躍的に増大し、経営への関与も強めた。Daly のいう「プロアクティブ・モデル」は、日本でも普及したといえよう。この意味では、「プロアクティブ・モデル」又は弁護士企業家精神が、米国に特有のものであるという Daly の分析は、執筆当時においてはともかく、既に過去のものになったといえるかもしれない。

　また、これに伴って、GC・CLO の役割は、本章3に記載の通りに、広汎なものになっている。

　この点、本章1にも述べたように、両論文の意義は古びてはおらず、本邦の現状の分析あるいは、今後のあるべき論を議論する際に大いに参考と

なるものと思われる。

　Duggin 論文に述べられている SEC Part 205 ルールや法律家職務模範規則1.13に類するような企業内弁護士の義務は、日本の法令上は定められていないが、実質的にコーポレート・ガバナンスにおいて企業内弁護士が果たすべき役割や責任を考えていく上では参考になろう。

　利益相反、兼業禁止の法理、弁護士秘匿特権に関して、Daly は、米国のゼネラル・カウンセルが、グローバルに活動する際に直面するコンフリクトとして論じており、その定義、内実、解釈等は述べられていないため、本邦における具体的な問題は別途、検討する必要がある。ただし、クライアントから独立した名望家的な存在として、ルールにより規律されるというよりは道徳的に自律する弁護士像（Daly がヨーロッパや日本の弁護士として描出する弁護士像）から、クライアントである企業と一体になってプロアクティブに活動する弁護士像へと変化するうえで、あるいは米国流の影響を受けた日本の企業内弁護士が活動する上で、同じような課題に直面することもあろう。

　いずれにしても、本稿は、JILA 海外事情研究会の成果としての両論文を紹介することを第一の目的とし、現在の日本の企業内弁護士の状況との比較分析や、個別的なルール論は本稿の範囲を超えるものであるが、企業内弁護士が早くに発展した米国の事情を知ることは、それ自体、興味深いものであり、今後の議論の参考になるであろう。

第3章

普通地方公共団体における指定代理人とその実務

幸田　宏

1　はじめに

　普通地方公共団体[1]が訴訟の当事者となった場合、訴訟を遂行する方法としては、顧問弁護士等、組織の外部の弁護士との間で委任契約を締結し、訴訟代理人により訴訟を遂行する方法と、公務員を委任契約によらずに代理人として指定し、訴訟を遂行させる方法がある。そのうち、公務員を訴訟における代理人として指定して代理権を行使させる場合には、2通りの場合がある。

　1つは、訴訟において普通地方公共団体の代表者となる執行機関が、その補助機関である職員に対して、代理権を付与する場合である。知事や市町村長が地方自治法（以下、「自治法」という）153条1項に基づいてその職員に対して代理権を付与する場合が代表的なものである。もう1つは、国の利害に関係のある訴訟についての法務大臣の権限等に関する法律（以下、「権限法」という）に基づいて法務大臣がその所部の職員等を代理人として指定する場合がある（権限法6条の2第4項、5項、7条3項）。

　本稿では、前者の普通地方公共団体の執行機関がその職員に代理権を付与する場合を前提に、指定代理人とその実務について論じる[2]。

1）特別区についても訴訟において、市と同様の扱いがされる（自治法283条1項、2項）。

2 訴訟における普通地方公共団体の代表者

(1) 執行機関

普通地方公共団体における執行機関とは、普通地方公共団体の行政事務を管理、執行する機関をいう[3]。

普通地方公共団体の執行機関が、訴訟行為を行う代理人を指定するためには、当該執行機関が代理人を指定しようとする訴訟の訴訟行為を行う権限があることを必要とする。そのため、当該訴訟の代表者は誰かが問題となる。

普通地方公共団体は、それぞれ独立した法人格を持つ行政主体であるが、自治法は第7章を「執行機関」とし、普通地方公共団体の長として知事と市長村長（以下、知事及び市町村長を「首長」という）を置くことを定める。また、自治法は、執行機関として普通地方公共団体に置かなければならない委員会及び委員として教育委員会、選挙管理委員会、人事委員会又は公平委員会及び監査委員を定める。さらに、都道府県に執行機関として置かなければならない委員会として、公安委員会、労働委員会、収用委員会、海区漁業調整委員会及び内水面漁場管理委員会を挙げる。市町村に置かなければならない委員会として、農業委員会及び固定資産評価審査委員会を定める。

(2) 訴訟における代表者

(ⅰ) 民事訴訟

首長は、当該普通地方公共団体を統轄し、これを代表するとされる（自治法147条）。したがって、法律に特別の規定がない限り、訴訟においても首長が代表者となる。例えば、国家賠償法（以下、「国賠法」という）に基づく損害賠償請求訴訟や、土地等の所有権に基づく請求に関する訴訟、契

約に基づく履行請求権や損害賠償請求権に関する訴訟は、原則として首長
が代表者となる。ただし、水道事業、鉄道事業等の地方公営企業の管理者
は、訴訟において当該業務の執行に関し当該地方公共団体を代表する（地
方公営企業法8条1項）。

(ii)　行政事件訴訟

　ところで、行政事件訴訟法（以下、「行訴法」という）11条は、処分又は
裁決をした行政庁が公共団体に所属する場合、当該処分の取消しの訴えは
当該処分をした行政庁の所属する公共団体を被告とし、当該裁決の取消し
の訴えは当該裁決をした行政庁の所属する公共団体を被告として提起しな
ければならないと規定する（1項）等、取消訴訟における被告について定
めている。

　そして、同条は取消訴訟以外の抗告訴訟について準用される（行訴法38
条1項）。

　このように行訴法の規定に基づいて普通地方公共団体が被告となった場
合においても、自治法147条に基づいて首長が代表者となることが原則で
ある。

　もっとも、行訴法11条6項は、国又は公共団体を被告とする取消訴訟に
ついて、処分又は裁決をした行政庁は、裁判上の一切の行為をする権限を
有する旨規定する（同条は他の抗告訴訟及び処分又は裁決の取消し又は無効の
確認を求める民衆訴訟及び機関訴訟に準用される（同法38条1項、43条1項及
び2項）。

　さらに、首長以外の執行機関が、当該執行機関が行う処分又は裁決に関
する抗告訴訟等の特定の訴訟において代表者となる場合につき、以下の規
定が設けられている[4]。

4）南博方外編「条解行政事件訴訟法〔第4版〕」（弘文堂、2014年）352頁参照。

執行機関	代表者に関する規定
教育委員会	地方教育行政の組織及び運営に関する法律56条
選挙管理委員会	地方自治法192条
人事委員会、公平委員会	地方公務員法8条の2
代表監査委員	地方自治法199条の3第3項
都道府県公安委員会	警察法80条
都道府県労働委員会	労働組合法27条の23
収用委員会	土地収用法58条の2
海区漁業調整委員会	漁業法181条
内水面漁場管理委員会	漁業法181条
農業委員会	農業委員会等に関する法律40条
固定資産評価審査委員会	地方税法434条の2

　他にも、執行機関ではなく補助機関であるが、前述のとおり、地方公営企業の管理者は、訴訟において当該業務の執行に関し当該地方公共団体を代表する。

　また、議会又は議長の処分又は裁決に係る普通地方公共団体を被告とする訴訟については、議長が当該普通地方公共団体を代表する（自治法105条の2）。

(iii)　普通地方公共団体が被告とならない場合

　民衆訴訟及び機関訴訟は、法律に定める場合において、法律に定める者に限り、提起することができる（行訴法42条）。被告についても、当該訴訟を定める法律によって定められる[5]。

　例えば、住民訴訟の代表的なものである自治法242条の2第1項4号の請求については、行政主体である地方公共団体ではなく「当該執行機関又は職員」が被告となる。

　5）具体的な規定については、南ほか前掲352頁以下に詳しい。

3　指定代理人の根拠

(1)　自治法153条1項

　指定代理人については、代表的なものとして、自治法153条1項に基づくものがある。同項は、「普通地方公共団体の長は、その権限に属する事務の一部をその補助機関である職員に委任し、又はこれに臨時に代理させることができる。」と規定する。同項にいう「委任」とは、普通地方公共団体の長が自己の権限の一部を受任者に移し、それをその受任者の権限として行わしめることをいう[6]。同項における「委任」がある場合、当該事務は受任者の職務権限となり、その事務については、受任者がもっぱら自己の責任において処理するものであって、委任した首長においては自らこれを処理する権限を失うものである。民法に規定する典型契約の1つである委任とは異なる行為である。

　これに対して、自治法153条1項における「代理」は、首長の意思に基づいて代理関係が発生するものであるが、当該事務は依然として代理される首長の職務権限に属し、代理者はその首長の職務権限を代わって行使するにとどまる[7]。

　つまり、指定代理人の指定は、民法上の委任契約によるものではなく、自治法153条1項の「委任」とは別の、同項に規定する代理の指定という行為である[8][9]。

　ところで、民事訴訟法54条1項は、「法令により裁判上の行為をすることができる代理人のほか、弁護士でなければ訴訟代理人となることができない。」と規定する。

6）松本英昭「新版逐条地方自治法〔第9次改訂版〕」（学陽書房、2017年）544頁。
7）松本前掲544頁。
8）松本前掲544頁は、「その補助機関である職員」とは、ひろく普通地方公共団体の長の補助機関である職員のすべてを含む。市長村長の管理に属する消防事務に従事する消防吏員も含まれるが、他の執行機関たる委員会又は委員の補助職員は含まれないとする。
9）民間企業における組織内弁護士に関しては、梅田康宏「訴訟代理人としての組織内弁護士」ひろば72巻6号18頁。

　同項における「法令により裁判上の行為をすることができる代理人」は、
「法令上の訴訟代理人」といわれる。同条の例として挙げられる、支配人
（会社法11条１項・商法21条１項）、船舶管理人（商法698条１項）、船長（708
条１項）と異なり、自治法153条１項は、「裁判上」の代理権限を与えるこ
とができることが明記されていない。

　しかし、自治法153条１項に基づいて訴訟行為の代理権を与えることが
できることが実務である[10]。

(2)　地方公営企業法13条２項

・地方公営企業の管理者

　地方公営企業法13条２項は、「管理者は、その権限に属する事務の一部
を第15条の職員に委任し、又はこれにその職務の一部を臨時に代理させる
ことができる。」と規定し、この規定により地方公営企業の職員を指定代
理人に指定することができる。

(3)　その他の規定に基づく指定代理人

　首長以外の執行機関については、代理人の指定について法律に規定があ

---

10)　裁判例としては、大阪地判1958年５月29日行集９巻５号1073頁が、「地方公共団
　体の長が自己の権限に属する事務（訴訟行為を含む）の一部を、当該公共団体の吏
　員に臨時代理又は委任せしめ得ることは地方自治第153条第１項により明白であっ
　て、その者は、単なる私人間の任意代理と異なり、法規に根拠を有する者として民
　事訴訟法第79条にいわゆる「法令ニ依リテ裁判上ノ行為ヲ為スコトヲ得ル代理人」
　に該当するものと解して差支ないから、右の手続によって授権を受けた臨時代理人
　又は受任者が、本訴につき訴訟代理権を有することは疑のないところである。」（条
　文は当時）、としている。
　　逆に、自治法153条１項の反対解釈として、法令に特別の定めがある場合のほか、
　授権の相手方は、当該地方公共団体の職員に限られると解されている（高部正男編
　『最新地方自治法講座⑥執行機関』〔高部正男執筆部分、ぎょうせい、2003年〕）56
　頁。しかし、弁護士法３条１項は、弁護士は、「官公署の委嘱によって、訴訟事件、
　非訟事件及び審査請求、再調査の請求、再審査請求等行政庁に対する不服申立事件
　に関する行為その他一般の法律事務を行うことを職務とする」と規定していること
　及び訴訟における弁護士代理の原則から、弁護士への訴訟委任は、地方公共団体が
　適法に訴訟行為を行い得る一場合であると解される（地方自治制度研究会（自治省
　行政課内）編『全訂注釈地方自治関係実例集』〔ぎょうせい、1979年〕192頁）。

るものとして、以下のものがある[11]。もっとも、執行機関の権限を越え
た内容の事務を代理させることはできないので、地方公営企業の管理者を
除く各執行機関の補助機関が代理できる事件は、各執行機関が代表者とさ
れている抗告訴訟等の一定の訴訟にとどまる。

・教育委員会

　地方教育行政の組織及び運営に関する法律25条１項は、「教育委員会は、
教育委員会規則で定めるところにより、その権限に属する事務の一部を教
育長に委任し、又は教育長をして臨時に代理させることができる。」と規
定する。この規定に基づく各地方公共団体の教育委員会の規則では、一部
の事務を除き、教育委員会の権限が教育長に委任されていて、訴訟事務も
教育長に委任されていることが一般である。そして、同条４項は、「教育
長は、第一項の規定により委任された事務その他その権限に属する事務の
一部を事務局の職員若しくは教育委員会の所管に属する学校その他の教育
機関の職員（以下この項及び次条第一項において「事務局職員等」という。）
に委任し、又は事務局職員等をして臨時に代理させることができる。」と
規定する。そこで、教育長は、委任されている訴訟事務の権限に基づいて、
事務局職員等を指定代理人に指定することができる。

・選挙管理委員会

　選挙管理委員会の委員長は、同委員会に関する事務を処理し、委員会を
代表する（自治法187条２項）。そして、自治法193条は、選挙管理委員会の
委員長について、自治法153条１項の規定を準用する。これによって、選
挙管理委員会の委員長は選挙管理委員会の書記長、書記その他の職員を指
定代理人に指定できる。

・代表監査委員

　代表監査委員は、自治法199条の３第３項又は242条の３第５項に規定す
る訴訟に関する事務を処理する（自治法199条の３第２項）。そして、自治
法201条は、代表監査委員について、自治法153条１項の規定を準用する。

11）田中孝男「自治体の訴訟組織法制の再構築」法政研究（九州大学）75巻２号
（2008年）276頁の表を参照した。

これによって、代表監査委員は、監査事務局の職員及び事務局を置かない場合の補助職員を指定代理人に指定できる。

・都道府県労働委員会

労働組合法27条の23第 2 項は、「都道府県労働委員会は、公益委員、事務局長又は事務局の職員でその指定するものに都道府県労働委員会の処分に係る行政事件訴訟法第十一条第一項の規定による都道府県を被告とする訴訟又は都道府県労働委員会を当事者とする訴訟を行わせることができる。」と規定し、これに基づき、都道府県の労働委員会は、指定代理人を指定できる。

なお、人事委員会及び公平委員会、公安委員会、収用委員会、海区漁業調整委員会及び内水面漁場管理委員会、農業委員会、並びに固定資産評価審査委員会等については代理人の指定に関する法律の明文の規定がない[12]（なお、地方公務員法 8 条 3 項によって、人事委員会は、法律に基づきその権限に属せしめられた事務で人事委員会規則で定めるものを人事委員会の事務局長に委任することができる。これに基づき、事務局長による訴訟遂行が可能である）。

4　指定代理人の権限

(1)　指定の内容による制限

代理権限をどのような範囲にするかについて権限法 8 条のような規制はない。

しかし、一般的に訴訟代理人は訴訟に関し包括的な権限を有し、指定代理人についても民事訴訟法55条 2 項に規定する事項以外について権限を制

---

[12]　自治法153条 1 項等に基づく授権代理について、実務上、法律上の根拠なしに行われることがあるものの、法律上の根拠の要否については学説は分かれているとされる（宇賀克也『行政法概説Ⅲ〔第 5 版〕』〔有斐閣、2019年〕50頁）。法律上の根拠を不要とする説においても、指定代理人については、民事訴訟法54条 1 項との関係をどのように解するかが問題となる。この問題に関しては、田中前掲論文参照。なお、田中前掲276頁は、「公安委員会を代表者とする抗告訴訟では、現実には、委員会の議を経て、警察職員を指定代理人に指定しているが、根拠法条は不明である。」とする。

限することは妥当でない。

(2)　自治法における制限

(i)　「訴えの提起」についての議会の議決

　ア　自治法96条１項12号は、議会の議決事項として、「訴えの提起」を規定する。そして、「訴えの提起」について、かっこ書きで適用を除外する訴訟を規定する[13]。

　同号かっこ書きは、行訴法に規定する抗告訴訟、民衆訴訟及び機関訴訟で11条１項が適用又は準用されることにより公共団体が被告となる訴訟は除かれるという内容である。他方、行訴法に規定する訴訟でも、実質的当事者訴訟については、自治法96条１項12号の適用除外には当たらない。したがって、例えば、ある土地が特定行政庁から建築基準法42条２項の指定を受けた道路であることの確認を求める訴えについて、実質的当事者訴訟として認める立場によれば、同号が適用されることとなる。

　ここでいう「訴えの提起」については、原告が被告を相手方として裁判所に対し、権利又は法律関係の存否を主張し、その存否につき自己の有利な判決を求める要求であるとされる[14]。

　したがって、支払督促の申立て（民訴383条）、保全命令の申立て（民事保全法13条）、再生手続開始の申立て（民事再生法21条）等は「訴え」には該当しない[15]。

　なお、支払督促の申立てについては、相手方から督促異議の申立てが行われた場合、支払督促の申立ての時に、訴えの提起があったものとみなされる（民訴法395条）。その場合は、訴えの提起に必要とされる議会の議決を要する（最判1984・５・31民集38巻７号1021頁）[16]。

　また、補助参加の申立てについても、自己に対する判決を求めるもので

13）議決の内容について、自治法に規定はないが、井上源三編『最新地方自治法講座⑤議会』（川村毅執筆部分、ぎょうせい、2003年）154頁は、相手方、紛争の内容、管轄の裁判所、対応の方針等を明示する必要があるとする。
14）松本前掲374頁。
15）松本前掲374頁。

はないため、「訴え」には該当しないと解される。

　　イ　訴訟の段階における議会の議決

　訴訟の段階における、自治法96条1項12号に基づく「訴えの提起」について、整理すると以下のようになる。

　　ⅰ　普通地方公共団体が原告となる訴えの提起

　「訴えの提起」に該当することは明らかであり、かっこ書き記載の場合を除き、議会の議決が必要であることについて問題はない。

　　ⅱ　普通地方公共団体が第一審原告となる訴えにおける普通地方公共団
　　　　体による上訴

　控訴等の上訴や付帯上訴も「訴えの提起」に当たる[17]。もっとも、第一審の訴訟提起に当たり、第二審以後の上訴の方針も含めて包括的に議決を経ておけば、上訴にあたって改めて議決を要しないと解される[18]。

　　ⅲ　普通地方公共団体が被告となる訴えにおける応訴

　「訴え」については、普通地方公共団体に対する訴えが提起されて、普通地方公共団体が被告として応訴する場合は含まれない。

　　ⅳ　普通地方公共団体が第一審被告となる訴えにおける普通地方公共団
　　　　体の側からの上訴

　普通地方公共団体が敗訴した場合、控訴等の上訴や付帯上訴をする場合には、議会の議決が必要となる。なお、自治法96条1項12号かっこ書きにより、普通地方公共団体の行政庁の処分又は裁決に係る当該普通地方公共団体を被告とする抗告訴訟につき、当該普通地方公共団体が控訴若しくは上告の提起又は上告受理の申立てをするには、地方自治法96条1項12号に

16）議会の議決を得る時期について、地方自治制度研究会編「地方財務実務提要」
　　（加除式、ぎょうせい、1971年）213、3頁は、①支払い督促の申立ての前、そのつ
　　ど議決を経ておく、②適法な督促異議の申立てがあった場合、「訴えの提起」に必
　　要な議決を経る。例えば、定例会が開催されている場合にはその定例会に提案し、
　　また定例会が開催されていない場合には、裁判所から通常補正命令が発せられるの
　　で、その期間に応じて臨時会を招集し提案する、③自治法180条1項の規定により、
　　「議会の権限に属する軽易な事項」として議会の委任による専決処分の対象とする
　　という3つの方法が考えられるとする。

17）松本前掲374頁。

18）井上前掲154頁。

基づくその議会の議決を要するものではないとされる（最判2011・7・27
判自359号70頁）。

　ウ　普通地方公共団体がその当事者であること

　自治法96条1項12号は「普通地方公共団体がその当事者である」として
いることから、行政庁や機関が当事者となる場合は、本号は適用されない
と解されている。例えば、自治法242条の2第1項1号、3号及び4号に
基づく住民訴訟は、被告が機関であり、本号が適用されない（他方2号に
基づく住民訴訟は、行訴法43条1項の規定による準用並びに同条2項の規
定によって準用される38条1項の規定による準用によって同法11条1項の
規定により行政処分たる当該行為をした行政庁の所属する地方公共団体が
被告となる[19]）。

　エ　地方公営企業における特則

　地方公営企業の業務に関しては、訴えの提起について、条例で定めるも
のを除き議会の議決を必要としない（地方公営企業40条2項）。

(ii)　和解と「法律上その義務に属する損害賠償の額を定めること」につい
　　ての議会の議決

　自治法96条1項12号は、「和解」についても議会の議決事項とする。こ
こでいう和解とは、民法695条の規定による和解契約、民事訴訟法89条に
規定する訴訟上の和解、同法275条に規定する訴訟提起前の和解も含む[20]。

　また、自治法96条1項13号により、普通地方公共団体が国家賠償法又は
民法の規定により損害賠償責任を負う場合、その賠償額を定めるときは議
会の議決を要する。

　したがって、和解によって普通地方公共団体が一定の損害賠償金を支払
う旨の和解を行う場合、和解及び法律上その義務に属する損害賠償の額を
定めるための議会の議決が必要である[21]。

　実務上は、裁判上の和解の場合、普通地方公共団体と相手方との間で和

19）松本前掲1061頁。
20）松本前掲375頁。

解案について確認した後、議会の議決後の期日を設定し、和解する。

　地方公営企業の業務に関する和解、法律上地方公共団体の義務に属する損害賠償の額の決定についても、条例で定めるものを除き、議会の議決を要しないとされる（地方公営企業法40条２項）。

(3)　議会の議決を要する場合の例外

(i)　首長による専決処分

　議会の議決に代えて、首長による専決処分による場合がある。専決処分には、議会の委任による場合（自治法180条）と特に緊急を要する場合（同法179条）とがある。

(ii)　議会の委任による専決処分

　自治法180条１項は、「普通地方公共団体の議会の権限に属する軽易な事項で、その議決により特に指定したものは、普通地方公共団体の長において、これを専決処分にすることができる。」と規定する。

　同項に基づき、議会の議決で一定の金額以下の和解や、訴えの提起について、首長が専決処分とすることを予め定めておく場合がある。このような議決の定めるときに該当する場合には、首長の専決処分で行うことができる。

(iii)　特に緊急を要する場合の専決処分

　自治法179条１項本文は、「普通地方公共団体の議会が成立しないとき、第113条ただし書の場合においてなお会議を開くことができないとき、普通地方公共団体の長において議会の議決すべき事件について特に緊急を要するため議会を招集する時間的余裕がないことが明らかであると認めると

21）議決の内容について、自治法に規定はないが、井上前掲155頁は、議案においては、賠償の相手方、賠償責任が生じた事由、賠償金額、支払方法等を明らかにすべきであるとする。
　　なお、判決により確定した損害賠償の額については、さらに同号の議会の議決を必要としない。

き、又は議会において議決すべき事件を議決しないときは、当該普通地方公共団体の長は、その議決すべき事件を処分することができる。」と規定する。議会の閉会中に上訴を行うことが、上訴期間との関係で、「普通地方公共団体の長において議会の議決すべき事件について特に緊急を要するため議会を招集する時間的余裕がないことが明らかであると認めるとき」に該当するかについては、上訴が問題となる判決があった際の具体的な状況や首長において判決を検討し上訴の意思決定に必要な時間等によって判断することになると思われるが、実例が多くみられる。

5　弁護士法との関係

⑴　弁護士法及び弁護士職務基本規程

　指定代理人が弁護士である場合、利益相反する事件の規制が問題となる。弁護士法25条は、職務を行ってはならない事件として、①相手方の協議を受けて賛助し、又はその依頼を承諾した事件（1号）、②相手方の協議を受けた事件で、その協議の程度及び方法が信頼関係に基づくと認められるもの（2号）及び③受任している事件の相手方からの依頼による他の事件（3号）を挙げる。それを受けて、弁護士職務基本規程（以下「職務基本規程」という。）は、「依頼者の利益と他の依頼者の利益が相反する事件」について、その職務を行ってはならないと規定する（28条3号）。

　地方公共団体においては、特に自治法242条の2第1項4号に基づく請求（以下「4号訴訟」という。）における「当該職員」等との関係と国賠法に基づく損害賠償請求訴訟における「公務員」との関係が問題となる。

⑵　4号訴訟

　4号訴訟は、当該普通地方公共団体の執行機関又は職員（ここでいう「執行機関又は職員」は、特段の委任等の行為がなされない限り、自治法240条の規定に基づき債権を管理するとともに自治法243条の2の2の規定に基づく賠償を命ずる主体となる首長[22]）。地方公営企業に関しては、特段の委任等の行為がなされない限り、管理者〔地方公営企業法8条・34条〕となる）を被告とし

て、当該職員（当該訴訟において問題とされている財務会計上の行為を行う権限を法令上本来的に有するとされている者及びその者から権限の委任を受けるなどして権限を有するに至った者[23]）又は財務会計上の行為若しくは怠る事実に係る相手方に損害賠償又は不当利得返還の請求をすることを求める訴訟（ただし、当該職員又は当該行為の若しくは怠る事実に係る相手方が同法243条の2の2第3項の規定による賠償の命令の対象となる者である場合には、当該賠償の命令をすることを求める訴訟）である。

　この訴訟において、損害賠償又は不当利得返還の請求を命ずる判決が確定した場合においては、被告となった首長等（執行機関又は職員）は、当該請求に係る損害賠償金又は不当利得の返還金の支払を請求しなければならない（自治法242条の3第1項。賠償の命令を命ずる判決が確定した場合には、被告となった首長等は賠償を命じなければならない（自治法243条の2の2第4項）。

　4号訴訟が提起された場合は、当該職員又は当該行為若しくは怠る事実の相手方に対して、当該普通地方公共団体の執行機関又は職員は、遅滞なく、その訴訟の告知をしなければならないと規定される（自治法242条の2第7項）。

　このように4号訴訟の場合、被告となった機関としての首長等が敗訴したとき、個人としての首長等に対して損害賠償又は不当利得返還請求を提起しなければならないため、機関としての首長等と個人としての首長等とは利益が相反する可能性がある。そこで、4号訴訟で被告となる機関としての首長等の代理人となる指定代理人は、原則として、首長等に対する訴訟についての受任は避けるべきであり、相談はあくまで機関としての首長等の立場についてのものであることを明確にするべきである[24]。

22）地方自治制度研究会編『改正住民訴訟制度逐条解説』（ぎょうせい、2003年）39頁。

23）最判1987年4月10日民集41巻3号239頁、松本前掲1064頁。

24）受任や相談については、営利企業への従事等の制限（地方公務員法38条1項）や、職務専念義務（同法35条）についても注意が必要である。

(3)　国家賠償請求訴訟

　国賠法1条1項は、国又は公共団体の公権力の行使に当る公務員が、その職務を行うについて、故意又は過失によって違法に他人に損害を加えたときは、国又は公共団体が、これを賠償する責に任ずると規定する。そして、同条2項は、同条1項の場合において、公務員に故意又は重大な過失があつたときは、国又は公共団体は、その公務員に対して求償権を有すると規定する。

　国賠法1条1項に基づき公共団体に損害賠償請求ができる場合に、公務員個人に対しても損害賠償請求が可能であるかという問題について、最高裁は公務員の個人責任を否定している（最判1955・4・19民集9巻5号534頁）。

　しかし、普通地方公共団体と公務員個人との双方を被告として損害賠償を請求する事例はある（前記最高裁判決の考え方によれば、公権力の行使に当たる公務員の職務行為を理由とする公務員個人に対する損害賠償請求は棄却される）。この場合、国家賠償請求訴訟の被告である公共団体と国賠法1条1項の「公務員」に当たると主張される職員とは、利益が相反する可能性があり、公共団体の訴訟に対応する指定代理人は、原則として職員個人に対する事件の内容についての相談や受任は避けるべきである。

6　おわりに

　以上のように、普通地方公共団体の指定代理人の場合、民間企業とは異なる制度が多い。また、地方公務員法上の上司の職務上の命令に従う義務（32条）と、職務基本規程における組織内弁護士における規律との関係など、論じていない問題があるが、本稿が多少なりとも実務の参考になれば幸いである[25]。

25）なお、公務員が退職した場合、在職中に指定代理人となっていた訴訟事件について、弁護士として訴訟代理人になることについては、弁護士法25条4号の該当性が同号の趣旨との関係で問題となる。地方公務員法38条の2による再就職者による依頼等の規制にも注意が必要である。

第4章

法政策における組織内弁護士の役割と展望
——電子署名法改正提言を事例として

高橋 治・渡部友一郎・矢野敏樹

1 法政策における組織内弁護士の役割

(1) 問題の所在

本稿は、法政策における組織内弁護士の役割と展望についての分析をまとめたものである。

まず、「現代において組織内弁護士が法政策における役割を担うこと」を本稿のテーマとして論じる必要性はどこにあるのだろうか。組織内弁護士と政策形成との関係については、過去の先行研究において必ずしも明らかにされていない。

具体的には、民間企業に所属する組織内弁護士という「民間組織人」の性質を念頭に置いた場合、①時代の変化による必要性及び②組織内弁護士である必要性の2点が問題となる。

すなわち、第1に、民間（企業）自体が政策形成に関与する必要性は、時代の変化により構造的に変化したのであろうか、仮に変化した場合には何がどのように変化したのかが問題となる。第2に、仮に民間（企業）の政策形成への関与に構造的な変化が生じた場合、なぜ数ある民間組織人のうち組織内弁護士という主体に法政策における役割が期待できるのであろうか。

本章は、各論及び将来への展望に続く本稿の総論部分として、上記の問題について若干の実務的考察を加えることを目的としている。

(2)　公共政策学からみた日本の構造的変化

(i)　政策形成機能の中央特定層への集中・寡占の歴史

　日本の社会経済の発展は、明治時代以降、60年サイクルでの構造的な変化が生じているという学説が公共政策学において存在する[1]。

　第 1 の波は、19世紀末から20世紀前半に生じた軍事力たる「威」をコアとする「主権国家の波」である。第 2 の波は、20世紀中頃から発生した高度経済成長時代を含む「富」をコアとする「産業化の波」である。第 3 の波は、「知」がコアとなる「情報社会の波」である。おそらく「鍵」となるのは第 2 の波から第 3 の波への変化であろう。

　この「第 2 の波」の時代の後半は、高度経済成長時代に象徴されるように、大量生産・大量物流・大量消費の始まりにより効率化が優先された。社会構造は「標準化」と「階層化」を基本とした縦型ネットワーク構造へ変化した。ここに「標準化」とは、多様な利害関係者間の調整を行うための規格をつくること、また「階層化」とは機能とそれに伴う責任を特定の階層（地位）ごとに配分することを意味する。第 2 の波の時代の社会構造において、公共政策は、中央の政治・官僚層の利害調整により標準化された権限・財源・情報の地方及び民間領域に対する配分であったとされる。そのため、権限・財源・情報を中央からどれだけ有利に獲得するかが成果として重視された。民間企業の公共政策における役割という観点から分析すれば、政策形成機能は、一部の特定層に集中・寡占される構造が形成されており（例えば、民間企業の個社ごとではなく、より効率的な個社の集合体である業界団体が圧力団体として公共政策の機能の一部を寡占していたといえよう）。したがって、個社及びその構成員である民間組織人が果たす（果たすことが期待された）役割は著しく限定されていたと考えられる。

　この点、芦部信喜「日本の立法を考えるにあたって」ジュリスト805号

---

　1 ）公文俊平「地域情報化をめぐる課題」湯浅良雄＝崔英靖＝坂本勢津夫『地域情報化の課題──地域に根ざした情報化の可能性』（晃洋書房、2004年）3 -14頁。宮脇淳「公共政策の現状と課題──多面的主観化の克服」西村敦編『公共政策学の将来──理論と実践の架橋を目指して』（北海道大学出版会、2016年）3 - 5 頁参照。

（1984年）10-15頁は、1980年代当時の立法過程を知る手がかりになると考えられるが、「政党、法制局、官僚、審議会、圧力団体、マスコミなど」という記述はあるものの、個社の公共政策活動への言及はない[2]。また、上記ジュリスト805号（1984年）には「座談会 日本の立法」という特集が当時の貴重な資料として残されているが、この中で、行政法の塩野宏東京大学名誉教授は、ドイツの「ユリステン・ターク[3]」やアメリカの「バー・アソシエーション」が外国の立法過程において重要な役割を果たしていることを指摘しつつ、「日本の法曹の力とずいぶん違うなという感じがしました」「この点、日本でも最近だんだん私的な団体のほうで案を作ることが出てまいりました」と発言されている。英米法の田中英夫東京大学名誉教授もまた、立法過程の違いを留保しつつも「アメリカの場合ですと、ロビイングをやるときに、大きなローファームが中心になり、かなりの資料を集め、立案もやっていることが少なくありません。」と発言されている。やはり、IT 革命が発生する前の1980年代においては、公共政策学の学説からうかがえるように、民間企業の法政策形成の機会は多くなかったと思われる。

(ii)　「第3の波」の情報化時代

　ところが、「第3の波」の情報化時代に入ると、情報の流通構造が変化した。情報通信技術の発達等に伴って自由・大量・水平的に流通する情報は、中央が構築した縦割りの情報の流通構造を破壊し、社会経済の意思決定の構造を変化させた。具体的には、政治・行政と民間、文系と理系の垣根も含めた経済社会の縦割りの枠組みに囚われない水平的情報共有の領域

2）芦部東京大学名誉教授は明言していないが、同芦部論説においてアメリカのロースクールにおける立法学のテキストブックが紹介される中で「立法府の法律家：ロビイスト、戦略家（strategest）および弁護人（advocate）」が明記されていることと比較すれば、日本の弁護人が立法過程における登場人物ではなかったことが推察される。

3）ドイツにおける、法案の提案を行うこともある学者、法律家の官僚、弁護士、裁判官が一緒になった会議と解説されている、「日本の立法（座談会）」ジュリスト805号（1984年）69頁［塩野宏発言］。

を拡大させ、細分化された専門領域の融合などをもたらした。とりわけ、公共政策領域においては、「特定層の寡占的構図から開放的構図へと移行」する動きが生じたと指摘されている[4]。

　従来、「第2の波」の時代において政治家や官僚等の特定階層が大衆の意見を要約したうえで、政策の形成過程を限られた視点及び領域から整理する分段状態で有効な公共政策が遂行できていた。しかし、情報化時代の社会においては、様々な問題を取り巻く環境や行動要因が情報の水平的拡散とともに相互連関性を強くし、結果的に、政治家や官僚等の特定階層の視点や領域だけから社会の諸問題を整理し解決することが難しい状態が生じたと指摘されている[5]。

(iii)　構造変化を受けて民間企業はどう動く？

　上記の指摘は、実務感覚として少なくともテクノロジー企業に所属する組織内弁護士である筆者には違和感が少ないように思われる。具体的には、テクノロジーやインターネットに関連した社会問題については、共同規制[6]が提唱される背景にある「政治家や官僚等のみでは問題を有効に解決できず、民間の知恵が不可欠である」とのマインドの通り、川上である中央が構築した縦割りの情報の流通・分配構造を川下に流すことにより満足に解決することができず、むしろ、民間企業側（それも国外の外国事業者）に情報が集中するといった逆転した情報流通構造が発生しているように思われる。

　そうだとすると、「第3の波」の情報化時代において、民間企業が座して中央からの情報等の配分を待ち受けている時代は終わった。今後は、民間企業が自ら、法政策形成の主体として、水平的なネットワークにおいて、目的を設定し、その手段を立案する必要が出てくる。すなわち、民間企業

4）宮脇・前掲注1）5頁。
5）宮脇・前掲注1）17頁。
6）2020年7月13日付経済産業省「GOVERNANCE INNOVATION: Society5.0の実現に向けた法とアーキテクチャのリ・デザイン」参照。https://www.meti.go.jp/press/2020/07/20200713001/20200713001-1.pdf、2021年3月10日最終確認。

の資源は、「権限・財源・情報を中央から有利に獲得する」目的のために専ら上位の特定階層だけを注視していれば事足りたが、今後は、立法府・行政府・圧力団体、ステークホルダー、その他のプレイヤーが（多少の差こそあれ）盤上に平面に散り散りに置かれ、どのプレイヤーとどのように協調し、どのタイミングで何を失う覚悟で何を得るかという行動の意思決定を強いられる。天を見上げて口を開けて権限・財源・情報を待つことは企業価値を最大化する行動ではなくなり、企業価値を最大化するために複雑に高度化された公共政策という競争に打ち勝つ必要性に迫られているといえよう。

(3)　構造的変化後の組織内弁護士の役割

　では、「第3の波」の情報化時代において、なぜ民間企業は組織内弁護士の役割として法政策機能を担うことを期待すべきなのであろうか。

　この点、宮脇・前掲注1）27-28頁は、「政策思考」と「法的思考」との「融合が不可欠」であると指摘したうえで、「既存政策は法制度の下で法的思考を中心として展開され、一方で新政策の形成は政策思考で展開される」ことを本質として指摘する。民間企業が政策の見直しを目指して行動する場合、「政策の見直しのルール化は既存制度と新たな制度の連続性のガバナンス問題として法的思考・政策思考両面の問題であり、新政策の行動ルールに関する認識共有はまず政策思考が中核となり、その持続性・安定性を確保するための法的思考が必要となる」ことが挙げられている。

　組織内弁護士自体は、公共政策のトレーニングや政策思考のトレーニングを受けているわけではない点に強い留保を促しつつも、「第3の波」の情報化時代の構造において、「法的思考」を備えた組織内弁護士が、企業において法政策機能を担うのに最も適切な人材となるチャンスが潜んでいるという主張は不合理ではなかろう。

2　電子署名法改正提言にみる組織内弁護士の役割

(1)　なぜ、電子署名法か

　本章では、前章の組織内弁護士の役割も念頭におきつつ、法政策に組織内弁護士が一定の役割を果たした事例として、日本組織内弁護士協会（以下、「JILA」という）による2020年の電子署名及び認証業務に関する法律（以下、「電子署名法」という）に対する改正提言を対象に検討を行う。

　なぜ、電子署名法が改正提言の対象となったのか。

　電子署名法は2000年に制定された。その目的は、「電子署名に関し、電磁的記録の真正な成立の推定、特定認証業務に関する認定の制度その他必要な事項」を定めることにより、「電子署名の円滑な利用」の確保、「情報の電磁的方式による流通及び情報処理の促進」を図ること等にある（電子署名法1条）。すなわち、文書の真正な成立の推定における署名又は押印の役割（民事訴訟法228条4項）と同等の役割を電子署名に与えることをその狙いとして含んでいる。

　ところが、電子署名法の成立以後も引き続き、わが国の契約実務においては紙の文書に署名又は押印する形での契約書作成が主流であり続けた。その理由としては、企業間の商慣習の硬直性や、企業内の稟議手続や契約書管理規程等の社内ルールが電子署名を想定していなかったこと、電子署名の技術的側面に対する理解が進まず、十分な信頼が得られなかったこと等、様々な要因が考えられるが、電子署名法それ自体にも問題がなかったとはいえない。

(2)　電子署名法3条の問題

　電子署名法の問題とは何か。同法において、企業の法務担当者をして困惑せしめたのは、電磁的記録の真正な成立の要件（電子署名法3条）である。電磁的記録の真正な成立の要件は、電子署名の定義（電子署名法2条1項）に別途の要件を付加する形になっている。その付加的要件とは、電子署名法3条かっこ書きにある「これを行うために必要な符号及び物件を適正に管理することにより、本人だけが行うことができることとなるも

に限る。」という要件である。

　「これを行うために必要な符号及び物件」とは、現在主流の公開鍵暗号方式を利用した電子署名では、署名鍵及び署名鍵が格納された物理的な媒体を指すものと理解されている。また、「符号及び物件」を「適正に管理することにより、本人だけが行うことができることとなるもの」とは、（1）署名鍵については、十分な強度の暗号が用いられていることを、（2）署名鍵が格納された物理的な媒体については、本人以外に使用不可能な方法で管理され得るものであることを、それぞれ指すものと理解されている[7]。

　すなわち、電子署名法3条の定めによれば、公開鍵暗号方式のもとでは、電磁的記録の作成者本人が、十分な強度の暗号を用いた署名鍵を、本人以外に使用不可能な媒体で管理している前提で、当該署名鍵を用いて電磁的記録に電子署名を行った場合に、「真正に成立したものと推定する」という効果が与えられることになる。

　なぜこれが問題となるのであろうか。「符号及び物件」は、典型的には、公的個人認証サービス（JPKI）の提供する電子証明書や「商業登記に基づく電子認証制度」によって発行される電子証明書などがこれにあたる。ところが、これらを利用して、文書の作成名義人自身の電子証明書による電子署名（以下、「本人型電子署名」という）を行おうとする場合、例えばJPKIの提供する電子証明書を利用するには個人番号カードの他にカードリーダーや署名用アプリケーションを自前で用意する必要があるなど、利用のためのハードルが高かった。

　これに対して、2015年ころから、文書の作成名義人自身が管理する電子証明書によらない電子署名、いわゆる「クラウド型電子署名」と呼ばれるサービスが、わが国においても急速に普及し始めた[8]。クラウド型電子署名では、文書の作成名義人自身が電子証明書を管理する必要性に伴う使い

　7）第10回成長戦略ワーキング・グループ　資料 1-2「論点に対する回答」（法務省、総務省、経済産業省提出資料）2020年 5 月12日　https://www8.cao.go.jp/kisei-kaikaku/kisei/meeting/wg/seicho/20200512/200512seicho04.pdf

勝手の悪さを解決するため、電子署名サービスの運営事業者が、事業者自身の電子証明書をもって、いわば契約成立の「立会人」として電磁的記録に電子署名を行う、という形をとる。この形であれば、契約当事者は電子証明書を取得する必要がないため、本人型電子署名よりも簡便に電子契約を利用することが可能になる。クラウド型電子署名の登場により、電子契約はわが国においても普及期に入ることとなった。

　他方で、クラウド型電子署名が電子署名法3条の推定効を享受するには一見すると解釈上の限界がある。「本人による電子署名（これを行うために必要な符号及び物件を適正に管理することにより、本人だけが行うことができるものに限る。）」という文言（以下、「固有性の要件」という）に対して、クラウド型電子署名は、電子署名を付与する主体が運営事業者であるという点に着目すると「本人だけが行うことができるもの」と認めるには疑義があるからである。実際、2020年5月12日に法務省・総務省・経済産業省が規制改革推進会議に提出した資料では「電子契約事業者が利用者の指示を受けて自ら電子署名を行うサービス」（すなわちクラウド型電子署名）は電磁的記録の作成者本人による電子署名ではないから、電子署名法3条の推定効が働かないとし、クラウド型電子署名における文書の成立の立証は、同条によらず、個別の事情を立証することによって証明しうるものである、と述べていた[9]。

(3)　JILA による電子署名法改正提言[10]

　しかし、COVID-19のパンデミックによる在宅勤務の推進、「押印のための出社」の抑制の観点からすれば、利用のハードルが高い本人型電子署

8）弁護士ドットコム株式会社の提供する「クラウドサイン」のサービス開始は2015年10月（https://www.cloudsign.jp/campaign/10000Companies/）、GMO グローバルサイン・ホールディングス株式会社の提供する「GMO Agree」のサービス開始は2015年11月である（https://www.gmo.jp/news/article/5051/）。なお、電子契約事業者が利用者の指示を受けて自ら電子署名を行うサービスに関しては「クラウド型電子署名」「立会人型電子署名」「事業者署名型電子署名」「電子サイン」等、様々な呼称が存在しているが、本稿では以後「クラウド型電子署名」と呼ぶ。
9）前掲、第10回成長戦略ワーキング・グループ　資料1-2「論点に対する回答」。

名ではなく、クラウド型電子署名を普及させることが、ビジネスを止めないためにも必須と考えられた。このため JILA では、電子署名法3条かっこ書きの修正の必要性を強く認識しており、2020年5月12日の規制改革推進会議の第10回成長戦略ワーキング・グループにおいて「電子署名法（2000年）の改正提言」と題する資料を提出した[11]。具体的には、クラウド型電子署名の普及を促すために、電子署名法3条かっこ書きの「符号及び物件」を、「主務省令で定める符号等」（下線は引用者）と改正することを提言した。「本人による電子署名」の限定要件を、省令により柔軟に拡張することを可能とすることで、2000年の電子署名法制定当時には想定されていなかったクラウド型電子署名にも電子署名法3条の推定効を享受させることが狙いである。

　JILA は、1700人以上（2020年3月当時）の組織内弁護士・元組織内弁護士・組織内有資格者を会員として擁する団体であり、その提言は企業法務の「現場」の声として一定の評価を与えられたものと思われる。

　なお JILA ではこの後2020年10月12日にも規制改革推進会議に対する提言書を提出し、そのなかで電子署名法の改正とならんで、受取証書（領収書・レシート）の電子化についての提言も行っている[12]。具体的には民法486条が「受取証書の交付」と規定しているところ、JILA の提言では「証書」という書面を前提にした文言から、電磁的記録による「受取情報」を容認する法改正を求めたところである。これに対して、2020年12月22日の第9回規制改革推進会議において提出された「当面の規制改革の実施事項」では、「弁済に係る受取証書について、電磁的記録の提供の請求を可能とするよう改正措置を講じる。」として、領収書の電子化に向けた法案

10）渡部友一郎「電子署名の規制改革──士業によるルール形成」月刊登記情報704号（2020年）4‐6頁参照

11）第10回成長戦略ワーキング・グループ　資料1-1-1「電子署名法（2000年）の改正提言」（日本組織内弁護士協会提出資料）2020年5月12日　https://www8.cao.go.jp/kisei-kaikaku/kisei/meeting/wg/seicho/20200512/200512seicho01.pdf

12）「規制改革推進会議に出席し、提言を行いました─紙という技術・手法を用いた規制・制度から技術中立性への見直し─」https://jila.jp/2020/10/1459/

提出の目処が示されている[13]。

(4)　改正提言後の動き

(ⅰ)　行政解釈の発表

　規制改革推進会議に JILA の提言が提出された後の動きは、以下の通りである。すなわち、本稿を執筆している2021年 3 月時点では、電子署名法それ自体の改正には至っていない。一方で、政府からはクラウド型電子署名の利用促進につながるいくつかの行政解釈が連続して公表された。これにより、企業法務の世界は本格的にクラウド型電子署名を受け入れるに至った。

(ⅱ)　押印Q & A

　まず、2020年 6 月19日に、内閣府・法務省・経済産業省が連名で「押印についてのQ & A」（以下、「押印Q & A」という）と題する文書を公表した[14]。押印Q & Aは、その冒頭で言明する通り「私法上、契約は当事者の意思の合致により、成立するものであり、書面の作成及びその書面への押印は、特段の定めがある場合を除き、必要な要件とはされていない。」という、法律実務家にとってはいわば自明の理を、改めて周知する文書である。

　そもそも、契約の成立には、法令に特別の定めがある場合を除き、書面の作成すら必要ない。このことは、2020年 4 月施行の改正後民法522条 2 項でも確認的に規定されているとおりである。政府が改めてこの自明の理を周知するのは、あたかも、押印さえあれば契約は成立しており、押印がなければ契約は成立していないのではないか、という、世上一般の「押印」に対する過剰な信頼（と誤解）を解き、後に続く電子署名法に関する

13）第 9 回規制改革推進会議　資料 2 「当面の規制改革の実施事項」2020年12月22日
　　https://www8.cao.go.jp/kisei-kaikaku/kisei/meeting/committee/20201222/201222honkaigi02.pdf
14）https://www.meti.go.jp/covid-19/ouin_qa.html

行政解釈の発表への「地ならし」をすることにあったといってよい。

(iii)　第2条関係Q＆A

　次に、2020年7月17日に総務省・法務省・経済産業省の連名で公表された「利用者の指示に基づきサービス提供事業者自身の署名鍵により暗号化等を行う電子契約サービスに関するQ＆A」（以下、「第2条関係Q＆A」という）では、電子署名法2条1項1号の「当該措置を行った者」に関し、「必ずしも物理的に当該措置を自ら行うことが必要」ではなく、「物理的にはAが当該措置を行った場合であっても、Bの意思のみに基づき、Aの意思が介在することなく当該措置が行われた」場合には、Bを「当該措置を行った者」と評価できるとした[15]。すなわち、第2条関係Q＆Aでは、クラウド型電子署名も電子署名法2条1項の「電子署名」に該当しうることが明らかにされた[16]。

(iv)　第3条関係Q＆A

　さらに、2020年9月4日にやはり総務省・法務省・経済産業省の連名で公表された「利用者の指示に基づきサービス提供事業者自身の署名鍵により暗号化等を行う電子契約サービスに関するQ＆A（電子署名法第3条関係）」（以下、「第3条関係Q＆A」という）が重要である[17]。第3条関係Q

15）https://www.meti.go.jp/covid-19/denshishomei_qa.html
16）第2条関係Q＆Aはあくまでクラウド型電子署名が電子署名法2条1項の定義に該当しうることを明らかにしたのみで、個々のクラウド型電子署名サービスの電子署名法2条1項該当性についてはグレーゾーン解消制度の活用等により確認されることを要する（第3回デジタルガバメントワーキング・グループ資料3-2-1「論点に対する回答」（総務省、法務省、経済産業省提出資料）2020年11月17日。以下「第3条Q＆A論点回答」という）。そして実際に、2021年2月5日付で、グレーゾーン解消制度に基づくクラウド型電子署名サービス事業者からの照会に対し、電子署名法2条1項該当性に関する回答が行われている（「グレーゾーン解消制度における照会に対し回答しました～国の行政機関との契約におけるクラウド型電子契約サービスの提供～」https://www.meti.go.jp/policy/jigyou_saisei/kyousouryoku_kyouka/shinjigyo-kaitakuseidosuishin/press/210205_press.pdf）。
17）https://www.meti.go.jp/covid-19/denshishomei3_qa.html

＆Aでは、固有性の要件[18]について「①利用者とサービス提供事業者の間で行われるプロセス」及び「②①における利用者の行為を受けてサービス提供事業者内部で行われるプロセス」の双方において十分な水準の固有性を満たすものであれば、クラウド型電子署名であっても電子署名法3条の推定効を享受する余地があるとする[19]。これは、同年5月12日に公表された先述の「論点に対する回答」における電子署名法3条の解釈を実質的には変更ないし拡張するものであり、実務に大きな影響を与えた。

　以上のように、結果的には、電子署名法3条自体の法改正によることなく、クラウド型電子署名が電子署名法2条及び3条の要件の双方を満たしうることが、行政解釈によって認められるに至った。契約実務へのクラウド型電子署名の導入には、大きな後押しとなった。

⒱　行政契約への展開

　2020年10月7日、規制改革推進会議は議長・座長会合を開催し、「当面の規制改革の実施事項（案）」を発表した[20]。その中では「書面・押印・対面の見直し」が大テーマとして掲げられ、なかでも「行政におけるクラウド型の電子署名の活用」と題して、「国や地方公共団体の契約におけるクラウド型の電子署名の利用の円滑化にも資するよう、グレーゾーン解消制度を活用」することが目標として掲げられた。

---

18) 2001年の立法担当者が「固有性」の要件をどのように考えていたかについては、渡部友一郎「電子署名法の再興：20年前の立法者意思とクラウド技術を活用した電子認証サービスの接合」Business Law Journal 2020年10月号38-47頁、福岡真之介「電子署名法3条の推定効についての一考察」NBL1179号38-39頁参照。

19) なお、第3条関係Q＆Aでは、十分な水準の固有性を満たすシステムの例として、「利用者が2要素による認証を受けなければ措置を行うことができない仕組みが備わっているような場合」を挙げ、2要素認証の例として「利用者が、あらかじめ登録されたメールアドレス及びログインパスワードの入力に加え、スマートフォンへのSMS送信や手元にあるトークンの利用等当該メールアドレスの利用以外の手段により取得したワンタイム・パスワードの入力を行うことにより認証するもの」を挙げているが、これはあくまで例示であり、第3条Q＆A論点回答では、「同レベル又はそれ以上の固有性を満たす措置が他に存在するのであれば、これを排除するものではない」としている。

翌2021年２月５日には、経済産業省からグレーゾーン解消制度の活用結果が公表され、クラウド型電子署名サービスを運営する事業者が、国の行政機関との契約締結時における当該サービスの利用可能性について、契約事務取扱規則及び電子署名法の解釈及び適用の有無についての総務省・法務省・財務省・経済産業省からの回答を得ている[21]。

(vi)　取締役会議事録への電子署名

電子契約と並び、企業法務関係者の関心事であった取締役会議事録への電子署名についても重要な解釈の公表が行われた。2020年６月２日に新経済連盟のウェブサイトにおいて公表された「取締役会議事録に施す電子署名についての法務省見解」である[22]。すなわち、取締役会議事録には出席取締役及び監査役が署名又は記名押印することを要し（会社法369条３項）、取締役会議事録が電磁的記録をもって作成されている場合には電子署名を付与しなければならない（会社法369条４項、会社法施行規則225条１項６号、２項）。新経済連盟が法務省からの通知をそのままウェブサイトに掲載する形で公表されたこの解釈によれば、「サービス提供事業者が利用者の指示を受けて電子署名を行うサービス」（クラウド型電子署名）であっても、出席取締役又は監査役の意思に基づき行われたものであれば、署名又は記名押印に代わる措置としての電子署名として有効なものであるとしている。これにより、出席取締役及び監査役に取締役会議事録を回覧して押印する、旧来の実務による必要はなくなり、クラウド型電子署名を活用して迅速に議事録を作成することが可能になった。また、残された課題であった商業登記申請の添付書類としての取締役会議事録についても、2020年６月より順次、一部サービス事業者のクラウド型電子署名を付した電磁

20）規制改革推進会議「当面の規制改革の実施事項（案）」https://www8.cao.go.jp/kisei-kaikaku/kisei/meeting/coremeeting/20201221/201221coremeeting08.pdf

21）前掲、「グレーゾーン解消制度における照会に対し回答しました～国の行政機関との契約におけるクラウド型電子契約サービスの提供～」参照。

22）新経済連盟ウェブサイト「取締役会議事録に施す電子署名についての法務省見解」https://jane.or.jp/proposal/notice/10829.html

的記録による議事録が、一定の要件のもとで添付書類として認められるに至った[23]。

　このように、取締役会議事録へのクラウド型電子署名の導入も、行政解釈の変更により大きな後押しを得ることとなった。

⑸　小括

　以上のように、2020年中盤の規制改革推進会議におけるクラウド型電子署名をめぐる一連の議論は、結果的には、当初、改革の「一丁目一番地」とみられた電子署名法の改正自体には至らないまま、行政解釈の発表という成果を残して現在に至っている。

　この状態は望ましいのだろうか。一方には、法改正が行われることで初めてクラウド型電子署名が安心して取引社会に受け入れられる、という考え方もある。他方には、行政解釈によってクラウド型電子署名も法的安定性を獲得したのであるから、今後は理解を浸透させるフェーズである、という考え方である。筆者自身は後者の考え方に賛成する。行政解釈により、電子署名法2条・3条、会社法施行規則225条等を経由して、クラウド型電子署名に署名又は記名押印と同等の効力が与えられた以上、あとは運用を積み重ねていく段階に来ており、「ためにする法改正」は不要と考えている。

　わが国の企業社会にとって未曾有の難局ともいえるCOVID-19のパンデミックは、リモートワークという新しい働き方に合わせたルール形成を否応なく後押しすることになった。「紙とハンコ」に依拠した旧来の企業法務が変革を迫られたのは必然といえる。しかし、電子署名法をめぐるルール形成が2020年に電光石火の速さで実現したのは、その数年前よりクラウド型電子署名という技術革新が準備され普及期に差し掛かっていたことと、JILAをはじめとする関係者が変革のチャンスを機敏にとらえて、然るべ

23）法務省ウェブサイト「商業・法人登記のオンライン申請について」（http://www.moj.go.jp/MINJI/minji60.html）には、2021年3月現在、商業登記申請の添付書面に利用可能な複数のクラウド型電子署名サービスの名称が掲載されている。

き働きかけを適時に行ったからにほかならない。法政策に組織内弁護士が
果たすべき役割として、後世の範となる仕事をされた関係各位に敬意を表
したい。

　法政策あるいはルールメイキングに、組織の立場から組織内弁護士が関
与することは近年とみに活発であると感じられる。一方で、法政策への関
与は、本質的に、個社としての利益を代表する契約交渉等とは異なる次元
の仕事であり、いわば「目線を高くする」ことが求められる。電子署名法
制の改革や受取証書に関する民法の規定の見直しは、企業法務に関与する
者に利害が共通する論点であったが、今後も、法政策に関与する組織内弁
護士には「個社の法務担当者」としての立場を超えて、全体の利害を見据
えた動きが求められるものと思う。

3　法政策における組織内弁護士の将来・展望

⑴　はじめに

　第2章の電子署名の具体例を踏まえても、法政策における組織内弁護士
の将来やその展望を考えるのは、もはや特別なことではない。このように
述べると以前は特別だったかのように響く。実際に従来、例えば10年くら
い前を思い起こすと、弁護士業務は既存の法律や制度を解釈し分析するこ
とが主であったから、組織内外の弁護士であるとを問わず、分析や法解釈
の限界を越えた場合には「それは立法論です」あるいは「リスクは説明し
たのであとはビジネス側の判断です」といった具合にかわすことができた
ように思う。それが次第に状況が変わってきて、法務であろうが渉外部門
であろうが、ルール形成過程に関与していかねばならない、という風潮が
出てきた[24]。法務が単なる法律屋ではなくビジネス上の意思決定に積極
的に関わるべきであるという法務の主体性の議論と相まって、最近ではル

---

[24]　そのような流れの具体例が読み取れるインターネット記事として「メルカリに学
ぶ、パブリックアフェアーズ・政策企画チームの作り方」（PublicAffairsJP、2021
年）https://publicaffairs.jp/がある。

ールメイキングこそが、組織内であると外であるとを問わず、次の弁護士の主戦場の1つあるというトレンドが生まれてきていると思われる。本章では法政策における組織内弁護士の将来・展望について若干の考察を述べたい。

⑵　法政策の構造的変化と弁護士の新しいフィールド

　⒤　組織内外の弁護士に限らず、企業一般がルールメイキングに参画していくべきという流れが生まれたのはなぜか。それは、本書の渡部友一郎「法政策における組織内弁護士の役割」中にもあるとおり、テクノロジーの発展の影響を受けて、法制度や政策の議論が現実のビジネスを後追いする傾向が出はじめ、ポリシーメイカー側としても民間から実情や意見を聴取し積極的に活用していかなければ、適切な社会経済の発展と規制のバランスが保てなくなってきた背景があると考えられる。その傾向は、当初いわゆるIT業界で顕著であったが、ITの影響力は業界の垣根どころか国境すらやすやすと越える性質をもつ。また、他国もテクノロジーの発展を積極的に受け入れて先進的な政策をとり始めたことから、我が国も民間の知見を積極的に採り入れていかねば立ち行かなくなってしまうという危機感も出てきたのだと思う。

　⒥　ルール形成への参画については、それを「ロビイング」と呼んだりもするが、この呼称は、どことなく正当な民主的意思決定過程を歪めるフィクサーのようなイメージもあり、人によってはパブリックポリシー活動であるとかパブリックアフェアーズ活動などと呼んで区別したがる場合もある。ただ立法や規制の動向に影響を与える目的で政府やポリシーメイカーとの関係をもつのがいわゆる「ロビイング」の一般的意義だとすれば[25]、呼称はどうであれ、組織の内外の弁護士の仕事が現状分析から「ロビー」的な積極的な参加型に広がりつつあるということで認識は一致

25）井之上喬『パブリックリレーションズ〔第2版〕』（日本評論社、2015年）49頁は米国での文脈として本文にあるような定義付けをしてロビー活動の重要性について解説している。

すると思う[26]。また前記の通り、官主導から民間の知見も採り入れた政策形成の必要性が出てきたことからしても、法政策における弁護士の活動は、組織が責任ある民主的社会の構成員の一員として公平で適正なルール形成に関与するのを支えるという観点、つまり、ただ既存のルールを受け入れ遵守すれば足りるというのではなく、あるべきルールを探求するという、判例形成等とは別の法曹の創造的活動の１つであるということがいえる[27]。

　そこで次に、組織内（本稿では民間企業内を念頭に置く）における弁護士の法政策形成活動における将来と展望について具体的に考えてみたい。

⑶　法政策と組織内弁護士の将来的展望

(ⅰ)　法務と法政策形成過程への参加のアプローチの違い

　法律実務は、対立的議論において勝てるかどうか、より直截にいえば「裁判になったときに勝訴できるか」を念頭に、判例や法律解釈に基づく論理的な議論を積み重ねていくのが基本である。時に社会の趨勢や風潮といったものに影響されつつも、つきつめれば、あるべき法は何かを論理的につめていく、正しければ主張は認められるはず、裁判になっても勝てるはずだという風になる。しかし、政策形成に参加していく場合、論理的に正しいから勝つとか、正しいことを認めない相手を言い負かすというのとは異なるコミュニケーション力が求められる。例えば何か事業のブロッカ

---

26)　組織外の弁護士を念頭に置いたルール形成活動の意義を説いたものとして齋藤貴弘『ルールメイキング　ナイトタイムエコノミーで実践した社会を変える方法論』（学芸出版社、2019年）がある。

27)　別所直哉『ビジネスパーソンのための法律を変える教科書』（ディスカヴァー・トゥエンティワン、2017年）の「はじめに」には、端的にルールは守るものでもあり作るものでもあること、また法治国家においては社会はルールで形づくられており、「そして、そのルールを作る資格は、もともと私たち一人ひとりが持っているものなのです」とし、民主的法治国家において、国民はルールを守るだけでなくつくる側でもあると述べている。基本的な事柄であるが、「資格」があるということはその分「責任」を伴うものであり、ルール形成に参画するにあたり常に念頭におくべきことである。

ーとなる規制があるとして、それを緩和修正ないし除去したいとする。そのような場合に論理立てて説明したとしても、最終的には相手（規制当局等）が納得しなければ、目的は達成できない。対話型のコミュニケーションが成立しないまま議論を展開しても、法律実務のように究極的には裁判所が判断を下すということもない。ただ「ご意見は承りました」となってしまうであろう。法政策形成過程においては、相手に自ら自分と同じように感じ、考えてもらうことが要諦であり、言い負かしたり、誰かの采配を仰いで勝つというのとは異なる。その意味で法政策形成過程の議論においては、実は弁護士は向いていないのではないかという議論もあり得る。時折、実務において公共政策部門や渉外と呼ばれる人たちのみが表に立ち、法務部門とは政策分析や提言作成において裏で連携することが行われるのはこのためである。実際、法務部門を前面に出して立ち会わせたことでかえって交渉が難しくなるという局面が想像できないでもない。しかもその難儀を肝心の法務部門が気づかず、かえって言いたいことを言ってやったという風になってしまい、社内的にもますます気まずくなるということもあり得る。筆者が愛読するパブリック部門におけるコミュニケーションの文献がいくつかあるが、共通して従事者の望ましい特徴としてあげられるのは、相手に共感してもらえるメッセージを発信できることである。そこにおいては学説や技術的な事柄を知っているよりも、親しみやすいコミュニケーション能力に長けているかが重視される[28]。それが時として論理の世界に生きている法律家からはもどかしいとか、甘いという風に映る可能性もあるが、ことはそれほど簡単ではない。まずは、メッセージングのコアな部分を理解し発信できるような人、必要に応じて法務や技術部門などの人員と協力していける人、他部門に花を持たせる配慮もできる人、であることが望まれる[29]。もっとも、従来、法廷弁護士でも似たようなこ

28）西谷武夫『パブリックアフェアーズ戦略──ルールを制する者が市場を制す』（東洋経済新報社、2011年）は、「パブリック・アフェアーズで大切なのは、その人が親しみやすい性格でコミュニケーション能力に長けているかどうかという点である。前線では難しいことを誰にでも平易に説明できるような人が理想だ」としている（同書102頁以下「パブリック・アフェアーズ担当の適任者」）。

とは言われていた。例えば特許訴訟などの高度な専門訴訟においては、技術をわかりやすく噛み砕いて説明できる人、専門家と協働して法廷活動ができる人が望ましいとされる。結局は、文脈に応じた対話と発信ができ、職種の異なる人と気持ちよく働ける人ということで、その点では従来型の弁護士の仕事とも共通点を見出すこともできよう。そして、パブリックアフェアーズに要求されるコミュニケーション能力と、弁護士本来の資質である、限られた資料や根拠から特定の主張を形成するリサーチ力と論理構成力が組み合わされた場合、理想的な法政策形成過程への関与が実現されるかもしれない[30]。

(ⅱ)　法政策形成過程参加における弁護士の規律

　組織内弁護士として法政策形成活動に関与する場合、公益的観点を抜きにはできない。法律や政策に影響を与えようとする以上、単に所属企業1社のためではなく、社会全体のために働いていることを自覚しなければならない[31][32]。その際、組織内弁護士において指針となるのは、やはり弁護士法第1条に規定される「弁護士の使命」すなわち「基本的人権を擁護し、社会正義を実現する」こと及び「誠実にその職務を行い、社会秩序の維持及び法律制度の改善に努力しなければならない」ことであろう。弁護

---

29)　少しそれるが、IT業界に身を置くと、AIの脅威といった議論に遭遇しがちであるが、その脅威を描いた代表例のひとつとされる小説『アンドロイドは電気羊の夢を見るか？』（P.K.ディック、早川書房、1977年）においては、繰り返し人間と人造人間（アンドロイド）の相違は共感力にあり、ゆえに人の感情を刺激するよう特別に設計されたインタビューである「フォークト感情移入（エンパシー）度検査法」によって外見上全く区別ができないアンドロイドと人間を識別することが決定的に重要であるとされている。つまり同書はAIの脅威を描いた書というよりも、人間の本質は共感力にあることをメッセージングする書であり、人間社会におけるコミュニケーションのありかたを象徴した物語と捉えることもできよう。

30)　前掲西谷101頁は、パブリックアフェアーズを成功させるための2つの機能として「法律や政治・行政のシステムを理解し、政府の政策提言を分析したうえで、会社としての立場や提案をまとめていくブレーン機能」及び「会社の立場や提案を政府関係者など外部の要人と議論したり、マスメディアなどを通じてパブリシティ活動を行うスポークスマン機能」を提示する。

士であることは責任も伴うが、同時に弁護士資格自体に対する世間からの信頼もあり、それを裏切らないようにせねばならない。

　この文脈では、個社の利益追求だけではないことを示すためにも、事業者間のヨコ連携や事業者団体を通じた活動を行っていくことが重要である。団体等を通じた活動の方が、政府関係者等としても個社だけでの交渉を受けるよりも受け入れやすいであろう。こうした横のつながりや団体活動は、一朝一夕にできるものではなく、常日頃から自分の利益にならないことでも共助の精神で汗をかき、志を同じくする他社の人たちと信頼関係を築き上げていくことが大切である。そうした信頼関係は、単に企業内弁護士としての活動に資するだけではなく、仮に所属先が変わっても属人的な信頼関係にもとづき、変わりなく接してもらうことができるという別の財産も産むことになるであろう。

4　おわりに

　組織内において弁護士として法政策形成過程に参画することは、独立系の法律家よりも大きい影響力を行使できる可能性があり、やりがいも感じられる仕事である。今後、法律家的な観点も採り入れた体系化がはかられれば多くの後進にも興味をもってもらうことができるだろう。多様なバックグラウンドをもった法曹が、組織内外を問わず、ルール形成に参加していくことを期待したい。

31）前掲齋藤245頁は、ルールメイキングに関与する法律家は「官民の間をただ行き来するガキの使い、あるいは営利だけを追求するビジネスマンになってはならず、社会を納得させるだけの大義や公益性も合わせて持つ必要がある」としている。

32）前掲別所35頁は「ルール作りには、価値観と価値観のせめぎ合いを避けて通ることはできません。そのせめぎ合いを乗り越えていくためには、企業の視点を超えて、世の中の視点であり方を考えていく事が必要だと思います」とし、公益的視点をもつことの重要性を強調している。

第5章

組織内弁護士と組織内中小企業診断士によるプロボノ活動の現状と協働による発展の可能性

土屋俊博[*]・渡邊 賢[**]

1 はじめに

　近時の日本社会においては、ESG 投資などに代表されるように、企業による社会貢献や社会的責任が重要視されており、この流れは個人の社会貢献活動にも影響を与えている。

　また、働き方改革などの影響で、従業員の副業や社外活動を積極的に推進する企業も現れている。これは、先の社会貢献の側面もあるが、企業価値向上のためには従業員の能力向上が必要であり、副業や社外活動がそれに有用である、という背景がある。従業員が社外で活動することにより、スキルを向上させたり、新たなアイディアを得たり、人脈をつくることができ、これは本業である所属企業での仕事にも活きてくる、ということが期待されている。

　このような流れから、従業員の専門性を活かしたプロボノ活動が活発となってきている。ここでは、プロボノ活動を、ボランティア活動のうち、個人の専門性を活かした活動をすることと定義する。

　具体例としては、ある企業においてマーケティングや広報を担当している従業員が、公益団体などに対して、自身のスキルを活かしたサービスを

　＊）中小企業診断士。
　＊＊）弁護士。

無償で提供するなどである。

　そのような個人と公益団体をどのように結びつけるかについては、企業自身のプロボノ活動としてマッチングする場合もあるが、プロボノ・マッチングを目的とした団体が運営するプラットフォームを利用することもできる。

　組織に所属する個人によるプロボノは、その専門性を活用する点が特徴的であるから、組織内士業など、ある分野の専門家は特に親和性があるといえる。下記のとおり、組織内中小企業診断士（以下、「組織内診断士」という）は、従前から組織的にプロボノに取り組んでおり、また、弁護士は、人権擁護をその社会的使命としており、弁護士個人、あるいは弁護士会の取り組みを通じて、社会的弱者への低廉（場合によっては無償）の法的サービスの提供など、社会貢献に取り組んできた。

　そこで、本項では組織内弁護士と組織内診断士に着目して論ずる。

　以下、まずはそれぞれの現状を整理したのち、組織内弁護士と組織内診断士が協働してプロボノに取り組むことにつき、メリット、具体的方法、留意点などを検討する。

2　組織内弁護士によるプロボノの現状

(1)　アメリカにおける組織内弁護士によるプロボノ活動[1]

(i)　社会的背景

　アメリカにおいては、その社会構造や文化的背景から、慈善活動やボランティアが活発であり、また米国法曹協会（ABA）が、その規則（Model Rules of Professional Conduct）において、年間50時間のプロボノ活動を推奨するなどしている[2]。そのため、アメリカでは、法律事務所のみでなく、

---

1 ）詳細につき、梅田康宏「米国における企業内弁護士のプロボノ活動の発展と日本への応用可能性」（自由と正義　2012年 5 月号95頁）。

2 ）https://www.americanbar.org/groups/professional_responsibility/publications/model_rules_of_professional_conduct/rule_6_1_voluntary_pro_bono_publico_service/

組織内弁護士も積極的にプロボノ活動に従事している。例えば、2010年の
ハイチ地震に際しては、組織内弁護士と法律事務所のプロボノチームが共
同して震災直後のハイチに入り、法的支援を行った[3]。

(ii)　プロボノ資源

　アメリカには、プロボノを支援する非営利団体が複数あり、代表的なも
のとして、Pro Bono Institute（PBI）[4]が挙げられる。PBI はワシントン
DC に本部を置く非営利団体で、弁護士数50人以上の大規模事務所のみが
会員となれる。

　この PBI と、Association of Corporate Counsel（ACC）が共同して、
Corporate Pro Bono（CPBO）を立ち上げた[5]。

　PBI は、CPBO の設立と同時に「コーポレート・プロボノ・チャレン
ジ」（Corporate Pro Bono Challenge）と題する認証プログラムを、この
CPBO の活動として提供開始した。このプログラムに参加しようとする
企業は、「チャレンジ声明」（Challenge Statement）に署名することにより
PBI により署名者（Signatory）として公表される[6]。署名者となった企業
は、法務部門所属スタッフのプロボノ活動について奨励し、これを促進し
ている。

　このように、アメリカでは、非営利団体や企業によって、組織内弁護士
のプロボノ活動が後押しされている。

---

3) Jane Fleming & Bradley Myles, Presentation, Pro Bono in Practice: Human Rights
  （The 2011 Pro Bono Institute Annual Seminar and Forum on In-House Pro Bono,
  Mar. 4,2011).
4) http://www.probonoinst.org/
5) http://www.cpbo.org/
6) http://www.cpbo.org/cpbo-challenge/about-the-challenge/list-of-challenge-signat
  ories/

(iii)　企業法務部のプロボノ活動の具体例

(ア)　3 M社

　3 M法務部は、本社のあるミネソタ州において、Children's Law Center of Minnesota と共同して児童の権利保護活動を行っている。3 M法務部に所属する15人の弁護士が、実際に児童の進路相談から家庭裁判所での代理人まで務め、法務部のパラリーガルや秘書も会社の了承のもとに事務処理作業などを手助けした。この取り組みは成功し、画期的な試みとして全米に知られるところとなった[7]。

(イ)　インテル社

　インテルは、全社一丸となって従業員のボランティア活動を推進しており、インテル法務部は、所属弁護士のプロボノ活動を推進している。

　具体的には、プロボノに熱心な4つの大規模法律事務所のプロボノ部門と提携し、知的障害者の教育問題、身体障害者の人権問題、HIV 患者の権利や治療の問題などに取り組んでいる[8]。

　また、インテル法務部はオレゴン州において他州の資格しかもたない組織内弁護士が州内でプロボノ活動を受任できるようこれらの法律事務所と共にロビー活動を行い、2007年、州の規制を改正させることに成功した。

(2)　日本における組織内弁護士によるプロボノの現状

(i)　社会的背景

　日本においては、震災復興などを通じて、若年層を中心に様々な分野でプロボノが広がりつつあり、その流れは法律分野においても同様と考える。ただし、現状では、弁護士によるプロボノは米国ほど大きく広がっていない。その原因は複数あると思われるが、ここでは公的なプロボノ資源の乏

7）http://www.cpbo.org/wp-content/uploads/2007/03/3M-Company-with-Children%E2%80%99s-Law-Center-of-Minnesota.pdf

8）https://www.probonoinst.org/newsroom/press-releases/pro-bono-institute-honors-intel-corporation-attorneys-awarded-for-assistance-to-underserved-clients/

しさに着目する。

　前述のとおり、アメリカにおいては ABA がプロボノ活動を推奨しているが、日本の弁護士会では、各弁護士会において、所属会員に一定の「公益活動」を義務としている。この公益活動につき、大半の弁護士会では、会務活動や刑事弁護など、伝統的な弁護士としての活動を公益活動としてとらえている。一部の弁護士会では、個別の審査により、これを公益活動と認める場合もあるが、一般的には、プロボノ活動ではこの義務を満たすことができない。

　したがって、弁護士会としては、プロボノを推奨する状況にはなく、また他の公的な取り組みも現状では見当たらない。

(ⅱ)　現状のプロボノ資源

　前述のとおり、現状、日本においては、公的なプロボノ支援は乏しいが、一方で、近時では、複数の法律事務所が共同してプロボノを推進する取り組みや、プロボノを推進するための任意団体が設立されている。ここでは、筆者も所属している BLP ネットワーク（BLPN）[9]とその取り組みを紹介する。

(ア)　BLPN の設立

　BLPN は、現在の代表者が、2012年ころ、積極的にプロボノ活動に取り組んでいた弁護士とともに、NPO やプロボノ活動に関する情報交換や交流の場とすることを目的として設立された団体である。その後、活動を継続、発展させ、現在[10]は70名程度が所属する団体となっている。メンバーには組織内弁護士も 9 名含まれている。

(イ)　具体的活動

　現在、BLPN の団体コンセプトとしては、企業法務を中心として活動す

---

9) https://www.blp-network.com/
10) 2021年 5 月。

る弁護士が、その培った知識、技能を生かして、NPO 等の公益団体を法的に支援することを通じて、公益団体と弁護士がパートナーとなる機会を提供すること、である。

　主な活動としては、当初の活動のほか、公益団体からの個別の法律相談を所属メンバーに紹介するプラットフォームの運営、NPO 向けの書籍の出版、プロボノイベントの開催、他の公益団体との連携したプロジェクト遂行などとなっている。

　プラットフォームの運営により、これまで多数の公益団体からの相談に対応しており、その具体例としては、規約の整備、契約文書の確認、知的財産権の保護、新規事業に関する法規制調査、行政対応など、様々である。これまで対応した案件数としては140件程度である。

　担当弁護士は立候補によるほか、他の案件でのつながりや専門性を考慮して決定される。

　なお、この相談に関しては、個々の案件ごとに有償・無償を当事者で協議して決定しており、相談後の関係が続く場合においても、一般的な顧問契約とする場合もあれば、プロボノワーカーのような位置づけで、無償での関係が続く場合もある。

　筆者も BLPN を通じて個別の案件を受任しており、契約書や規約のドラフトなどの依頼が多い。もっとも、依頼内容のヒアリングをするにつれて、団体のガバナンスや、リーガルテックに関する法的ニーズなども浮かび上がってくるため、案件は当初の依頼内容にとどまらないことが多い。また、団体内部での意見の食い違いなどが生じていることも多く、その場合は、法的にどうこう、というよりも、カウンセラーやコンサルタントとしての役回りになることもある。

　なお、相談を受けた団体とは、当初依頼された案件の終了後も、チャットツールなどを通じてつながっており、定期的に依頼を受けている。

㋒　他団体との連携と成果
　BLPN では、サービスグラント[11)]、新公益連盟[12)]、JANIC（日本国際協力 NGO センター）[13)]などの団体と連携しているが、ここでは、サービスグ

ラントの NPO 法人 Fine に対する支援プロジェクトに BLPN メンバーが
参画した案件[14]を紹介する。

　NPO 法人 Fine は、不妊治療当事者どうしの交流の支援や不妊に関する
情報発信などの活動を通じて、正しい情報に基づき、自分で納得して選択
した治療を安心して受けられ、また、社会から孤立することなく、健全な
精神をもち続けられる環境を整えることを目指す団体である。

　上記案件は、「アドボカシー支援プロジェクト」として、不妊治療に対
する理解ある職場環境づくりを提言する「プレ・マタニティハラスメント
防止ガイドライン」を作成する、というものである。

　このガイドライン作成にあたり、BLPN メンバーの役割は、不妊治療支
援が進んでいる海外各国の不妊治療関連の法律・制度を調査し、法律用語
を含め和訳してまとめる、というものであった。これら海外事例は、海外
在住のメンバーが海外の弁護士ネットワークを活用して収集した。

　この取り組みの成果は、国内だけでは作成できない貴重な法的情報であ
り、「欧米各国の生殖補助医療（ART）の支援制度」の紹介として、ガイ
ドラインに盛り込まれた。これにより、このプロジェクトの成果物は充実
した内容となったといえ、BLPN の参画は大変意義のあるものとなった。

⒟　まとめ

　上記のとおり、国内のプロボノ資源として BLPN を紹介した。なお、
BLPN のほかにも、NPO 支援を目的とする弁護士の団体として、「NPO
のための弁護士ネットワーク」[15]がある。また、大手法律事務所や外資系
の事務所のプロボノに関わる弁護士が参加する「P-laza」も発足している。

　国内の法律以外の分野でのプロボノ発展に伴い、上記アメリカのように、
法律分野でもプロボノ資源が拡大していくことが期待される。

11）https://www.servicegrant.or.jp/
12）https://www.shinkoren.or.jp/
13）https://www.janic.org/
14）https://www.servicegrant.or.jp/projectslist/fine2/
15）https://npolawnet.com/member/

⒤　企業法務部のプロボノ活動

　日本国内では、外資系企業の法務部が、組織として取り組んでいる例が
あるので、紹介する。

㋐　JP モルガン

　JP モルガンでは、従業員のボランティア参加を推奨しており、法務部
においては、契約書作成、リスク管理対策相談、経営・事業戦略のアドバ
イス等のリーガル・クリニック[16)]に取り組んでいる。同社の主催する
「プロボノ・サービスデイ」において、BLPN メンバーもクリニックに参
加している。

㋑　ゴールドマン・サックス証券、バークレイズ証券

　この両社は、NPO 法人難民支援協会の活動にあたり、企業法務部とし
て難民に対する法的支援にプロボノ参加している[17)]。具体的には、来日
した難民の難民認定申請手続きにあたり、迫害事由のヒアリング、出身国
の人権状況の調査、陳述書・意見書等の法的文書の作成を行っている。た
だし、実案件の受任の際は、弁護士法を考慮してのことと思われるが、法
律事務所と共同して受任している。

3　組織内診断士によるプロボノの現状

⑴　日本において組織内診断士のプロボノが発展した理由

⒤　中小企業診断士の特徴

　中小企業診断士（以下「診断士」と略す）とは、「中小企業診断士の登録
等及び試験に関する規則（平成12年通商産業省令第192号）」に基づき登録さ
れた者を指す。この省令の根拠となる中小企業支援法（昭和38年法律第147
号）では「中小企業の経営診断の業務に従事する者」とされている。全国

---

16) https://www.jpmorgan.co.jp/ja/local-presence/employees-volunteering
17) https://www.refugee.or.jp/support/legal_office.shtml

で約 2 万8,000人が登録されており、そのうち 1 / 3 が独立した個人事業主や経営者、残る 2 / 3 が、一般企業や金融機関等に勤める、いわゆる「組織内診断士」である（診断士の界隈では「企業内診断士」と称することが多いが、公務員や支援機関など「企業」と括ることに違和感がある職種もあるため、筆者としては「組織内」を今後推したいと考えている）。

　登録の有効期間は 5 年間であり、以下の 2 つの更新要件をいずれも満たしたうえで登録の更新が必要となる。

(ア)　新しい知識の補充に関する要件（ 5 年間で 5 回。理論政策更新研修、論文審査等による。）

(イ)　実務の従事要件（ 5 年間で30日以上。）

　　特に、(イ)実務の従事要件が、組織内診断士にとってハードルが高いという実態がある。診断士資格を取得しても、実際に中小企業の経営診断の業務に従事することを義務付けられているわけではなく、企業人としてのキャリアの幅を拡げ・スキルアップのために取得したという者も少なくない。日頃中小企業と接する業種職種でないような組織内業務に従事する者にとって、中小企業の経営診断に携わる機会はそうそう多くは無い。

(ii)　プロボノ活動に取組む背景

　診断士の資格更新要件を満たすために必要なポイントの取得をするために、どこか経営診断業務の対象となる中小企業を見つけ出す必要がある。

　そこで、有償での診断業務を行おうとすると、相手先企業の財政的事情にもよるため、なかなか案件を獲得することが困難である。そこで、組織内診断士としては無償での事業支援を行うケースがままある。その際も、特に個人個人が企業において培った専門性を活かした支援を行えると、より深く、他の診断士と比較して競争優位性のある診断実務を行うことができるため、たいへん有効である。このため、おのずと組織内診断士としては登録更新のためのプロボノ活動を行うことが必然となる。また、診断士資格を取ろうと考える者の多くは、いわゆる社会貢献・中小企業支援とい

った活動に元来興味があり、他者・他社への貢献意欲が高い者が比較的多いと考えられる。

⑶　企業経営層との繋がりやすさ

　診断士という名前が示すように、中小企業の経営層との会話を行いやすい立場にある。大企業と違い、それほど多くの人材を雇うことがかなわない中小企業の経営者にとっては、いわゆる経営企画機能の代替として診断士を受入れることが有効となる。常勤ではなく非常勤の顧問という形式で、経営企画スタッフのような機能を持つことが可能となる。他方、診断士の方も、顧問としてや公的支援機関・金融機関の経営相談員といった立場から、中小企業の経営者と繋がる機会が数多くある。

⑷　他の専門家との協働

　診断士同士で連携し中小企業の支援にあたることもあるが、実際には、他の様々な専門性を持つ方々と協働し企業支援にあたることも多い。例えば会計や税に関すること、情報システムやホームページの作成、知的財産や特許に関することなど、それぞれの領域の専門家と協働することで、個々の企業支援によって提供できる価値や効果を高めることができる。診断士は資格取得に際して幅広い領域の科目に合格する必要があるが、それは中小企業の経営者が話す経営課題や問題の所在について多少なりの勘所をもち、必要に応じて適切な専門家を紹介し価値を提供するなど、いわゆる「御用聞き」「町の身近なかかりつけ医」といった顧客接点としての役割が期待されているためである。そこで他の専門性があるスタッフと共同チームを組みながら企業支援にあたることで、顧客とも、パートナー同士とも、よい関係性を築くことができる。

⑸　プロボノ支援・仲介機能の充実

　昨今の働き方改革の中で、「副業・兼業の推進」といったことが以前に比べて益々オープンに言われるようになってきている。そのような中で、世の中でプロボノを行いたい人の支援や、プロボノでの人材を受け入れた

い企業との仲介を行う企業・サービスが充実化してきている。いわゆる人材派遣・人材紹介関連の企業で行うサービスもあるが、オンラインでの単発の業務を繋ぐ、いわゆるクラウドソーシングといったものもある。こういった仕組みを活用する中で、組織内診断士としての活躍の場を獲得することは、従来よりも格段にやりやすくなってきている。

(vi)　組織内診断士同士の連携

　いくつかの大企業においては、企業グループ内に中小企業診断士資格をもつ者が複数存在し、その有資格者同士が社内でコミュニティを形成し、「企業内診断士の会」を形成している。多いところでは100名強が所属する企業グループも存在する。関東において、そういった「企業内診断士の会」同士の交流会が、2010年以降毎年開催されている。現在、NECやアサヒビールグループをはじめ、20の企業グループによって構成されている。そういった交流会において、プロボノをテーマとした検討がなされ、自発的な取り組みが複数立ち上がっている。

(2)　組織内診断士のプロボノの現状

　前述のとおり、組織内診断士におけるプロボノ活動は、誰しも多かれ少なかれ、何かしら行っているものと捉えられる。その中で、比較的組織化し、大人数で取り組まれている組織内診断士によるプロボノの実例を紹介する。

(i)　被災地の復興支援——宮城県気仙沼市での取り組み

　気仙沼市は宮城県の北東にある太平洋に面した市である。カツオやフカヒレ、サンマなど海の幸が有名である。

　2011年の東日本大震災で大きな被害を受けた被災地のために、組織勤務の診断士が、何かできることがないかと考え活動が始まった。気仙沼の仮設商店街への提言したことから、2013年4月に第1回の「気仙沼バル」がスタートし、第8回（2019年7月）まで開催されている。当初は3つの仮設商店街の38店舗の参加からスタートし、現在は気仙沼市に店を構える数

十の店舗が参加し、店が考えたバル用のフードとドリンクが共通のチケットで楽しめる食べ歩き・飲み歩きイベントとして定着している。

　体制としては現地の推進メンバーと店主、後援・協力組織、そして中小企業診断士チームで構成されている。現在は現地実行メンバーを中心に、首都圏在住の診断士による伴走支援を行っている。具体的には以下のような取り組みを行っている。

　(ア)　バル企画の立案
　(イ)　現地メンバーとの準備活動（診断士の知識を利用したサポート）
　(ウ)　補助金申請支援
　(エ)　バルのデータ分析、結果報告、次回への提言
　(オ)　バル当日の運営（チケット販売、お客様誘導、イベント運営等）

　これらを分業するために 7 ～ 8 のチームを編成し、5 ～10名の中小企業診断士が現地側と連携を取りながら活動を行っている。

(ii)　地域活性化——静岡県南伊豆町での取組

　南伊豆町は伊豆半島の最南端にある人口8,400人の町である。三辺が海に面している南伊豆町では，日本の渚100選に認定されている弓ヶ浜海岸をはじめとする美しい多彩な海を楽しめ、サーフィン客や特に夏のハイシーズンには海水浴客でにぎわう。豊かな海産物に恵まれ、春夏秋冬いつ訪れても楽しめる南伊豆町は、まさに観光資源の宝庫である。しかし、その素晴らしい観光資源が人口減少によって徐々に失われていく危機にさらされていた。

　2017年11月、この町の商工会の経営指導員（診断士）と、（独）中小企業基盤整備機構に勤務する職員（診断士）らが中心となり、首都圏に勤務する地域診断を志す組織内診断士24名による南伊豆町の地域診断プロジェクトが結成された。活動にあたっては以下の 3 つの柱を設定し進めている。

　(ア)　組織内診断士の視点から地域活性化を考える

　㈣　地域で奮闘する支援機関や診断士への支援や連携方法を考える
　㈦　失われた広域商業診断・地域診断の復活を試みる

　このような方針のもと、2018年に実施した「地域診断」を経て導出されたアイディアの実現に向けて検討を重ねる中で、町の経済活性化の支援を行う「南伊豆応援隊」という任意団体を結成し、町との間で連携協定を締結。その後町の総合計画・産業振興計画の検討や、現地事業者とのワークショップ、町のファンづくりの取り組み等を、地元商工観光関連団体とも連携しながら展開している。さらに、この経験を他地域での支援にも活用できるようにメソッド化し、地域支援に興味のある診断士同士で紹介し合い、他地域での実践に活用している。

⑶　NPO法人支援——有志の研究活動

　診断士同士で興味のある分野について学び合い、実践する集まりが多数存在する。その中でもNPOや社会起業家を対象に支援を行う「Enhance Partners」を紹介する。ここでは社会課題解決型の活動家の経営面での悩みを解決することを通して、より良い社会づくりに貢献しようと活動する診断士が多数在籍している。特に重点的に支援を行っているのがNPOである。全国に約5万団体あるNPO法人は経営面で課題を抱えることが多いが、NPO活動が活発なアメリカとは異なり、日本ではNPO経営を支援する人材が限られている。

　一方、診断士の資格更新要件となる「実務ポイント」の取得には、従来中小企業や個人事業主への実務従事が要件となり、NPOは対象外であったが、2019年よりNPOも対象として認められたことにより、今後は経営力に悩みを抱えるNPOへの支援も充実が見込まれている。

　そこで、この団体ではこれまで、NPO向け補助金説明会やNPOへのプロボノ活動などを企画し、中小企業診断士がNPOに接する機会を提供してきた。今後は、経営課題を抱えるNPO法人とNPOを支援したい診断士を結び付ける実務従事マッチングを行い、NPOの経営支援ができる診断士を増やす展望を抱いている。

(3)　まとめ

　以上のように、組織内診断士としてのプロボノに携わるモチベーションの高さ、それを行いやすくなる環境の整備、様々な事例の共有等、ここに出てこない「隠れプロボノ」はまだまだ多くあると考えられる。最初の一歩は「自分に何ができるか」「本業との兼ね合いは」等心配は尽きないが、「まずはやってみる」の精神が大切。現場に出掛け、目の前の困っている方の声に耳を傾け、その悩みを解消するための方策をともに考えるということこそが、プロボノの価値であり、醍醐味であると考える。

4　組織内中小企業診断士と組織内弁護士の協働によるプロボノ発展の可能性

　ここまでは、組織内弁護士と組織内診断士の現状の取り組みについてそれぞれ整理したが、ここで、両者が協働してプロボノに取り組む場面を検討する。

(1)　総論

　ここまで述べてきたとおり、診断士は企業経営や組織運営につき総合的な助言ができるが、専門的な分野については、他の専門家に任せることが多い。

　一方、弁護士は、法律専門家であるため、法律問題は十分な品質で助言できるが、経営判断事項については、有効な助言ができず、単なる聞き役になることもある。

　しかしながら、サービスの利用者からすると、この法的問題か、経営問題か、ということに明確な区別はなく、とにかく生じている問題を解決したい、または生じうる問題を予防したい、と考えている。したがって、この両者が協働することによって、利用者の抱える問題を一挙に解決できる可能性がある。

　特に、組織内で活動するこれら専門家は、組織内で起こりがちな、あるいは陥りがちな問題について知見がある。そのため、組織内診断士と組織

内弁護士が協働することのメリットは大きいと考える。

　また、個別の助言の場面以外には、例えば上記のような組織内診断士が取り組む地域復興・振興のプロジェクトにおいても、弁護士が法的リスクヘッジに関与することができれば、当該プロジェクトはより安全に遂行できると考える。

　両者が協働することはメリットが大きいと予想されるが、現状、そのような取り組みはなされていない。そこで、両者の活動をリンクさせる必要がある。そのための方法について考える。

(ⅰ)　両士業の連携の枠組み

　まずは組織内に勤務する両士業同士が協働する枠組みやプラットフォームが重要と考える。この枠組みの具体的な形式としては以下のパターンが考えられる。

　(ア)　日本組織内弁護士協会（以下「JILA」という）と、組織内診断士の団体の内部にそれぞれプロボノに関する部会（以下、「プロボノ・セクション」という）などを設け、これらをリンクさせる、というものが考えられる。

　しかしながら、現状[18]では、JILA にはプロボノ・セクションは存在せず、組織内診断士の団体は設立されていない。したがって、まずはそれぞれの体制の整備を行う必要がある。後者については、大企業中心に編成された上記「企業内診断士の会」の交流会との連携から始めるという方法もある。

　(イ)　弁護士会と中小企業診断協会にそれぞれプロボノ・セクションを設け、リンクさせる、という考え方もある。ただし、現状では、少なくとも弁護士会はプロボノに積極的であるとは言えず、あまり現実的ではないと考える。

---

18)　2021年 5 月。

　㈢　前述のサービスグラントなどの一般的なプロボノ・マッチングサービスを利用することも考えられる。この場合は、協働によるプロボノを行いたい両士業の有志が同サービスを活用することで実施可能である。

　㈣　弁護士と診断士の協働用のプロボノ団体を設立することも考えられる。この考え方を発展させて、IT企業による非営利団体支援の枠組みであるテックスープ[19]のような、士業全体による支援枠組みを作ることも一案である。ただし、既存の協会・組織との取組の棲み分けや、別途、新たな組織の管理工数がかかることもあり、そういった体制面の整理が必要となる。

⒤　支援対象の選定・スクリーニング

　前述のような何らかの枠組みがあったとして、次にどのような支援案件であれば、両士業の強みをより発揮できるのかを考える。そのような支援先・支援案件が特定できれば、マーケティングプランを組成することができる。ではどのような支援先・支援案件であれば望ましく、現実的であるのか。以下の点が重要であろうと考える。

㈠　経営や法務に関する事案であること

　言うまでもないかもしれないが、診断士、弁護士としての強みを活かせる領域でニーズを抱えている団体が望ましいと考える。

㈡　支援の急を要さないこと

　組織勤務の者にとっては急な業務指示等に時間を割かれるケースがある。そのような場合でも、支援を受ける側にとっては関係がなく、プロフェッショナルとしての対応が求められていることを忘れてはならない。ゆえ、時間的な余裕をある程度確保できることが必要である。

19）https://www.techsoupjapan.org/

(ウ)　支援者自身にとっても学びを得られること

　特に無償で対応するプロボノは、金銭的な対価が無い代わりに支援者にとっての成長、貢献意欲の充足といった価値を感じられることが重要である。そういったことを理解いただける支援先であるかも確認すべき点である。逆に、単純作業を強いられるような場合等は、支援者にとっての学びに繋がらないこともあり、徒労に終わる可能性があるため注意が必要である。

(エ)　差し支えない範囲での情報公開が可能なこと

　支援先にとっては、経営・法務にかかる相談内容は他者にはそう簡単に公表することは控えたいのが当然である。守秘義務の順守は士業にとって必須であるが、そうはいっても、取組事例を差し支えない範囲でケースとして他の士業と共有することについてご理解いただけるところが望ましい。例えば、「支援を受けているという事実は公表可（ただし相談内容は非公開）」または「支援先名は非公表とするが、支援内容はケースとして共有可能」のいずれかに了解いただけると、その後のプロボノ活動の広がりに活用できる。

(ⅲ)　実案件を組成する手順

　前述のような支援対象を前提に、どのようにプロボノの支援案件を確保・開拓するか、その手順について考える。

　(ア)　既に実施中のプロボノ案件においてニーズを把握する。

　例えば組織内診断士の方で進めているプロボノ案件において、法律的な相談事項は無いかを探る、または、既存の法律関連の支援先に対して、プロボノによる経営支援の相談ニーズは無いかを探る、といったことである。

　(イ)　両士業協働の支援メニューを整理し、周知する。

　支援を受ける側にとっては往々にして「どのような支援を受けられるのか」「どのような価値があるのか」が分かりにくい場合がある。それを想定して、提供可能な支援メニューを準備することで、支援を受ける側にと

っても、支援する側にとしても筋道が分かるので、有効である。

　㈡　既存のプロボノ案件紹介プラットフォームの中から協働できそうな案件を探し、応募する。

　㈢　終了の条件をあらかじめ決めておく。

　これは前述の「中長期的な関係を構築する」というのと矛盾するように見えるが、だらだらと何もしない関係を続けるのはかえってよくないケースもある。「何をゴールにするか、何を達成したらいったん完了とするか」という目途を付けて始めることで、双方にとって協働のアウトプットが明確になるため、良い関係性が築ける可能性が高まる。

(iv)　留意点

　弁護士に特有の問題として、他の士業との連携が、弁護士法（非弁提携）[20]に抵触するおそれがあるので、この点は注意が必要であるが、プロボノで活動する範囲では、問題は生じないと考える。

　また、別な規制として、複数の弁護士事務所を設置することが禁止されている[21]ことから、何らかのプロボノ団体を組成・利用するにあたっては注意が必要である。上記のBLPNでは、BLPNが弁護士事務所としてみなされないよう、個別案件の管理は行わず、マッチング以降は個々のメンバーと利用者に任せる運用としている。

　また、診断士におけるプロボノの実践における問題として、そもそも、本来有償で行うべき案件であるか否かの判断が常に付きまとう。有償で受けるべき案件であれば、そのような方向に促していくべきである。プロボノとして受けると好ましい案件はどのようなものなのかは注意深く考える必要がある。そこで、以下、弁護士と診断士の強みを活かせそうな領域をケースとして考えてみる。

20）弁護士法27条。
21）弁護士法20条3項本文。

(2)　被災地支援・復興支援分野の相乗効果

　常に自然災害に悩まされることの多い日本では、いつどのような被害を受けても不思議ではない。その場面での支援の手は数多く必要である。発災直後の命を守る段階のみならず、被災による経営・事業体制への影響からの回復において診断士と弁護士が行いうる支援としては以下のようなものが考えうる。復興時の行政的混乱を考慮すると、被災者の側に法務と経営の専門家がつくことは、被災者の救済の迅速化につながる。

- (i)　公的支援を受けるための手続きや情報収集に関する支援
- (ii)　被災した事業者における、顧客との取引・契約にかかる補償対応や被害の軽減の支援
- (iii)　事業者・団体の職員との関係において生じる補償対応
- (iv)　事業の承継に関する検討、手続き

(3)　虐待防止・貧困対策など伝統的な社会的問題の改善

　虐待防止・貧困対策などの社会的弱者の保護・救済については、従来、個々の弁護士有志による活動が中心であったが、これらのテーマに取り組む団体への法的・経営的な支援を行うことが、問題解決により効果的な場合もある。ただし、そのような団体は、人的・金銭的余裕が乏しく、経営体制、法務面が極めて脆弱であったりする。

　そこで、ガバナンスや団体内部の規約類の整備などの、運営上のリスク管理につき、プロボノとして診断士と弁護士が協働して助言することが望まれる。また、団体の活動内容によっては、ロビー活動が必要な場合もあるが、ロビーの必要性を診断士が発見したのち、弁護士に引き継ぐ、ということも考えられる。

(4)　新型コロナ禍（非常事態下）におけるプロボノのあり方

　以上のような支援を行うにあたり、近時の感染症対策のため、人と直接会って対応することが困難な中では、リモートでの対応が求められる。昨今のオンライン会議ツールの拡がりによって遠隔での相談が一般化しつつ

あるが、それらツールを使いこなすうえでの様々な配慮が新たに求められ、相互に意見を引き出すためのハードルは依然として存在する。距離を超えて手軽に意見を交わす機会をつくりやすくなった半面、信頼感を醸成し、相互理解を深めるための手法については、専門家同士で様々な知見を共有していく余地が多分にある。

　また、感染症対策のため、NPO 等への支援が届きにくくなっている可能性もある。そのため、NPO 等からの相談を待つのではなく、専門家側で相談会を主催するなど、積極的にリーチしていく必要もある。

5　まとめ

　以上のとおり、本章では、組織内弁護士と組織内診断士によるプロボノ活動の現状と協働による発展の可能性を検討したが、ポイントは次のようにまとめることができる。

①組織内弁護士によるプロボノは、現状ではあまり活発でないが、法律プロボノに対する弁護士側の関心の高まりとともに、今後拡大する可能性がある。

②組織内診断士によるプロボノは、資格維持のための実務要件との兼ね合いもあり、活発に行われており、また、NPO に対する助言も実務要件として認められることになったことから、今後も継続・拡大していく見込みである。

③組織内弁護士と組織内診断士が協働するメリットとしては、組織内診断士が経営全般に助言をしたのち、そこで認識された法的ニーズに対して組織内弁護士が助言することで、効率的にプロボノの成果を上げることができる。

④組織内弁護士と組織内診断士の協働を実現するためには、何らかのプロボノ・プラットフォームが必要である。既存の弁護士、診断士の組織を活用する考え方もあるが、サービスグラントなどの一般的なプロボノ・マッチングサービスの利用や、組織内弁護士と組織内診断士のプロボノ

団体を組成して活用することが考えられる。

　いずれにしても、現状では相互の連携による事例はほとんどないため、今後具体的なケースをもとに実践していく中で、社会的意義が高く、取組む側にとっても中長期的に関わりがいのある案件をつくり出していくことが肝要である。今後の組織内弁護士協会と組織内診断士協会[22]の連携のよりよい形を模索していきたい。

22）現在、設立準備中。

企業統治と組織内弁護士の役割

第1章

チーフ・リーガル・オフィサーの 機能発揮に向けて

坂本英之

1　はじめに

　近年、上場企業を中心とした多くの日本企業において、グローバル経営の広がりや内部管理体制の強化のために法務部門の強化の必要性が認識されている。経済産業省の国際競争力強化に向けた日本企業の法務機能の在り方研究会は2018年[1]及び2019年[2]にそれぞれ報告書を出し、日本企業の法務機能の強化に向けた提言をした（以下、それぞれ「2018年報告書」、「2019年報告書」という）。2018年報告書では、日本企業では組織上経営と法務がリンクしていないなどの課題があることが指摘され、その対応策としてジェネラル・カウンセル（General Counsel）又はチーフ・リーガル・オフィサー（Chief Legal Officer）[3]を設置すべきという提言がなされた[4]。本稿では両者を総称して「CLO」といい、①法務部門を統括し、②取締役／執行役／執行役員等の高位のポジションで、経営陣（取締役会、執行

1）経済産業省「国際競争力強化に向けた日本企業の法務機能の在り方研究会報告書」（2018年4月18日）。
2）経済産業省「国際競争力強化に向けた日本企業の法務機能の在り方研究会 報告書～令和時代に必要な法務機能・法務人材とは～」（2019年11月19日）。
3）米国では伝統的に General Counsel と呼ばれることが多かったが、近時は Chief Executive Officer、Chief Financial Officer などの役職に相当する名称として Chief Legal Officer の名称を使うケースも増えてきている。
4）2018年報告書40頁。

役会、経営会議等の実質的経営意思決定機関）の一員としての職責を果たしており、③経験を積んだ、熟練した法律のプロフェッショナルをいうこととする（2018年報告書の定義[5]による。）[6]。具体的には日本の上場企業の経営陣の一員として海外を含めたグループの法務部門全体を統括するCLOを想定している。米国企業では弁護士がCLOとして経営陣の一員となる実務が定着しているのに対して、日本企業ではCLOが設置されている企業は少数にとどまり、また、弁護士であるCLOの数はさらに限られている。しかしながら、近年では経営トップによる強いコミットメントによって弁護士をCLOに設置した事例も見られるなど、CLOの設置が進んできている[7]。日本組織内弁護士協会（JILA）は2013年にGC/CLO研究会を設置し、上場企業等においてCLOがビジネスの推進に貢献する事例を増やしていくことを目的として、現任の上場企業のCLOへのインタビューや国内外の文献の調査などを通じて議論を積み重ねてきた。本稿においては、GC/CLO研究会の活動成果を踏まえて、①CLOを設置する必要性を述べた上で、②CLOの選任及び機能発揮に向けた実務的な検討について述べていきたい。なお、本稿の執筆に際しては、株式会社三菱UFJ銀行取締役常務執行役員CLOの森浩志氏及び株式会社LIXIL執行役専務法務・コンプライアンス担当兼Chief Legal & Compliance Officerの君嶋祥子氏から多くの示唆をいただいた。この場を借りてお礼を申し上げたい。なお、本稿に記載した事例は上記2社に限定されるものではなくGC/CLO研究会が今までの活動により把握した事例を記載したものである。また、本稿における見解はGC/CLO研究会の執行部によるものである。

5）2018年報告書28頁。
6）CLOの他にチーフ・コンプライアンス・オフィサーが設置されるケースもあるが、本稿ではCLOが法務及びコンプライアンスを所管する場合を想定して述べる。
7）2019年報告書19頁。

2　CLO を設置する必要性

(1)　海外事業の展開等による法務部門強化の必要性の高まり

　日本では1980年代に企業活動の国際化により企業法務の認知度が拡大し、1990年代には欧米からの M&A、多様な金融取引の導入による企業法務の複雑化を受けて法務部門の設置が進んだ。また、2000年代には企業不祥事等を受けたコーポレートガバナンス、コンプライアンスへの意識の高まりによって法務部門の役割に対する期待度が増すこととなった。さらに、近年は日本企業の海外進出、M&A によるグローバルなビジネス展開がますます増えるとともに、海外における不祥事の発生なども受けて、海外の法的リスクがより強く意識されるようになった。特に、個人情報保護、腐敗防止、競争法などの分野においては世界各国において執行が強化され、多額の制裁金を課されることもあり、法的なリスクは格段に高まっている。

　これに加えて、企業の社会的責任に対する期待や要求の高まりから企業に不祥事が起こった場合のレピュテーションリスクは増大しており、企業にとっては、単に法令を遵守するだけではなく、「社会的に受け入れられるか」という視点を持って事業を遂行することが一層重要となってきている[8]。また、昨今の ESG（環境、社会、企業統治）への関心の高まりを受け、企業が機関投資家を含めたステークホルダーの期待に応えるにあたり、ガバナンスを担う法務部門が企業価値向上に貢献できる分野が増えている。

　これまでは法務部門の役割の中で企業を法的リスクから守るガーディアン機能が重視されてきたが、近年はビジネスの推進をサポートするパートナー機能の強化が求められており、法的リスクを分析してリスクテイクする手法などを経営層や事業部門に提案していくことが重要となっている。特に、パートナー機能の中のクリエーション（事業価値の創造）機能、すなわち、既存のルールの趣旨・経緯や時代の変化を踏まえて当該ルールが予定していなかった領域でどこに線を引くべきかをよく検討し、新たな事

8）2018年報告書 2 頁。

業構想を実現可能なものとする機能を担うことが重要であると考えられる[9]。このように法務が経営と一体化することでよりスピーディかつ効率的な経営ひいては強固な経営戦略の構築が可能となり、このためには法務部門の責任者が経営陣の一員として経営を担うことが重要だと考えられる。

(2)　重要な経営に関する意思決定への参加

　法務部門がパートナー機能を果たすためには、事業部門のニーズを把握し法的リスクを管理しながらビジネスを推進することが必要である。他方、法務部門がガーディアン機能を果たすためには、詳細にリスクを分析する間ビジネスの進行を遅らせなければならない場合があるし、リスクが過大な場合にはビジネス自体を止めなければならない場合もある[10]。このように、法務部門の果たすべきパートナー機能とガーディアン機能には相反する緊張関係がある。2000年代に米国でエンロンやワールドコムの崩壊を始めとする企業不祥事が起こった際にはCLOがガーディアンとしての役割を果たすことができなかったが、これらの事例では、CLOが事業プレッシャーに負けて事業部門のパートナーとなるという意味を取り違え、ガーディアンとしての責務を果たすことに失敗したといわれている[11]。他方、パートナー機能とガーディアン機能は密接に関連する関係にもあり、法務部門が事業部門のパートナーとして事業部門の信頼を得ているからこそ、法務部門が事業にストップをかけることについて事業部門から理解が得られるという循環関係にある[12]。このように、法務部門がパートナー機能とガーディアン機能の両側面をバランス良く果たすためには、法務部

9）2019年報告書8頁。

10）ハイネマン（Ben W. Heineman, Jr.）「The General Counsel as Lawyer-Statesman」（Harvard Law School Program on the Legal Profession Blue Paper 2010年）14頁

11）ハイネマン『企業法務革命──ジェネラル・カウンセルの挑戦』（企業法務革命翻訳プロジェクト、商事法務、2018年）64頁。

12）本間正浩（日本弁護士連合会弁護士業務改革委員会　企業内弁護士小委員会　座長）「「真の企業競争力の強化に向けた企業内外の弁護士業務の在り方」基調報告書」（2019年）241頁。

門の責任者である CLO が、取締役会、エグゼクティブ・コミッティー、リスクマネジメント会議などを含め、最上位の意思決定の会議にすべて出席し、複数のビジネスや職能をまたがる視点をもち、企業が直面する課題を熟知している必要がある[13]。

The Association of Corporate Counsel（ACC）が公表している2021 ACC Chief Legal Officers Survey によれば、同サーベイに参加した米国、ヨーロッパ及びアジアの44ヶ国の947人の CLO の経営への関与は次のとおりである。

・CEO に対して直接レポートを行っている：78%
・毎回取締役会に出席している：70%
・他部門のビジネスリーダーと経営上の問題やリスクについて定期的に議論している：70%
・ほぼ常に経営陣から経営判断に助言を求められている：70%

上記数字が示すとおり、世界的に多くの企業において CLO が経営陣の一員として CEO 及び他部門のビジネスリーダーと密接な関係を構築し、法律面に限らず経営に関する意思決定を担っている。CLO がリーガルアドバイスにとどまらず事業に関するアドバイスも提供し戦略の実現に貢献することで、CEO をはじめとする経営陣との信頼関係を深化し、より実効的な法的リスク管理を行うことができると考えられる。

なお、上場企業の独立社外取締役に弁護士が就任している場合には、当該弁護士が取締役会の機能発揮に法的観点から貢献することが期待できる。しかしながら、独立社外取締役の職務は業務執行のモニタリングが中心となることが多く、また、法務部門への指揮命令権限もないために経営上の意思決定への関与は限定的にならざるを得ない。法務部門が組織として事業部門に対するパートナー機能及びガーディアン機能を果たすためには、

---

13) ハイネマン・前掲注11) 68頁。

その責任者である CLO が経営を担うことが重要である。

(3)　内部統制システムの構築及び運用

　法務部門が果たすべきガーディアン機能は、企業全体の内部統制システムのフレームワークの中に位置づけられる。企業全体の内部統制システムを構築し運用する際には「3 つの防衛線」の考え方が参考になる[14]。3 つの防衛線の考え方では、第 1 ライン（事業部門）が業務を遂行する上で法令遵守及びリスクマネジメント等の責任を負う。第 2 ライン（管理部門）は第 1 ラインから独立した立場で法令遵守やリスクマネジメント等が行われるよう支援・指導するとともに、第 1 ラインの業務執行の監視・牽制機能を果たす役割を担う。第 3 ライン（内部監査部門）は第 1 ライン及び第 2 ラインから独立した立場で、経営者、取締役会や監査役等に対して、内部統制システムが有効に機能しているかどうかを評価し、意見を述べる等の役割を担う。中長期的な企業価値向上に向けて「適切なリスクテイクを支える環境整備を行うこと」は取締役会の重要な責務の 1 つであり（コーポレートガバナンスコード基本原則 4）、3 つの防衛線のような内部統制システムの構築が重要だと考えられる。また、法務部門が第 2 ラインとして実効的な機能を発揮する[15]ためには、管理部門と事業部門との間でレポートラインを分離することで事業部門から独立した立場で健全な牽制機能を発揮できるようにすべきであるから、法務の責任者である CLO が CEO に対して直接報告を行うことが重要と考えられる[16]。

　また、CLO は経営陣の一員として第 1 ラインである事業部門に対して

---

14)　The Institute of Internal Auditors（内部監査人協会）が 2020 年 7 月 20 日に公表したディスカッションペーパーでは 3 ラインモデルと呼ばれている。なお、リーガルリスクに特化したリスクマネジメントに関する論説として、渡部友一郎＝染谷隆明＝岩間郁乃「リーガルリスクマネジメントの国際規格 ISO31022：2020 に関する実務的考察」（本書第 II 部第 5 章）がある。

15)　法務機能のうちのガーディアン機能を第 2 ラインとし、パートナー機能については第 1 ラインと第 2 ラインの中間に位置付ける企業もある。

16)　コーポレート・ガバナンス・システム研究会「CGS 研究会（第 2 期）報告書」（2019 年 6 月）84 頁。

自らが法令遵守等の責任を負う主体であるという当事者意識を浸透させる必要がある。法務部門が事業部門の要望に応えることはパートナー機能の観点から重要であるが、事業部門が法務部門に過度に依存し自らが法令遵守等の責任を負う主体であるという意識が希薄になれば内部統制リスクが高まるおそれもあり、ガーディアン機能の観点からはこのような事態を避ける必要がある。法務部門は事業部門の要望に応えるパートナー機能と事業部門による当事者意識の醸成というガーディアン機能のバランスを図る必要があり、このためにはCLOが企業全体にとっての優先順位及び課題を踏まえた広い視野をもって法務部門の業務遂行を指揮することが重要だと考えられる[17]。

(4)　海外子会社を含むグローバルな内部統制システム

　海外事業が拡大した企業は海外子会社を含むグローバルな内部統制システムを構築し運用する必要があるが、同システムを実効的なものとするために、CLOは、主要な海外子会社の法務責任者と情報を交換するとともに、業務執行の報告を受けてこれを監督する必要がある。この際には、各国ごとに異なる法規制、事業上の課題や法務部門に求められる役割を尊重した上で法務責任者の考えや課題を把握することが重要である。また、日本の親会社の管理部門と海外子会社の管理部門の間に直接のレポートラインを構築することも海外子会社管理の実効性を確保するための有効な手段であると考えられる。仮に、海外子会社の法務責任者が同子会社のCEOに対してのみレポートラインを有している場合（海外子会社のCEOのみが法務責任者の人事権を持つ場合）、同子会社において法的リスクが生じたとしてもその法務責任者が日本の親会社のCLOに対して適切な報告を行うインセンティブが失われるリスクがある。そこで、日本の親会社のCLOが海外子会社の法務責任者の人事権をもつとともに[18]、予算の策定及び

---

17)　Gartner「5 Things the Best General Counsel Do Differently」（2020）は、CLOは事業部門からのニーズに全て対応しようとすることを避け、事業部門にとって最も重要なニーズと課題に対応することが重要であると述べる（10頁）。

重要施策の執行に監督を行う仕組みとすることで、海外子会社の法務責任者は海外子会社の経営陣から独立した立場を確保しつつ、パートナー機能及びガーディアン機能を果たすことが可能になると考えられる。このように海外子会社の法務責任者から日本の親会社の CLO へのレポートラインを構築する場合は、海外子会社の経営陣との信頼関係を築いた後に現地の法規制（子会社のガバナンスの独立性に反しないか等）と抵触しないことを確認したうえで、各内部管理部門が足並みをそろえて行うことにより実効的な運用が可能になると考えられる。また、日本の親会社レベル及び海外子会社レベルでそれぞれ内部管理部門間の情報連携の仕組みを構築することによって、レポートラインが縦割りによる情報連携不足を防ぐことができると考えられる[19]。さらに、CLO が主要な海外子会社の取締役会のメンバーとなることで海外子会社の管理及び監督を行うことも考えられる[20]。

　以上のような仕組みを構築し円滑に運用するためには、CLO と海外子会社の法務責任者の間に信頼関係があることが肝要であるが、主要な海外子会社の法務責任者は弁護士であることが多く、また、経営陣の一員となっている場合もある。経営陣の一員であり法律の専門家である CLO は、海外の法務責任者との信頼関係を構築しやすいし、その知見に基づいて海外子会社の法的問題点の把握や法務責任者による業務遂行の監督を効果的に行うことができると考えられる。また、CLO は、海外子会社の経営陣と意見交換をすることで、経営陣による事業上、法規制上の課題や法務部門への期待や課題についての考え方を把握し、法務責任者による業務遂行のサポートをすることができる。

18）海外子会社の CEO が法務担当者の人事権をもち（実線のレポートラインと呼ぶこともある）、日本の親会社の CLO は同人事へ意見を述べる権利を持つ（点線のレポートラインと呼ぶこともある）という構造を取る場合もある。

19）CGS 研究会（第 2 期）報告書・前掲注16）84頁。

20）CGS 研究会（第 2 期）報告書・前掲注16）85頁。

3　CLOの選任及び機能発揮の体制の構築

(1)　CLO に弁護士が就任するメリット

　企業がCLOを選任する場合、社内又は社外から適材を探す必要がある。この場合、法務部長がそのまま内部昇格してCLOとなるケースもある[21]。日本の伝統的な上場企業では社内弁護士は法務部門の中で少数派であることが多く、また、法務部長が弁護士資格を有することは少ないことから、社内昇格でCLOを選任する場合には必ずしも弁護士資格は求められていないようである。他方、社内に適材がいない場合には外部採用を検討する必要があるが、社外から採用されたCLOの事例を見ると日本資格又は外国資格の弁護士であることが多い。これは、弁護士がCLOに就任することに次のようなメリットがあることによるものと考えられる。まず、弁護士は幅広い法律知識及び論理的思考力を有していることに加えて、様々な業界の案件についての紛争解決、M&A、規制対応などの幅広い業務経験に基づいた深度のあるリスク分析が可能である。また、法律事務所勤務の経験のある弁護士であれば同一業種の中の複数の会社を依頼者として仕事をすることで業界標準の知識経験を得ることができる。さらに、海外案件を通じて、海外の企業、法律事務所、規制当局等とのやり取りをするなど国際的な経験を積む機会が多い。また、弁護士は、国内外の法律事務所とのネットワークを通じて案件ごとに適任の弁護士を選定することができるし、社外弁護士に案件対応に必要な情報を的確に提供することができる。これらの知見及びネットワークを通じて弁護士であるCLOは経営陣に対して実務的で深い洞察に基づいたアドバイスを提供することが可能である。

　また、伝統的な日本の上場企業において役員を外部採用するケースは稀であるところ、社外から就任したCLOが経営に加わることは、社内の常識やカルチャーにとらわれずに多様な意見を踏まえた意思決定を行うことにつながり得る。さらに、法律事務所でクライアントサービスをしてきた

　21）中崎隆「我が国におけるジェネラル・カウンセルの現況（調査結果をもとに）」（東京三弁護士会第20回弁護士業務改革シンポジウム基調報告書）（2017年）19頁。

弁護士のマインドセットは法務部門が事業部門とともに解決策を探して事業を推進するパートナーとしての役割を果たすことに通じる。CLO である弁護士は法務担当者に対して事業部門に対するクライアントサービスの意識を持って業務を遂行するように指導することで、法務部門のパートナー機能を強化し、事業部門からの信頼を高めることができると考えられる。

(2)　CLO の適材となる弁護士

　では、CLO を社外から採用する場合、適材といえる弁護士はどのように探すべきであろうか。社外から採用された CLO は当該企業のビジネス、社内の事情を一から学ぶとともに CEO その他の経営陣との関係を構築しながら法務部門の体制を構築していくことになる。この観点からは他の上場企業の CLO 又はシニアポジションの経験のある弁護士が有力な候補であるが現状では数が限られている。また、外資系企業の日本事業の CLO の経験がある弁護士も候補となり得る。外資系企業の日本事業の CLO は、日本事業の経営を担ってきた経験に加えて、外国本社のグローバルな枠組みの中で外国及び日本の法規制を踏まえたリスクマネジメントを行ってきた知見を活かすことができると考えられる。

　さらに、法律事務所のパートナーも CLO の候補の選択肢の 1 つであるが、法律事務所のパートナーと CLO に求められる役割は異なっている点に留意が必要である。

　まず、法律事務所においては、パートナーはクライアントから依頼を受けた案件についてチームを組成して前面に立って対応を主導する。パートナーは案件処理に必要な範囲で若手弁護士の指導を行うものの、その役割はプレーヤーとしての側面が強い。他方、CLO は大規模な M&A や大型の不祥事などの特に重要な案件を除けば自ら案件に対応する機会は少なく、法務部門の業務遂行の指揮・監督、人事、予算・施策の立案及び執行などリーダー及びマネージャーとしての業務の比重が大きい。

　また、CLO は経営陣の一員として事業の推進、リスク管理、財務管理、人材管理などの様々な事業上の意思決定を担うこととなり、これらの業務がリーガルアドバイザーとしての業務よりも多くの時間を占めることもあ

る。長年リーガルアドバイザーとして働いてきた弁護士の場合、外部アドバイザーからいわば当事者である経営陣の一員となるというマインドセットの切り替えが必要になると考えられる[22]。

　さらに、大規模な不祥事が起こった場合には、法律事務所のパートナーであればアドバイザーとして対応を行うのに対して、CLO は不祥事対応の責任者であるだけでなく、自らが当事者として責任を問われる立場に置かれる可能性がある点において、法律事務所のパートナーとは全く立場が異なる。仮に企業が行政処分を受けたり、レピュテーションが大きく棄損したりした場合、さらには CLO が退任せざるを得なくなったりした場合には CLO のその後のキャリアに多大な支障が生じ得る。このような業務の違いや CLO に就任することのリスクを考えれば、法律事務所のパートナーが CLO に就任する場合には対象企業を精査するとともに、CEO が CLO の業務の遂行のサポートにコミットしてくれるか、人格及び価値観等の点において信頼に値するかという点についても精査することが望ましい[23]。

　上記のいずれの場合においても、シニアな弁護士の前職での報酬水準に見合う報酬を提示しようとすると、CLO の報酬水準は社内の役員の中でも高くなることもあると考えられる。この点、米国企業では上場企業の役員報酬の開示対象となる上位 5 人に CLO が含まれることは珍しくなく、CLO の報酬と名声の高まりによって、法律事務所から企業に入る弁護士が増え、CLO の質が向上したといわれている[24]。日本企業においても相応の報酬を提供できれば CLO として採用できる弁護士の選択肢は広がる。また、これによって CLO をキャリアとして目指す弁護士が増えることで将来的に CLO として活躍する弁護士がさらに増えることにつながると考えられる。他方、CLO に就任する弁護士には高い報酬水準に見合ったパフォーマンスを上げるために早期に経営に貢献することが期待される。

22）法律事務所のパートナーであっても、当該企業の経営陣へのアドバイザーを務めてきて当該企業の事情に精通している場合や、企業で働いた経験がある場合にはCLO への移行は比較的スムーズにいくと思われる。

23）ハイネマン・前掲注11）95頁。

24）ハイネマン・前掲注10）12頁。

(3)　CLO の機能発揮のための体制の構築

　新たに就任した CLO は法務部門の担当者の職歴、スキル、業務内容、業務遂行状況、法務部門の予算、法律事務所の管理方法等を把握して法務機能の強化のために改善の必要がないかの見直しを行うことになる。そのうえで既存の人員では法務機能を十分に強化できないと考えられる場合には経営陣に対してその旨を説明して外部採用によって人員を強化することへのサポートを得ることが考えられる。ただし、予算の制約等により新たな人員を採用することが困難な場合もあり、また、既存の法務担当者のモチベーションの維持向上等の観点からむしろ既存の人員を活用して法務機能の強化を図るべき場合もあると考えられる。

　この場合、CLO にとってまず大事なのは法務担当者との信頼関係の構築である。CLO が経営陣の期待を背負って法務部門を強化する意気込みで入社したとしても、経営陣による法務部門強化の期待が法務担当者にまで浸透しているとは限らない。むしろ、法務担当者はそれまでの業務の進め方を否定されるのではないか、業務負担が増えるのではないか、さらには自らのキャリアゴールの実現が阻害されるのではないかといった警戒感を持つこともあり得るので、CLO は法務担当者との間に考え方のギャップが生じないような配慮が必要だと考えられる。具体的には、CLO は法務部門の強化が個々の法務担当者にとってのやりがいの向上やキャリアアップにつながることを示して法務担当者とともに業務の改善に取り組む姿勢を持つことが重要であると考えられる。このために、CLO は法務担当者と対話を重ね現状の業務の進め方やその背景にある考え方を知ることによって担当者との信頼関係を構築することが重要と考えられる。例えば、社内の事業部門は新規案件について方向性が概ね決まった段階でお墨付きを得るために法務に相談に来るという企業においては、法務部門が法的リスクを指摘しても方向性を変えることが困難であり法務担当者のやる気がそがれる状況になりがちである。このような場合、CLO が経営会議等で法的リスクマネジメントのために新規案件については早期に法務部門に相談すべきことを強調するとともに、これを踏まえた社内規程を作るなどの対応を行うことによって、事業部門に対して法務部門に早期に相談すべき

必要性を認識してもらうことができる。

　また、CLO は法務担当者による担当案件への対応を把握することで改善すべき点がないかを検討するとともに、M&A や大きな不祥事対応などでは CLO が自らプレーヤーとして前面に立って対応することで CLO が法務担当者に対して期待する姿勢を示すことができる。そのうえで、CLO は法務部門のビジョンを策定し、法務担当者がこれに向かって一枚岩でパートナー機能及びガーディアン機能を推進できる体制を作ることができる。さらに、CLO は、経営会議の議論に基づいた経営陣の目指す方向性を法務担当者にフィードバックすることで、法務担当者がビジネスの一員として事業を推進するという経営目線をもつことを後押しすることができる。法務部門のパートナー機能の強化による事業への貢献が事業部門に認知され、事業部門からより多くの案件について早期に法務部門に相談するカルチャーが醸成されれば、法務担当者のモチベーションは向上し、業務の質が向上するという好循環が生まれる[25]。そのうえで、CLO は、個々の担当者のスキル、経験、担当業務等に照らし、最適な人員配置となっているか、人員の強化が必要な部分はないか、事業部門と法務部門との関係において法務部門がより貢献できる部分はないか、ノウハウの共有等によって業務をより効率的に進める余地はないか等の分析を行い、長期的な視野を持って法務部門の体制を強化していくことができる。

⑷　テクノロジーの活用等の最新の動向のフォロー

　CLO は社内外のネットワークを通じて最新の動向をフォローすることが望ましい。例えば、法務部門によるテクノロジーの活用が挙げられる。一般に法務部門は企業の中での他部門との比較において規模は大きくなく、テクノロジーの活用が優先して検討される部門ではないと思われる。しかしながら、近時は法務部門の業務についてもテクノロジー活用の動きが出

25）CLO 就任後に法務部門の機能アップにより、より気軽に相談してもらえるようになり、かつ、より迅速に対応できるようになり、年間の相談件数が CLO 就任時の 3 倍近くに増えたという事例もある（中崎・前掲注21）26頁）。

てきており、契約書審査の効率化、契約書電子化に加えて、データ分析によるコンプライアンスリスクの把握や各種プロセスのデジタル化による業務の効率化・証票の確保等を行うこともできる。CLO は法律事務所や他の会社の法務担当者等とのネットワークを通じて最新のテクノロジーについてフォローし、自らの法務部門において活用できるものがないかのアンテナを張り続けることが重要である。2021 ACC Chief Legal Officers Survey によれば、サーベイ対象企業の41.7％が契約書管理、文書管理、電子署名等について12ヶ月以内に新しい法務技術の採用を計画している。また、テクノロジーの活用以外にも、ESG の観点からのガバナンスの向上やダイバーシティ推進に貢献することも期待される[26]。

(5)　法務部門への権限移譲

　CLO が法務部門を管理するうえで重要な点として権限委譲が挙げられる。就任当初の CLO が個別案件に関与することは法務部門の業務遂行状況の把握のために有益である。また、重要案件について CLO が自ら前面に立って対応を行うことは CEO を始めとする経営陣に対して CLO 及び法務部門のプレゼンスを示す上で重要だと考えられる。しかしながら、CLO がリーガルアドバイザーとしての業務に居心地の良さを感じて個別案件への対応に過度に関与することは、マイクロマネジメントになって法務担当者のやる気をそぐことになりかねない。また、個別案件の対応に過度に時間を取られれば経営陣の一員としての貢献の機会が少なくなることにつながるおそれもある。これを避けるため、CLO は法務部門の体制を構築して個別案件の対応は法務担当者に任せた上で、自らは経営陣との情報交換や経営会議での意思決定への貢献としての業務により時間を使っていくことが望ましい[27]。2021 ACC Chief Legal Officers Survey によれば、サーベイ対象の CLO がリーガルアドバイスに費やす時間は全体の約3割であり、残りは事業戦略の策定、法律以外の事業分野についての経営陣へのアドバイ

26）2021 ACC Chief Legal Officers Survey　34頁、50頁
27）Deloitte「The four faces of the chief legal officer」(2019)　5頁

ス、法務部門の管理などに費やしている[28]。

(6)　経営上の意思決定への貢献

　CLO を初めて設置した企業においては、CEO をはじめとする経営陣は CLO に対して法的な問題が生じた場合のアドバイザーという期待を持っていることが考えられ、CLO は、自らの専門性を活かして具体的な案件に対応することで経営陣からの期待に応えることができる。これに加えて、CLO は、経営会議等において企業の意思決定について「それは適法か」という法的な観点から意見を積極的に表明することによって経営陣の一員としてのプレゼンスを示すことができる。さらに、CLO は、企業の意思決定について「それが正しいか」という観点から、企業の行動の意図、行為及びその社会的影響を踏まえて倫理及びリスクの観点から評価し意見を表明することが望ましい[29]。CLO が経営上の意思決定に関して上記のような貢献をするためには、ビジネス上の機会とリスクを理解するためのビジネス及びファイナンスに関するリテラシーをもつとともに、企業のすべての側面のリスクを創造的な手法で評価できることが必要である[30]。

4　結びに代えて

　本稿では米国を中心とした海外の実務を参考にしながら CLO に求められる役割についての一般的な考え方を述べた。この点、現在では CLO が経営の中核の役割を果たしている米国でも、1970年頃までは経営陣は必ずしも法務リスクへの関心が高くなく、CLO は影響力のあるポジションではなかった。しかしながら、その後、海外腐敗行為防止法（Foreign Corrupt Practices Act）や政治献金規制など規制が強化されたことに加えて、労働関係訴訟、製造物責任訴訟、クラスアクション、株主代表訴訟などの

28）2021 ACC Chief Legal Officers Survey　28頁
29）ハイネマン・前掲注11）25頁。
30）ハイネマン・前掲注11）50頁。

訴訟リスクが増えたこと等により、企業の経営者は弁護士が経営陣の一員として意思決定に関与することの必要性を認識するに至った。また、弁護士自身も法律事務所で依頼者の指示に応じて特定のプロジェクトに対応するよりも内側から組織の行動に影響を与える機会を持つことに関心を抱くようになり、多くの弁護士がCLOの職位を目指すこととなった[31]。

　日本企業においてグローバルな事業展開の拡大等を契機に法務機能の強化の必要性への認識が高まるとともに、過去10年ほどの短期間で組織内弁護士が劇的に増加してきたことは米国における法務部門の影響力の高まりと共通する部分があり、今後、CLOの設置を考える企業は増えていくと予想される。また、弁護士側においても、近年、組織内弁護士の増加などにより働き方が多様化していることに鑑みれば、今後働き方がさらに多様化し、法律事務所のパートナーが企業のCLOに就任するケースや、逆に、企業のCLOが法律事務所のパートナーに移籍するケースが増えると考えられる。さらに、現在はミドルレベルの組織内弁護士が経験を積んでシニアになり、CLOに社内昇格するケースも見られるだろう。このように新たに就任したCLOが法務機能の強化を実現してビジネスを推進する事例の認知が拡大していけば、CLOの設置を検討する企業がますます増えていくことにつながる。GC/CLO研究会[32]は、日本企業で今後CLOが普及

31）サラ・ヘレン・ダギン（本間正浩・監訳）「企業のインテグリティ（Integrity）と専門家としての責任の推進の中核となるゼネラル・カウンセルの役割（1）」中央ロー・ジャーナル17巻2号（2020年）51-53頁。米国のCLOの発展と変遷の歴史、その役割、機能については、青井慎一ほか「米国におけるゼネラル・カウンセル──Mary C.DalyとSarah Helene Dugginの論文に見る発展」（本書第Ⅰ部第2章）参照。

32）GC/CLO研究会の執行部は、次のとおりである。座長　柏尾哲哉（サンド株式会社法務部長）、副座長　坂本英之（ジブラルタ生命保険株式会社　執行役員チーフ・リーガル・オフィサー）、副座長　高畑正子（株式会社インダストリアル・ディシジョンズ　ジェネラル・カウンセル）、副座長　進藤千代数（ホーガン・ロヴェルズ法律事務所外国法共同事業　カウンセル）、副座長　平野竜広（Ｚホールディングス株式会社　法務統括部　ガバナンス部　部長）、副座長　野田紗織（HOYA株式会社）。なお、本稿中の意見にわたる部分はすべて筆者らの個人的見解であり、筆者らが過去に所属しまたは現在所属する企業、法律事務所その他の団体の見解ではないことを申し添える。

していくための鍵は組織内弁護士が握っていると考えている。組織内弁護士がCLOを目指し、また、就任後にCLOとして機能を発揮していくうえで本稿が一助となれば幸いである。

第2章

HRテクノロジーの利活用と コンプライアンスの両立に果たす法務部 及び組織内弁護士の役割

豊田泰行

　近年AI等テクノロジーの発達が著しく、これを通じ採用・評価・配置等を経験や勘でなく客観的データに基づくものに転換し改善するためHRテクノロジーの導入・活用が注目を集めている。一方、HRテクノロジーの導入・利活用を安易に行うと個人情報保護法や労働基準法等の違反や従業員の離反といった重大リスクを招きかねず、かかるリスク対応には法務部員や組織内弁護士の活躍が不可欠である。本稿では、HRテクノロジーの利活用とコンプライアンスを両立するために法務部員・組織内弁護士の果たすべき役割とその手法について提言したい。

1　HRテクノロジーの意義とリスク

⑴　HRテクノロジーの意義

　HRテクノロジーとは、AIやビッグデータ、クラウド等を活用して採用、育成、給与計算、人事評価、配置などの人事労務管理業務を効率化し、業務改善により一元管理を目指す言葉を指す[1]。従前の人事労務管理は、担当者の経験や直感に依存する面があったため、データの激増とAI等のテクノロジーの発達を通じ効率化や高度化していくことに期待が寄せられ

1）水谷英夫『AI時代の雇用・労働と法律実務Q&A』（日本加除出版、2018年）133頁。

ている。HR テクノロジーの貢献として、具体的には採用の精度向上、従業員エンゲージメントの理解と向上、従業員の安全安心や福利厚生の向上、従業員のパフォーマンスの測定と向上等が期待される。

　日本政府においても、IT/ データ活用による「日本型雇用システム」のパラダイムシフトとして、AI やクラウド、ビックデータ、デバイス等を活用し、①ウェアラブルやアプリで労務管理、②人事管理／人材運用の最適化、③個々の特性に応じた能力開発、④労働市場の効果的なマッチング等の実現を目指し検討している[2]。最近では、例えば、ソフトバンク株式会社が新卒採用選考において面接評価を AI に行わせると発表し[3]注目を浴びた。

　このように、HR テクノロジーの活用は、会社の人事労務管理領域の効率化・高度化を実現するものであり今後の会社の競争力に影響するものとして重視されている。

(2)　HR テクノロジーによる HR データ利活用のリスク

　上記(1)において HR テクノロジーの意義を説明したが、(2)ではそのリスクを扱う。

　HR テクノロジーを通じた人事施策の成功には、大量のデータが必要だが、その基となるデータは従業員や求職者自身のデータであるため、その取扱いを誤ると個人情報保護法違反やプライバシー権の侵害といった問題を招く。HR テクノロジーを活用する場面は、採用、任用・配置、人材開発、安全配慮、退職等といった実際の人事施策の場面なので、労働関連法規にも注意が必要である。特に AI の利用においては判断過程がブラックボックス化するおそれがある。合理性を求める傾向にある労働法領域にお

　2 ）経済産業省『新産業構造部会　人材・雇用パート（討議資料）』2017年 2 月13日（https://www.meti.go.jp/shingikai/sankoshin/shinsangyo_kozo/pdf/013_07_00.pdf）

　3 ）ソフトバンク株式会社『新卒採用選考における動画面接の評価に AI システムを導入』2020年 5 月25日　（https://www.softbank.jp/corp/news/press/sbkk/2020/20200525_01/）

いてブラックボックス化は人事施策の無効リスクにつながり、また、プロファイリングが社会構造としての差別を再生産する懸念もある。これらのリスクは単なるリーガルリスクに留まらず、レピュテーション毀損や従業員の会社に対する不信につながり会社経営にも重大な悪影響を及ぼしかねない。日本アイ・ビー・エム株式会社に対して労働組合が「AI が人事評価や賃金の決定に関わることに対する情報開示が不十分」であるとして東京都労働委員会に救済を申し立てる事案が起きた[4]ように、HR テクノロジーの利用は必ずしも社会の信用を十分に得られている状況ではない。会社は透明性と合理性の確保に注力しないと HR テクノロジーの利用が却って会社の不利益となり得ることも念頭に置く必要がある。

2　HR データ分析・利活用と法的論点

(1)　個人情報保護法領域

　　HR テクノロジーを通じた人事施策の実施には従業員や求職者のデータが大量に必要となる。そのため、HR テクノロジーの利活用には個人情報保護法領域のケアが必須となる。そこで、個人情報の取得の場面、利用の場面、管理の場面毎に留意点を検討する。

(i)　個人情報の取得における留意点

　　HR テクノロジーを活用するには HR データを収集する必要があるため、個人情報の取得を適法に行わなければならない。

(ア)　会社で直接取得をする場合

　　個人情報を含む HR データを取得する場合、原則、その利用目的を特定し（個人情報保護法15条）、事前に公表をするか又は取得時に通知もしくは公表した上で取得をしなければならない（同法18条 1 項）。ただし、本人か

---

　4 ）『AI が人事、あなたは納得？　最終判断「人の関与を」』2020年 5 月26日付日本経済新聞（朝刊）15頁。

ら直接書面に記載された当該本人の個人情報を取得する場合には、本人に対し事前にその利用目的を明示しなければならない（同条2項）。当該個人情報が要配慮個人情報である場合には公表又は通知では足りず本人の同意を得たうえで取得することが要求される（同法2条3項、17条2項）。また、当該取得に当たり偽りその他不正の手段を用いてはならない（同法17条1項）。

　利用目的の特定は「最終的にどのような事業の用に供され、どのような目的で個人情報を利用されるのかが、本人にとって一般的かつ合理的に想定される程度に具体的」でなければならない。特に、採用活動中の求職者と会社や従業員と会社はその関係性が非対称的であるため、株式会社リクルートキャリアが同社のサービスである「リクナビ」のプライバシーポリシーの記載が「明確であるとは認めがたい」と行政指導がなされかつそれが公開された[5]ことに代表されるように、会社に対し厳しい目が向けられる傾向にある。加えて、採用や人事労務管理では、安全衛生管理や従業員の不祥事や採用時のレファレンス等を通じ要配慮個人情報等の機微な情報を取得することもあり得る。

　会社は、利用目的の記載を本人とのハレーションを恐れて抽象的・包括的にしようとするのではなく、説明責任を果たそうと可能な限り明確にし、かつ、利用目的の通知・公表に留めず同意取得を原則とする方針とすべきである。

(イ)　第三者提供を受けて取得する場合

　HRデータの収集方法として自ら直接取得するだけでなく、第三者提供を受ける方法もある。

　過去にいわゆる名簿屋が問題になったため、個人データの第三者提供を受ける場合には確認・記録義務を負う（同法25条、26条）。第三者提供には

5）個人情報保護委員会「個人情報の保護に関する法律第42条第1項の規定に基づく勧告等について」2019年8月26日（https://www.ppc.go.jp/files/pdf/190826_houdou.pdf）

第三者提供をすることの本人同意を得ることが原則であり（同法23条 1 項）、例外的にオプトアウトも認められるがその場合には届出が必要である（同条 2 項）。届出がされているかは個人情報保護委員会のホームページで確認できる。

　第三者提供を受けるに当たっての確認対象に「当該第三者による当該個人データの取得の経緯」が含まれる（同法26条 1 項 2 号）。会社は、当該第三者が不正な手段で個人データを取得したことを知り又は容易に知り得たにもかかわらず第三者提供を受けると適正取得義務違反となるので、第三者提供で個人データを取得する場合には当該第三者の調査をする等慎重に対応をしなければならない。

(ii)　個人情報の利用における留意点

　取得した HR データを用いて会社として有効な施策するにあたり個人情報の利用に関する規制に留意する必要がある。

　個人情報の利用は、上記の取得にあたり特定された利用目的の達成に必要な範囲でなければならず（同法16条 1 項）、この範囲を超えるには利用目的を変更しなければならない。利用目的の変更は、変更前の利用目的と関連性を有すると合理的に認められる範囲で行う場合には通知又は公表で行うことができるが（同法15条 2 項、18条 3 項）、この範囲を超えた変更を行う場合には個別に同意を取得する必要がある。そのため、個人情報の取得にあたってその目的を検討して利用目的を特定し、規則やプライバシーポリシー等に言語化して明示するというステップは HR テクノロジーの利活用に不可欠であり、この点を丁寧に実施できることが施策の前提として重要となる。

　なお、AI の利用やプロファイリングといった HR テクノロジーの利用それ自体は目的でないので利用目的明示義務の対象とならない。しかし、利用目的は「本人にとって一般的かつ合理的に想定される程度に具体的に特定」しなければならないことやハレーション回避の観点から、HR テクノロジーの利活用では透明性が重視され、例えば高度なプロファイリングによって従業員等が想定しない方法でその人事データが利用される場合等

にはそのような方法がとられることも明示することが望ましいと考えられている[6]。また、プロファイリングによって、当該個人の状況を推知できる。当該推知の内容が例えば病状のように要配慮個人情報に関するものである場合には、それ自体が個人情報の取得と解される可能性は低いものの、内容が機微でありかつその推知の精度が高い場合にはこれを無許可で行った場合にプライバシー侵害の不法行為（民法709条）を構成する可能性が高くなる[7]。

　そのため、個人情報を取得するにあたり、利用目的を明確に記載しかつプロファイリング等の方法を採る場合はその旨を明示して同意を得て利用することが望ましい。

(iii)　個人情報の管理における留意点

　個人情報は本人にとって重要な情報であることから、会社は、取得した個人データについて「漏えい、滅失又はき損の防止その他の個人データの安全管理のために必要かつ適切な措置を講じ」る義務を負う（個人情報保護法20条）。個人情報保護委員会は、ガイドライン（「個人情報の保護に関する法律についてのガイドライン（通則編）」）で安全管理措置の内容として、基本方針の策定をすることが重要であり、個人データの具体的な取扱いに係る規律を整備したうえで、①組織的安全管理措置②人的安全管理措置③物理的安全管理措置④技術的安全管理措置の4つの各措置を講じることとしている。

　①組織的安全管理措置の具体的な内容としては、組織体制の整備、個人データの取り扱いに係る規律に従った運用、個人データの取扱状況を確認する手段の整備、漏えい等の事案に対応する体制の整備、取扱状況の把握及び安全管理措置の見直しをしなければならないとされている。②人的安

---

6 ）一般社団法人ピープルアナリティクス＆HRテクノロジー協会『人事データ利活用原則』2020年3月19日

7 ）松尾剛行『AI・HRテック対応　人事労務情報管理の法律実務』（弘文堂、2019年）51頁。

全管理措置としては、従業者に個人データの適正な取扱いを周知徹底するとともに適切な教育を行わなければならないとされており、その方法の例として、個人データの取り扱いに関する留意事項について従業者に定期的な研修等を行う、個人データについての秘密保持に関する事項を就業規則等に盛り込むといった方法が挙げられている。③物理的安全管理措置は、その具体的内容として、個人データを取り扱う区域の管理、機器及び電子媒体等の盗難等の防止、電子媒体等を持ち運ぶ場合の漏えい等の防止、個人データの削除及び機器、電子媒体等の廃棄を講じなければならないとされている。④技術的安全管理措置としては、アクセス制御、アクセス者の識別と認証、外部からの不正アクセス等の防止、情報システムの使用に伴う漏えい等の防止を講じることが求められる。

　このように安全管理措置を講じることに加え、個人データの取扱いを担当する従業員等に対してはそのデータの安全管理が図られるよう必要かつ適切な監督を行わなければならない（同法21条）。また、HRテクノロジーの利活用に当たり、個人データの取り扱いの全部又は一部を外部に委託する場合は、その個人データの安全管理が図られるように受託者に対して必要かつ適切な監督を行わなければならない（同法22条）。

　安全管理措置において具体的にどのような措置とするかについて、技術的な側面を含めオペレーションが重要になる。そのため、安全管理措置の実施においては、セキュリティ関連部署等他部署と連携し、上記の基本的な発想を共有しつつ、具体的な運用について他部署の見解を尊重し反映することが重要となる。

(2)　労働法領域

　HRテクノロジーにおいては、HRデータを利用するため個人情報・プライバシー観点に着目されがちだが、実際に利活用する場面は、採用、任用・配置、人材開発、安全配慮、退職等の人事にまつわる場面である。そのため、労働法領域の諸論点についても問題となるところ、採用、任用・配置等人事権の行使、退職の場面における労働法領域の留意点を検討する。

(i)　採用における留意点

　上記1(1)で挙げたソフトバンク株式会社のように、採用過程、特に書類選考を含めた選考手続きにおける HR テクノロジーの利用が注目を浴びてきているため、この点を検討する。

　会社は、採用について、「いかなる者を雇い入れるか、いかなる条件でこれを雇うかについて、法律その他による特別の制限がない限り、原則として自由にこれを決定することができるのであつて、会社が特定の思想、信条を有する者をそのゆえをもつて雇い入れることを拒んでも、それを当然に違法とすることはできない」と、広範な採用の自由を認められている（最大判1973・12・12民集27巻11号1536頁〔三菱樹脂事件〕）。このように会社に採用の自由を有していることから採用活動が違法になるケースは稀だが、「法律その他による特別の制限がない限り」という留保が付くように法律上の制約を受けるものでありこれに反する採用活動を行うと、民事上の不法行為責任を問われかねない。採用活動における「法律その他による特別の制限」は主として差別の禁止であり、国籍・信条・社会的身分による差別、性差別、障害者差別等をしてはならない。海外の例だが、Amazon で採用ツールを開発しようと過去10年分の履歴書を AI 分析したところ分析の大半が男性であったため女性に好意的でない評価をする結果になり開発プロジェクトを中断したという件があった。また、SDGs が企業の重要テーマとなり政府が「「ビジネスと人権」に関する行動計画」[8]を策定したようにビジネスにおける人権尊重の重要性は高まる一方であり、差別的な施策とならないように対策することが企業には不可欠である。対策としては、当該差別につながり得る個人情報は当初から取得対象又は分析対象から除くことや AI 等の分析結果にそのまま従うのでなく最終的な意思決定は人間が行うこと等が挙げられる。

8）ビジネスと人権に関する行動計画に係る関係府省庁連絡会議『「ビジネスと人権」に関する行動計画』2020年10月16日　（https://www.mofa.go.jp/mofaj/files/100104121.pdf）

(ii)　任用・配置における留意点

　昇給・降給を伴う役職や等級の変更をどうするか、社内の人材をどのように配置するのが最適かといった任用や配置にも HR テクノロジーの利活用が期待されている。

　労働条件の変更を本人との同意に基づいて行うのではなく人事権の行使として行うには、就業規則で明示的に定めておく必要がある（東京高判2011・12・27労判1042号15頁〔コナミデジタルエンタテインメント事件〕）。また、就業規則に定めがあっても、「使用者側における業務上・組織上の必要性の有無・程度、労働者がその職務・地位にふさわしい能力・適性を有するかどうか、労働者の受ける不利益の性質・程度等の諸点が考慮され」「社会通念上著しく妥当を欠き、権利の濫用に当たる」ものであってはならず（東京地判1995・12・4労判685号17頁〔バンクオブアメリカイリノイ事件〕）、客観的合理性と社会的相当性が要求される。

　従業員の配置について、従業員と会社にて合意で限定している等の事情がない限り、会社の人事権の行使として配置転換の命令には広範な裁量が認められるが、以下のいずれかに該当すると裁量権の濫用として配置転換命令が無効となる（最二小判1986・7・14判時1198号149頁〔東亜ペイント事件〕）。

　①業務上の必要がない場合。
　②当該配転命令が他の不当な動機・目的をもってなされている場合。
　③労働者に対し通常甘受すべき程度を著しく超える不利益を負わせるものである場合。

　このように配転命令にも合理性（上記①②）と相当性（上記③）が要求される。

　上記のように任用や配置といった人事権の行使においては会社に裁量が認められるが、その行使が合理性・相当性を欠くと裁量権の逸脱・濫用となる。AI 等の利用は一定のアルゴリズム等に基づき判断されるためまったくの不合理ではないであろう反面、AI 等の判断過程がブラックボック

ス化しその合理性を説明できない状況が生じかねない。また相当性については当該従業員の個別事情等を含めた不利益の程度等が関連するので、会社として最適な任用・配置であれば相当性が認められるというものではない。

　そのため、任用や配置といった人事権の行使のおけるHRテクノロジーの利用が労働法領域の観点から違法・無効とならないためには、AI等の分析結果にそのまま従うのではなくあくまでも重要な考慮要素に留め最終的な意思決定は人間が行うことが好ましいものとなる。

(iii)　退職における留意点

　会社が活動するにあたり適切な人材の成長・維持は不可欠であり、従業員の定着やリテンション対策は人事の重大なテーマであり、退職確率を予測し対策をするため等にHRテクノロジーが活用されている。また業績が苦しい際に上記の退職確率予測やジョブフィットのスコアを用いて退職勧奨や整理解雇の人選をするといった利用も考えられる。

　退職勧奨は、処分等の人事権を行使するものではなく会社と従業員間の交渉なので原則として自由である。ただし、退職をするかは従業員の自由意思に基づくべきものなので、退職勧奨にあたり「労働者の自発的な退職意思を形成する本来の目的実現のために社会通念上相当と認められる限度を超えて、当該労働者に対して不当な心理的圧力を加えたり、又は、その名誉感情を不当に害するような言辞を用いたりすることによって、その自由な退職意思の形成を妨げるに足りる不当な行為ないし言動をすることは許され」ない（東京地判2011・12・28労経速2133号3頁〔日本アイ・ビー・エム事件〕）。これは退職勧奨のやり方の問題であり、HRテクノロジーの利用は関係ないようにも思われる。しかし、退職勧奨の違法性判断において、退職勧奨の対象となる理由としての人選基準は考慮要素の1つとなる。

　また、整理解雇の判断にあたり①人員削減の必要性②解雇回避の努力③解雇対象者の選定基準・選定の合理性④労使交渉等の手続の合理性の4つの要素が重要視される（東京地判1998・8・17労経速1690号3頁〔ナショナル・ウエストミンスター銀行事件〕）。上記③より、HRテクノロジーで対象

者の選定をする場合、選定基準が合理的でかつ説明可能なものとなるようにする必要がある。

(3)　上記留意点を解決するガバナンス

　上記のようにHRテクノロジーの利活用は、個人情報・プライバシー領域や労働法領域でリスクを抱えておりこれは様々な形で顕在化することが想定されるため、これに対応できるリーガルリスクマネジメントを実現するガバナンスが必要となる。個々の場面を漏れなく想定し個別に対応するルールを作ることは現実的でなく、会社としてHRテクノロジーと向き合う方針やリスクを予防・対応できる体制づくりこそが重要となる。これらの参考となるため、方針について一般社団法人ピープルアナリティクス&HRテクノロジー協会の「人事データ利活用原則」を、体制整備については ISO 規格である「リスクマネジメント－リーガルリスクマネジメントのためのガイドライン」（ISO_31022_2020）を紹介する。

(ⅰ)　人事データ利活用原則

　一般社団法人ピープルアナリティクス＆HRテクノロジー協会は、HRテクノロジーについて、有益で今後不可欠になるものである反面、個人情報に関わる人事データを活用の影響の大きさに鑑み従業員の権利利益の観点から高い倫理性が要請されると評価し、個人情報を含む人事データを利用したプロファイリングに関して、HRテクノロジーを導入する際に社会的・倫理的責任を果たす上で参照すべきチェックリストとして機能することを期待して以下の9つの原則を人事データ利活用原則として定めた。

　　①データ利活用による効用最大化の原則
　　②目的明確化の原則
　　③利用制限の原則
　　④適正取得の原則
　　⑤正確性、最新性、公平性原則
　　⑥セキュリティ確保の原則

⑦アカウンタビリティの原則
⑧責任所在明確化の原則
⑨人間関与原則

　これらの原則は、社会的・倫理的責任を果たすことを目的とするものであるため、個人情報保護法等の法令遵守に留まらない高度なコンプライアンス水準を求めている。背景には、個人情報に関わる人事データを活用の影響の大きさだけではなく、人事データの特性から事業者と従業員との間における交渉力等の差が存在することやAIを含めHRテクノロジーはあくまでもツールでありそれに妄信的になり企業体質が無責任になることへの警戒といった点も考慮されていることがうかがわれる。個人情報保護法等を法令遵守しようとすることで自然とカバーされる部分はあるが、それだけではない足りない点を中心に筆者が当該原則の中で重要と考える点を紹介する。
　②目的明確化の原則と⑦アカウンタビリティの原則では、「高度なプロファイリングによって、従業員等が想定しない方法でその人事データが利用される場合等には、プロファイリングの対象者に対し、①そもそもプロファイリングを実施しているか、②実施している場合に、いかなる種別・内容のプロファイリングを実施しているかの明示をすることが望ましい」と利用目的の実現のための手段においても、それ自体が想定が容易でないものについての明示を推奨しており、透明性を重視していることがうかがえる。
　⑧責任所在明確化の原則では、「責任の所在を明確にするなどの組織体制を確立」すべきであり「①データ活用に関する責任の明確化、②専門部門による審査の厳格化、③データ利活用に関する判断基準やルールの整備を行い、部門間の垣根を越えた利活用に関する審査、検討、設計及び運用を行わなければならない。」という考えを示している。また、⑨人間関与原則では「最終的な責任の所在としての人間の存在を明確にし、アルゴリズムのブラックボックス性による無責任なデータ活用観が回避されるよう運用されなければならない。」としている。これらの原則は、HRテクノ

ロジーの利用により判断過程のブラックボックス化により不合理な人事権の行使や予想外な差別の再生産や従業員等の会社の不信への対策を考える指針となる。

　このように、HRテクノロジーの活用やそのための体制をどうするかを検討するにあたっての参考になる。

(ii)　リーガルリスクマネジメントのためのガイドライン（ISO_31022_2020)

　ISO（国際標準化機構）は、「幅広いステークホルダの期待に応えるために、組織がより効率的かつ費用対効果的に優れたリーガルリスクマネジメント及びリーガルリスク対応を支援する活動のガイダンスを提供する」目的で「リーガルリスクマネジメントのためのガイドライン」というリーガルリスクマネジメントの国際規格を策定した（ISO_31022_2020)。当該規格は今後のリーガルリスクマネジメントのスタンダードとなる可能性のあるものであり、HRデータガバナンスを法務の視点から考えるにあたって参考になるものになるので、その概要を紹介する。

　当該ガイドラインにおいて、リーガルリスクマネジメントのためのプロセスは①リーガルリスク基準を確立したうえで②当該基準を参考にリーガルリスクのアセスメントを行い③リーガルリスクへの対応を決めるというものが原則となる。そしてこの①乃至③のプロセスを通じて、モニタリング、レビュー、報告、コミュニケーション及び協議を継続し、リーガルリスクマネジメントをブラッシュアップしていくというものになる（**図表1**）。リスクアセスメントは、リスクを特定しそのリスクの性質や特徴を理解してリスクレベルを決定する特定・分析プロセスを経てその結果を評価する。分析にあたっては、これらに限られないが、「事象の起こりやすさ」と「結果の性質及び大きさ」が重視される。リスク対応は、リスクに対応するための選択肢を選定し実施するプロセスのことであり、具体的には①リスク対応の選択肢の選定②リスク対応の計画及び実施③対応の有効性の評価④残留リスクが許容可能か判断⑤許容できない場合、さらなる対応の実施といった流れが想定されている。

図表 1

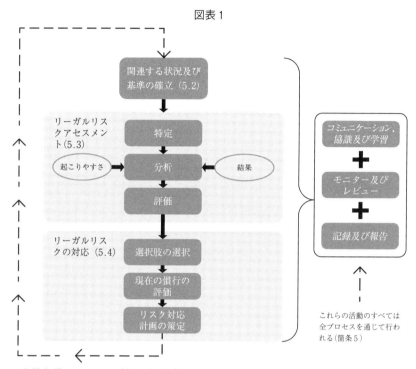

※資料出所：ISO31022（英和対訳版）4 頁

図表 2

Risk Impact	5	10	15	20	25 (High risk)
	4	8	12	16	20
	3	6	9	12	15
	2	4	6	8	10
	1 (Low risk)	2	3	4	5
Risk Likelihood					

※資料出所：渡部友一郎『リーガルリスクマネジメントの先行研究と新潮流』国際商事
　法務・48 巻 6 号・2020 年

　また、リーガルリスクマネジメントの実施に当たり、その有効なリスクの起こりやすさを横軸にし、リスクの性質や大きさを縦軸にしてリスク評価を行うリーガルリスクマトリクス（**図表 2**）を活用することを推奨する意見もある[9]。

3　HR データガバナンスにおいて法務・組織内弁護士に期待される役割

　上述したように、HR テクノロジーの利活用には様々なリスクが潜んでおり、当該リスクに如何に対応するか HR データガバナンスが重要となる。そして当該ガバナンスを実現できるかについて法務・組織内弁護士がその価値を発揮できるかが鍵となると考えている。本節では、法務・組織内弁護士の特徴を踏まえ、適切な HR データガバナンスの実現に向けてどのような役割が期待されるかを提言する。

(1)　法務・組織内弁護士の特徴

　HR データ利活用についてこれまで説明したリスクや法的な論点があるところ、そのためのガバナンス体制の設計や運用において組織内弁護士や法務部員が機能することが重要となる。その理由は、組織内弁護士・法務部員が①法務の専門家である②当該会社の一員である③当該会社の従業員である、という 3 つの特徴を有しているためである。以下で 3 つの特徴を説明する。

(i)　法務の専門家である

　法務部員その中でも特に組織内弁護士は法務の専門家である。上記 2 で説明したように HR データの利活用には法的論点が多く存在している。利活用の体制に当たっては、法務部員・組織内弁護士が法的専門家としてこ

　9）渡部友一郎『リーガルリスクマネジメントの先行研究と新潮流』国際商事法務48巻 6 号（2020年）。

れらの法的論点に適切にケアされたものとなるように貢献する必要がある。

(ii)　当該会社の一員である

　法律の専門家であるということであれば、外部の弁護士やコンサルタントも同様である。外部弁護士等がいても、組織内弁護士や法務部員が重要な理由の1つが組織内弁護士・法務部員は会社の内部の人間であることである。HRデータ利活用には人事関連部署、情報セキュリティ関連部署、内部統制関連部署等社内の様々な部署と連携しなければならない。また、会社の施策として行う以上、会社の企業風土や経営理念等と乖離したものとなったり、施策が過度に理想的で会社のリソース等を踏まえると非現実的なものであったりすると成功は困難となる。組織内弁護士・法務部員は、法的な専門家として法的論点に取り組むだけでなく、会社の一員として、他部署と連携し当該会社の実情に応じた適正な体制・運用となるように検討できることが強みとなる。

(iii)　当該会社の従業員であること

　HRテクノロジーの導入や運用において組織内弁護士・法務部員の重要な特徴は、従業員である即ち利活用される側の当事者でもあるという点である。人事施策は従業員にとって自身の労働条件や利益に直結する事項なので、多くの従業員が反発を覚えるHRデータ利活用方法であればやらない方がよいこともある。組織内弁護士・法務部員は、自身が従業員であることを踏まえ一従業員としてどう感じるかという観点を考慮して、HRテクノロジー利用による紛争化や施策の無意味化の回避を検討できる点に優位性がある。

(2)　ガバナンス体制の設計における法務・組織内弁護士に期待される役割

　上記(1)では法務・組織内弁護士の特徴について扱った。(2)ではこの点を踏まえ、法務・組織内弁護士にどのような役割が期待されるか場面を分けて検討する。

（i）　HR データ利活用指針の策定

　HR テクノロジーの活用は発展途上でありどのような場面でどのように利用されていくのかまだまだ白地がある状況である。このような状況では、詳細なルールでリスク事項を網羅するのは困難であるし、リスクに着目してネガティブリスト的なルールになっては、HR テクノロジーの有益な活用を阻害しかねない。そこで、HR テクノロジーを適正に利用するために会社としての HR データの利活用指針を定めるといったプリンシパルベースでのリスクマネジメントが有用になる。

　人事が取り扱う人に関するデータは最高の経営資産であり人事制度は重要な経営事項の 1 つであるところ、HR データの利活用指針の内容は、会社毎に異なるものとなるだろう。そのため、当該指針の策定は経営や人事が中心になり、法務等のリスク部署と連携して行うべきものと考える。この策定にあたり、例えばソニー株式会社のソニーグループ AI 倫理ガイドライン[10]や株式会社リクルートのパーソナルデータ指針[11]のように企業が公表している指針が参考になる。

　法務・組織内弁護士は、当該指針の策定に当たり、その方針が上記の「人事データ利活用原則」に反する内容になっていないか、また当該指針が差別その他の重大リスクの発生を招きやすい内容を含んでいないか等の観点からリスクレビューをする役割が期待される。

（ii）　プライバシーポリシーの作成を含むアカウンタビリティの実現

　人事に関するデータはそれ自体が機微な情報を含むこともあり、またプロファイリング等により個人にとって機微な情報を推知してしまうおそれがあるので、HR テクノロジーの活用は従業員に十分な情報提供をして理解を得て進めることが望ましく、アカウンタビリティをいかに果たすかが

　10）ソニー株式会社『ソニーグループ AI 倫理ガイドライン』（https://www.sony.co.jp/SonyInfo/csr_report/humanrights/AI_Engagement_within_Sony_Group_Ja.pdf）

　11）株式会社リクルート『パーソナルデータ指針』（https://www.recruit.co.jp/privacy/personaldata/）

重要になる。その手段の１つとして、明確化した利用目的や個人情報の取扱いを定めるプライバシーポリシーを作成し、これに従業員に説明し同意を得ることが考えられる。

　法務・組織内弁護士としては、会社がHRテクノロジーを活用するために必要なプライバシーポリシーを作成することが期待されます。記載内容においてその利用目的が特に重要になる。利用目的はできる限り具体的に明確に記載する必要があるものの、人事・労務管理の業務範囲の幅広さから包括的な記載にならざるを得ない点があるので、いかにして明確性を担保するかという点が課題になる。

　プライバシーポリシーをいかにわかりやすくする記載するかという点ではIT融合フォーラム パーソナルデータワーキンググループの報告書[12]が参考になる。また、近年ではよりわかりやすくする工夫としてプライバシーポリシーにタグ付をしたり、早見表を添付したりといった方法も実施されている[13]。明確性・透明性を高める方法は、プライバシーポリシーの記載自体をわかりやすくすることに限らない。例えば、ポリシーの策定に当たり事前に従業員から意見を聴取する等従業員が策定段階から関与する、イントラネット上に人事施策の紹介ページを設けるといった方法も挙げられる。

(iii)　HRデータの適正な利活用体制の設計

　取得したHRデータの漏洩等を防止するため、安全に管理するセキュリティ体制を構築する必要があり、この点は個人情報保護法が定める安全管理措置を十分に講じることが求められる。

　加えて、HRテクノロジーの利用が個人情報保護法、労働法その他の法

12）IT融合フォーラム パーソナルデータワーキンググループ『パーソナルデータ利活用の基盤となる消費者と事業者の信頼関係の構築に向けて － 概要版 －』2013年5月10日（https://www.kantei.go.jp/jp/singi/it2/kisou/dai4/sankou.pdf）
13）橋詰 卓司『GDPR対応型プライバシーポリシーのリーガルデザイン』サインのリデザイン・2019年2月15日（https://www.cloudsign.jp/media/20190215-gdpr-juro/）

令違反や差別の再生産、一方的な個人への不利益を課すものとならず、労使の価値を高める有効な利用となるための体制を設計することが望ましい。かかる体制には様々な形があり得るが、人事データ利活用原則の述べる「①データ活用に関する責任の明確化、②専門部門による審査の厳格化、③データ利活用に関する判断基準やルールの整備を行い、部門間の垣根を越えた利活用に関する審査、検討、設計及び運用を行」うことが参考になる。加えて、HR テクノロジーの利用は意図しない結果を招くことがあるので、定期的なモニタリングの実施も運用体制の中に組み込む必要がある。

　法務・組織内弁護士は、HR テクノロジーの利活用体制の設計に当たり、①リーガルリスクを中心に、しかしそれに限定せずリスクアセスメントを行い②アセスメントの結果として重大リスクが懸念されたら当該リスクへの対応策の献策をする役割が期待される。そのためのルール策定等の明文化も役割として期待されるだろう。この検討にあたっては、人事部署やセキュリティ部署、内部統制部署等様々な部署と連携して、会社として最適な体制を模索していく姿勢が求められる。

(iv)　個別施策の審査

　HR テクノロジーの利用は、様々な場面での具体的な施策のための手段である。そのため、個別の施策にリーガルリスクアセスメントとリーガルリスク対応を行うことも法務・組織内弁護士の重要な役割である。リスクアセスメントについては、一貫性を欠かさないよう上記(iii)の判断基準に則ることが求められる。判断基準の設計段階で他部署と協議し何を重大リスクとするか可能な限り明確にしておくことも重要となる。また、その精度の向上や他部署との認識の著しい乖離が生じないようにするためにも、リーガルリスクマトリクスを利用する等の工夫が必要である。アセスメントを経てリスク対応を行う場合には、実行可能でなければならないので、実効性に関し関係部署と密に確認しながら検討を進めることが求められる。

(v)　監査機能

　法務・組織内弁護士は経営の指揮命令下にあるため、その監査機能を過

度に期待してはならず、監査部門と如何に連携してガバナンスの有効性を
高めるかを重視すべきである。アセスメントの実施とリスクの可視化は、
監査や有事における迅速な情報提供に寄与するための連携に有効である。

4　最後に

　本稿では法的リスクに着目し、HR データガバナンスに法務部員・組織
内弁護士がどのような役割を期待されどのように対応すべきかを論じた。
本稿が HR テクノロジーの利活用に取り組む法務部員や組織内弁護士の方
の参考となり企業価値を高める法務の実現の一助となれば幸甚である。

第3章

海外子会社のコンプライアンス管理と組織内弁護士の関与

本多愛子

1　はじめに

　企業活動のグローバル化、多様化が進む中、日本企業においても小会社及びグループ会社（以下、総称して「小会社」という）を含めたグループ・ガバナンスのあり方が課題となっている。特に、海外子会社については、不正・不祥事が相次いで発覚しており、リスク対応に多くの企業が苦慮している。

　デロイトトーマツグループが2020年に実施した調査によると、20社を超える関係会社または海外子会社を保有する企業のうち、7割強で、過去3年間に何らかの不正が発生している。また、どこで不正が発生してるかという質問に対し、海外子会社と答えた割合は24％で、2018年の調査の16％から顕著に増えている。新型コロナウイルス感染拡大の影響で、海外駐在・出張を中止した企業も多く、監視役が少ない中でガバナンスの緩みを惹起し、海外子会社の潜在的な不正のリスクはより高まっていると見られる[1]。

　本稿では、海外子会社の管理について、その問題点や親会社の果たす役

1）デロイトトーマツグループ「企業の不正リスク調査白書 Japan Fraud Survey 2020-2022」（2020年12月3日）13、16、19頁。https://www2.deloitte.com/jp/ja/pages/about-deloitte/articles/news-releases/nr20201203.html

割等について考察しつつ、法務・コンプライアンスの観点から、組織内弁護士が果たすべき役割を検討する。

2　海外子会社管理の難しさ

　まず、海外子会社に限らず、小会社における不正行為等のリスクが発生する要因として、①小会社は、従業員の人数が限られているなどの理由から、特にバックオフィス部門に人員を割くことが難しく、また、小会社では特定の役員に権限と責任が集中する傾向にあり、小会社自身によるチェックが難しいこと、②小会社がコア事業とかけ離れていると、事業の遂行状況が把握しづらいため、親会社によるチェックも必ずしも容易ではないことなどが挙げられる[2]。

　それに加え、海外子会社においては、③地理的制約から親会社の担当者が海外子会社を訪れる機会が相対的に少なく、日常的な監視の目が行き届かないこと、④親会社のコア事業と関連性の乏しい傍流事業を行っている海外子会社の場合、当該事業に係る経験・ノウハウ等の少ない親会社による事業リスクやコンプライアンス違反等の認識・発見が困難であること、⑤親会社が現地の言語、法令、文化等を十分に理解できていないこと等により、管理がより困難になっている[3]。

　そこで、親会社としては、海外小会社自身のコンプライアンス強化（小会社の内部統制機能による不正の未然の防止等）を図るのが最善である。しかし、海外小会社の規模によっては、コンプライアンス・内部監査等の担当部門に回せる人材がおらず、現状を維持するのが精一杯というところも多い。また、言語や文化の違い等により、親会社から派遣される海外子会社の役職者と現地の従業員のコミュニケーションが円滑に進まず、結果と

2）西村あさひ法律事務所・危機管理グループ編『実例解説企業不祥事対応──これだけは知っておきたい法律実務』（経団連出版、2012年）244頁。

3）眞鍋慶彦＝辺誠祐「最新トピックをおさえる　危機管理・コンプライアンス実務講座（第8回）海外子会社のコンプライアンス体制」月刊監査役714号（2020.10.25）60頁。

して海外子会社の管理が十分にできないということも散見される。

　このように、海外小会社の管理については、親会社による直接の管理も難しく、小会社自身のコンプライアンス強化も期待しにくいという二重の困難を抱えている。

3　グループ親会社の責任とグローバルガバナンス

(1)　グループ内部統制システムの整備

　2014年会社法改正により、親子会社のガバナンス強化を目的として、小会社も含めたグループ内部統制システムの整備が法律に格上げされ（会社法362条4項6号、同施行規則100条1項5号）、大会社における取締役会は、上記事項を決定する義務を負い（法362条5項）、事業報告で開示すべきとされた（法435条2項、同施行規則118条2号）。

　海外子会社も例外ではない。特にM&A後の海外子会社については、レポーティングラインが不明確であることなどに起因して十分な監督や経営統合が実現できていないのではないか、という指摘もある[4]。経営統合の過程で適切な内部統制のあり方も検討する必要がある。

(2)　親会社の取締役の責任

　親会社は小会社の株主であり、親会社の取締役には、国内外を問わず、親会社の重要な資産としての小会社を管理し、親会社に損害を与えないようにする善管注意義務（法330条、民法644条）、ないし忠実義務（法355条）を負うと解されている。

　なお、海外子会社についても、「（法人格否認論が適用されないように）親会社が深く関与しないほうが親会社取締役のリスクヘッジになる」といった認識は必ずしも妥当しないと考えられる[5]。

---

4)　後掲グループガイドライン41頁。
5)　後掲グループガイドライン39頁。

(3)　グループガイドライン

　また、2019年6月28日に経済産業省から「グループ・ガバナンス・システムに関する実務指針（グループガイドライン）」（以下、「グループガイドライン」という）が公表された。

　このガイドラインは、日本企業のグループ全体の中長期的な企業価値向上と持続的成長を図るため、「攻め」と「守り」の両面で実質的なガバナンスのあり方に関し、事業ポートフォリオの最適化といった動態的な視点も含め、各社における検討に資するようなベストプラクティス（実効性を確保するために一般的に有意義と考えられる具体的な行動）を示すことを目的としている。

　グローバルな子会社管理の具体的な取組についても、後述するように、ある一定の指針が示されており、参考となる。

(4)　ソフトロー

　上場会社においては、証券取引所や金融庁の定めたソフトローへの対応が必要となる。非上場企業にとっても参考になる部分があると思われるため、主に海外子会社に関する部分について取り上げる。

①　コーポレートガバナンス・コード

　東京証券取引所では、実効的なコーポレートガバナンスの実現に資する主要な原則をまとめた「コーポレートガバナンス・コード」（以下、「CGコード」という）を定めている。

　2021年6月11日に公表された改訂CGコードでは、グループ全体を含めた全社的リスク体制の整備・運用が求められている（補充原則4-3④）。

　「内部統制や先を見越した全社的リスク管理体制の整備は、適切なコンプライアンスの確保とリスクテイクの裏付けとなり得るものであり、取締役会はグループ全体を含めたこれらの体制を適切に構築し、内部監査部門を活用しつつ、その運用状況を監督すべきである。」（改訂部分に筆者下線）

　CGコードは、原則主義（プリンシプルベース）を採用している。

　これは、原理原則（プリンシプル）を明確に示すものの、細かいルールは定めず、どのように行動するかは、会社が状況に応じて判断するという

ものである。

　原則を十分理解したうえで、自社を律するルールを自分たちで策定するため、ルールを与えられるよりも難しい作業であり、法務部門のガーディアン要素の 1 つである「コンプライアンス・ルールの策定と業務プロセスの構築及び徹底」[6]の重要性が増してきたとの見解もある[7]。

② 不祥事対応・不祥事予防プリンシプル

　日本取引所自主法人が公表している「上場会社における不祥事対応のプリンシプル」（2016年 2 月24日策定。以下、「不祥事対応プリンシプル」という）及び「上場企業における不祥事予防のプリンシプル」（2018年 3 月30日策定。以下、「不祥事予防プリンシプル」という）にも触れておく。

　上場会社による不祥事が多発したことを背景に、株主をはじめとしたステークホルダーの信頼を回復するため、「不祥事対応プリンシプル」では不祥事に直面した上場会社に強く期待される対応や行動に関する原則（プリンシプル）が示された。

　その後、不祥事の発生そのものを予防する取り組みが上場会社の間で実効性を持って進められる必要性が高まり、事前対応としての不祥事予防の取組みに資するため、「不祥事予防プリンシプル」が策定された。

　グループガバナンスについては、「不祥事予防プリンシプル」原則 5 に示されている。

［原則 5 ］グループ全体を貫く経営管理
「グループ全体にいきわたる実効的な経営管理を行う。管理体制の構築に当たっては、自社グループの構造や特性に即して、各グループ会社の経営上の重要性や抱えるリスクの高低等を踏まえることが重要である。特に海外子会社や買収小会社にはその特性に応じた実効性ある経営管理

---

6 ）経済産業省「国際競争力強化に向けた日本企業の法務機能のあり方研究会報告書」（2018年 4 月）18頁。
7 ）斎藤輝夫「グローバル・ガバナンスの実務と最新論点——法務コンプライアンスの役割と組織設計」旬刊商事法務2201号（2019年）18頁。

が求められる。」（下線は筆者）

　第3文では、昨今、海外企業を買収し子会社化したケース等において、会計不正の発覚等といった問題が顕在化し、企業価値の毀損につながったケースが少なくなかったことから、海外子会社や買収小会社は、その特性に応じた実効性ある経営管理が求められるとしている。例えば、海外子会社・海外拠点については、地理的距離による監査頻度の低下、言語・文化・会計基準・法制度等の違いなどによって、管理監督の難易度が上がりうる点に留意が必要である[8]。

　不祥事予防プリンシプルは、不祥事の早期発見により、重大な不祥事を予防すべきであるという観点で整理されている。コンプライアンス違反をゼロにすることは現実的ではなく、予防及び早期発見というアプローチは、親会社及びグループ全体へのダメージを最小限にすることができ、評価できる。

4　海外小会社の管理におけるリスクベースアプローチ

(1)　リスクの評価

　海外小会社の管理については、自社内で各海外子会社を評価しながら、自社の予算と照らし合わせ、可能な限りでコンプライアンス管理をしていく作業が必要となる。

　ここでは、「リスクベース・アプローチ」、すなわち、事業セグメントや子会社ごとのリスク（規模・特性）に応じて分類したうえで、それぞれのリスクに応じて親会社の関与の強弱・方法を決定するのが合理的であると考えられる[9]。

　まず、最初に行うべきは海外子会社のリスク評価である。次のような考

8）佐々木元哉「『上場会社における不祥事予防のプリンシパル』の概説」月刊監査役683号（2018.6.25）42頁。

9）グループガイドライン39頁。

図表1　海外子会社のリスク評価において考慮すべき要素

要素	優先順位 ⊕優先順位↑、⊖優先順位↓
資本関係・規模	⊕出資比率や規模が大きい ⊖出資比率や規模が小さい、他の株主との契約による制限あり
当該海外子会社の企業グループにおける役割	⊕地域統括会社としての機能あり、グループ内に代替性の低い製品を供給 ※ノンコア事業の監視も軽視してはいけない
海外子会社のリソースの評価	⊕コンプライアンス部門及び内部監査部門の人員が手薄（部門がない場合を含む）、経営陣のコンプライアンス意識が低い
海外子会社の内部統制の評価	⊕内部通報制度がない、または活用されていない、親会社の内規が浸透していない、その他内部統制の評価が低い
海外子会社のビジネスと現地法令	⊕法令違反した場合の制裁のインパクト大 ※許認可制か否かといった事業特性及び現地法令の内容の両面からの分析が必要
カントリーリスク	⊕公務員の腐敗認識指数が高いとされる地域

（眞武＝辺　p61-63より筆者作成）

慮要素を踏まえて、どの海外子会社について優先的に対応すべきか、また、どのリスクについてのコンプライアンス体制を優先的に構築・整備すべきか、を分析・検証することが重要である[10]（**図表1**）。

とはいえ、リスク評価も言葉で表すほど容易ではない。

新型コロナウイルス感染拡大を例に取れば、「パンデミック」は一般的に不可抗力事由の1つとして知られていた。しかし、当の日本で適用される場面があるとは、ほとんどの人が考えていなかっただろう。リスクは、「今まで大丈夫だったから」というところに突然現れるというよりは、リ

10）眞武＝辺・前掲注3）61-63頁。

スクはもともと潜在的に存在していたが、外部環境の変化に伴い、突如顕在化したようにみえる、というのが正しい認識だろう。

　リスクの評価をした結果、海外子会社として看過できないリスクを抱えているとなったら、海外拠点の閉鎖やグループ会社の整理ということも検討しなければならない。グループ全体として中長期的な企業価値向上を見据えながら、資本コストを意識し、ノンコア事業からの撤退を含めた事業ポートフォリオの最適化を図ることが必要とされる[11]。

　なお、国によっては撤退自体が非常に困難である。海外進出をする際には、撤退のリスクまで考えて進出するか否かを検討しなければならないことを付言しておく。

　新型コロナウイルス感染拡大の影響も伴い、グローバルにおける事業ポートフォリオの見直しを迫られる企業も多いと聞く。ただ、リスクとリターンは表裏一体であり、海外子会社のリスクのみに注目して、次の事業展開の芽を摘んでしまうことは避けたい。日本の少子高齢化による労働力不足や、国内市場の縮小傾向などにより海外事業から得られるメリットも依然として大きい。親会社には、リスクを適切にコントロールしながら、グループ全体の最適化を図ることが期待される。

⑵　親会社による海外子会社の管理監督のあり方

　上記⑴のリスク評価をもとに、海外小会社の機関設計や権限配分等を選択することが望ましい。ただ、既に海外子会社の既存の組織設計や管理方式が所与であることも多く、大幅な変更は難しい場合も多い。

　親会社から見た海外子会社の管理方法としては、①海外事業部管理方式（親会社の海外事業部門が海外子会社を管理する方式）、②事業部門管理方式（親会社の各事業部門が所管の海外子会社を管理する方式）、③地域統括会社管理方式（地域統括会社が、各海外事業拠点におけるコーポレート機能に関する方針を取りまとめて統括する方式）、④小会社管理部署管理方式（親会社の経

11）グループガイドライン44頁。

営企画部等が、親会社のコーポレート部門と連携しながら、海外子会社におけるコーポレート機能に関する方針を取りまとめて統括する方式）などがある。それぞれ、フェーズや状況に応じて採用すべき方式は異なり、それぞれの企業の実情に応じて適切な方式を選択すべきである。

　ここでは、制度設計については所与のものとして、親会社による小会社の管理・監督のあり方について、グループガイドラインを参考に考察する。

　まず、親会社においては、「権限配分等の基本的な枠組（共通プラットフォーム）を構築した上で、小会社の規模・特性に応じてリスクベースでの小会社管理・監督権限移譲を進めた場合の小会社経営に対する結果責任を問える仕組みの構築、業務プロセスの明確化やグループ共通ポリシーの明確化について検討されるべきである」[12]とある。

　特に、海外子会社の適切なマネジメントのためには、「業務プロセスを明確化しておくことが必要」であり、そのベースとなるグループ共通のポリシーを明文化することで、小会社の現場の従業員に対してもアカウンタビリティを果たすことが重要となる[13]。

　共通プラットフォームとして想定されるのは、グループ全体の経営理念、価値観、行動規範、グループ全体で適用される会議体の設定、稟議決裁基準、コンプライアンス違反発生時の報告体制等である。

　また、リスクベース・アプローチに基づき、優先度に応じて親会社の統制を強めるといったことも考えられる。例えば、以前、環境法令違反があった海外子会社については、親会社として環境法令に精通したアドバイザーの起用（もしくは外部専門家へ相談できる仕組み）、環境法令管理を行う上で必要な改正情報の購読等をコンプライアンス体制として導入するなどの対応が求められると解される。

12）グループガイドライン36頁。
13）グループガイドライン36-37頁。

5　実効的な海外子会社のコンプライアンス管理

(1)　3線ディフェンス

　グループガイドラインでは、いわゆる「3線ディフェンス」の重要性が説かれている。海外子会社の管理方式においても、3線の各機能をグループ会社間でどのように分担するかという視点から整理することは有用である。

　3線ディフェンスとは、①事業部門（第1線）、②法務・財務・コンプライアンス等の管理部門（第2線）、③内部監査部門（第3線）のそれぞれに対して、事業リスクやコンプライアンス違反等の管理・統制の役割を付与することにより、組織内のガバナンスの実効性を確認するという考え方である。すなわち、①事業部門は、事業活動に起因するリスクやコンプライアンス違反の発生源として自律的な管理・統制を行い、②管理部門は、事業部門とは独立した立場から、その事業執行の管理・統制を行い、③内部監査部門は、事業部門・監査部門とは独立した立場から、やはり事業リスク・コンプライアンス違反等の管理・統制を目的とした監査を行うものとされる（図表2）。

　なお、3線ディフェンスに関して、内部監査人協会（IIA）が2020年7月に新しい見解「IIAの3ラインモデル」を発表している。

　3線ディフェンスと比較すると、①「ディフェンス」が外れて「3つのライン」に改められている点、②組織内のガバナンスに関する見解が示されている点、③1線と2線の境界が曖昧になっている点などが主な相違点として挙げられている。2線の位置づけについて見解が変化しているようにも見えるが、2線がリスク管理に関して果たす実際の役割や、1線から独立した2線独自のレポートラインを構築する重要性などは従来と同様と考えて良い（図表3）。

①　第1線（事業部門）の役割

　共通プラットフォームや共通ポリシーを策定しても、現場レベルでの運用やコンプライアンス意識の醸成ができていなかったケースが多いと指摘されている。そのため、海外子会社の事業部門に対して、単に管理部門か

図表2

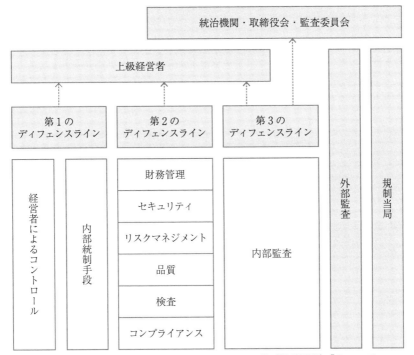

出典：ダグラス J. アンダーソン＝ジナ・ユーバンクス著（堺咲子訳）「3つのディフェンスライン全体での COSO の活用」月刊監査研究2015年10月号40頁。

らの働きかけにとどまらず、自分のこととして考えてもらうことを考えなくてはならない。

　そのため、第1線（事業部門）では、社内規定の整備や業務フローの明確化、IT インフラの整備といったハード面の整備と、経営トップ自らが現場に対して直接発信することによるコンプライアンス意識の醸成・浸透といったソフト面での対応の両面から取組むことが重要である。

② 第2線（管理部門）の役割

　第2線（管理部門）は、第1線（事業部門）から独立した立場で、法令遵守やリスク管理が適切に行われるようアドバイスを提供すると同時に、リスク管理状況の監視を行う役割を担っている。

図表3

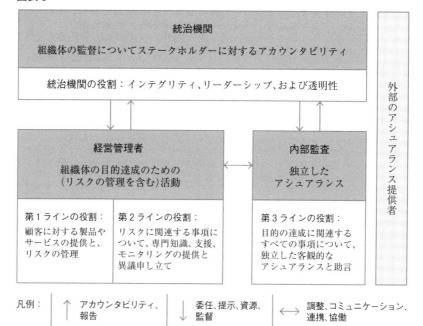

凡例：　↑　アカウンタビリティ、　↓　委任、提示、資源、　←→　調整、コミュニケーション、
　　　　　報告　　　　　　　　　　　監督　　　　　　　　　　　連携、協働

出典：内部監査人協会（IIA）（日本内部監査協会事務局訳）「IIAの3ラインモデル
──3つのディフェンスラインの改訂」月刊監査研究2020年8月号38頁。

　海外子会社では、前述のとおり、規模の小さい海外子会社では、管理部門の人的リソースが不足しているため、第2線（管理部門）が手薄となっていることがある。そこで、普段からグループ企業のコンプライアンス担当者が情報交換できるような場を設けることが望ましく、失敗事例や成功事例を共有することで、コンプライアンス体制の底上げを図ることができる。

　また、親会社のコンプライアンス担当者が海外子会社の担当者とコンタクトを取ることは、早い段階で不祥事の情報共有が図れることにもつながる。出張の機会は減り、現地の従業員と直接コンタクトするのは難しくなったが、代わりにリモートの環境が整ってきているため、定期的なミーティングなどの開催も検討し、コミュニケーションを図る努力をする必要が

あると考える。

③　第3線（監査部門）の役割

　監査部門（第3線）は、事業部門や管理部門から独立した立場で、内部統制システムが有効に機能かどうかを評価し、取締役や監査役等に対して意見を述べる等の役割を担う。内部監査は、コンプライアンス違反やそのおそれのある事象等の早期発見の契機になるだけでなく、定期的に行うことで抑止力となり、コンプライアンス体制の改善が図れるため、海外小会社管理の点からは、重要なツールといえる。

　海外子会社は、物理的距離から、往査の回数が少なく、内部統制システムの評価が難しいとされているが、この点もリスクベース・アプローチが妥当するので、監査部門としては、優先順位をつけながら、監査頻度や監査対象を選定すべきである。

(2)　内部通報窓口

　3線ディフェンスとは別のレポーティングラインとして、グローバル内部通報窓口を設置することも有用である。

　内部通報制度とは、企業に不正・不祥事が発生した際に、内部から情報を吸い上げることで問題を早期に発見し、会社の自浄作用に資するものである。

　また、内部通報窓口が周知されていることによって、誰かに見られているかも、という気持ちになり、不正の抑制効果も期待される。

　特に海外子会社では、小会社内部の内部通報制度だけでなく、海外小会社の従業員が、親会社の内部通報窓口に直接通報できる制度を設けている会社も増えてきている（グローバル内部通報制度などと呼ばれる）。

　通報制度を設ける場合は、通報者が所在する各国の法制度が関連することになり、制度運用にあたって留意しなければならないことも多い。例えば、個人情報を含む海外子会社の従業員の通報を日本国内で受け付けることができるかという問題がある。日本は2019年1月に、EU 一般データ保護規制（GDPR）における「十分性認定」を取得したことから、EU 域内の個人情報を比較的簡素な手続きで日本に移転できるようになったが、国

によって制度が異なるため、各国の法制度を吟味して導入すべきである。

　内部通報制度は、一度つくっただけで終わりというものではなく、ポスターを作成して従業員の目につく場所に掲示しておく、年に１、２回周知の場を設ける、利用実績を公表するなど、定期的に従業員に窓口の存在をアピールし、利用を促す努力が必要である。あわせて、通報者の保護、プライバシーの保護も徹底しなければならない。これらが整って、初めて、利用者は通報をしてくれる。

　なお、同窓口については、運用の仕方を誤ると、上司の愚痴など、職場の不満のはけ口になってしまい、窓口担当者が精神的に疲弊してしまうことがある。職場の不満については、海外小会社内部で解決してもらうよう、適切に促すことが望ましい。

6　海外子会社のコンプライアンス管理における
組織内弁護士の関与

(1)　契約レビュー

　法務部門と海外子会社の接点でいちばん多いのは契約レビューだろう。

　契約レビューは、次の３段階のプロセスを繰り返し行うことが望ましいとの意見がある[14]。すなわち、①リスクをシミュレーションし、②そのリスクがいかなるインパクトを持つのかを分析評価し、③最後に、相手方との間で合意点を見出すため、そのリスクのコントロールを考える、といったものである。特に、①リスク評価と③コントロールの判断は、社内にいて、自社のビジネスモデル、業務プロセス、組織の人員配置等を熟知した組織内弁護士にアドバンテージがある。社外の弁護士は、リスクの指摘はできても、その先の判断は難しい。したがって、契約レビューから、海外子会社の事業のリスクをシミュレーションするために、普段から、自社の事業について興味を持つことが肝要と考える。

---

14)　斎藤・前掲20頁。

(2)　コンプライアンス研修

　共通プラットフォームを海外子会社に浸透させるには、継続した研修等のインプットが必要である。3線ディフェンスのところでも書いたが、自分のこととして考えてもらうことが重要であるため、研修では自社の成功例・失敗例を使うと効果的である。もっとも、プライバシーへの配慮は必須である。他社事例なども上手にまじえながら、興味をもってもらえるように工夫をしていく。

　新型コロナウイルス感染拡大の影響で、集合研修が難しくなっている。代替手段として、e-learning の採用なども検討されるべきである。

(3)　各部門との連携

①　監査役等

　監査役・監査等委員（以下、あわせて「監査役等」という）とは、定期的に意見交換し、内部監査の結果を踏まえた社内のコンプライアンス上の問題点を指摘してもらうことで、コンプライアンス体制の強化を図ることが期待できる。

　筆者の所属している会社の場合、3ヶ月に1回「コンプライアンス委員会」を開催し、コンプライアンスの状況について定期報告を行なっている。コンプライアンス委員会には監査役等も参加しているため、適宜意見などをいただいて社内のコンプライアンス運営に反映している。

②　社外役員

　社外取締役・社外監査役等（以下、あわせて「社外役員」という）と組織内弁護士との交流の有無は、会社の規模、組織内弁護士のポジション・役割などによって異なると考えられる。社外役員は、海外子会社の不正や、ダイバーシティ、CSR などに関心が高いことも多く、意見交換は非常に有意義である。もちろん、社外役員の過大な要求に対して、会社の規模や状況に応じたコンプライアンス体制を整備していることを伝えることも1つの仕事であると考えている。

③　内部監査部門

　内部監査部門は内部統制の要である。しかし、一緒に仕事をする機会が

あまりないため、法務部門とは疎遠になりがちである。

　しかし、内部監査部門は、グループ会社が直面している経営課題を知ることができる情報源であり、幹部候補の育成のため、内部監査部門をキャリアパスとして採用している企業もある[15]。

　会社の規模にもよるだろうが、交流の機会を設け、お互いの問題意識を共有することは有意義だと考える。

　なお、内部監査部門は、内部監査で現場を訪れることがあり、本社にいてはわからないような情報を持っていることもあるので、筆者は雑談程度でも時々状況を聞くことにしていた。2020年はリモート監査に切り替わっており、その点の情報収集ができないのが残念である。

④　経理部門

　会社の業績に直結する経営上の数字を取り扱っており、経理部門も情報の宝庫である。また、海外子会社の監査に同行し、海外子会社の現地の情報に詳しい経理部員もいた。ただし、内部監査部門と同様、2020年からはリモート監査が主流となっており、現地に行く機会は激減している。

　経理部門は、海外の経理部と直接やり取りすることも多いから、会計不正などのコンプライアンス上の懸念について、相談があったりするのではないか、と推測したことがあるが、実際には、そのような事例は見当たらなかった。

　組織内弁護士と経理部門との交流の有無も、会社の規模などによって異なると思われる。筆者の場合、会社の規模がそれほど大きくなく、株主総会業務も行なっているため、経理部門との定期的な交流はあるが、コンプライアンス上の問題が発覚した事例はない。経営上の問題点の把握という点で、法務部門とは違った視点が得られるため、今後も積極的に交流していきたいと考えている。

15）グループガイドライン90頁。

⑷　内部通報窓口

　海外子会社の内部通報窓口が法務部、あるいは社内弁護士という会社も
あるだろう。内部通報窓口については、会社によって利用実績が様々であ
る。ただ、会社の規模が小さいと、どんなにプライバシーに配慮しても、
通報者がわかってしまうことがあるため、対応には特に慎重さが求められ
る。

　また、海外子会社の従業員から内部通報を受けた場合、新型コロナウイ
ルス感染拡大により調査が難しくなっているという現状もある。海外子会
社とのリモートのやりとりについては、監査部門が一歩先んじているよう
に思われる。昨年も厳しい状況の中、知恵を絞って監査を行っており、内
部通報の調査でも、応用できるものがないか、内部監査部門や経理部など
とも意見交換を図って、より良い環境を模索している。

7　まとめ

　海外会社のコンプライアンス管理は、物理的・心理的距離から、一定の
難しさもあるが、放任しすぎず、きちんとリスクをコントロールすること
が重要である。

　組織内弁護士として、やるべきことを行い、できれば、不祥事等の対応
については、風化させないように、報告書にまとめて、世代を超えて受け
継がせることまで含めて、業務として行っている。

　組織が大きい場合は、上記の業務は法務ではない部署で行うべきことな
のかもしれないが、筆者の経験が参考になれば幸いである。

〈参考文献〉
・ベーカー＆マッケンジー法律事務所（外国法共同事業）・KPMG コンサ
　ルティング株式会社編『海外子会社のリーガルリスク管理の実務』（中
　央経済社、2019年）。

第4章

専門性ダイバーシティが組織にもたらす
影響の考察
——組織内弁護士の存在は組織に何をもたらすか

前田絵理・黒澤壮史[*]

1 はじめに

　日本における組織内弁護士[1]数は、この10年で約4倍に増え、企業内弁護士数は2010年6月時点で428人であったのが、2020年6月時点では2629人[2]となっている。他方、任期付公務員は、2010年6月時点で89人であったものが、2019年6月時点で238人と2倍以上に増えている。

　このように急速にその数を増やしているにとどまらず、日本組織内弁護士の活躍の場も大きく変化している。例えば、2001年9月時点では、企業内弁護士を抱える企業の上位20社のうち15社が外資系企業であったのに対し、2019年6月時点では上位20社のうち外資系は僅か2社となっている（図表1）。

　また、最近では、組織内弁護士の業務の幅も広がりつつあり、特に企業内弁護士に関しては、企業内で法務部門やコンプライアンス部門、知財部門に属する者ばかりではなく、経営企画部門、総務部門、広報部門、IR

　＊）本稿はJILAダイバーシティー研究会から、前田絵理（弁護士、EY Strategy and Transactions）と黒澤壮史（日本大学商学部准教授）が執筆を担当した。榊原美紀（弁護士、パナソニック株式会社）、江黒早耶香（弁護士、シティユーワ法律事務所）、野田紗織（弁護士、HOYA株式会社）からの協力を得て執筆した。
　1）組織内弁護士には、企業内弁護士と任期付公務員の両方を含む。
　2）日本組織内弁護士協会調べ（https://jila.jp/material/statistics/）

図表1　企業内弁護士を多く抱える企業上位20社

2001年9月

順位	企業名	人数
1	メリルリンチ日本証券	8
1	ゴールドマン・サックス証券	6
3	日本・アイ・ビー・エム	6
4	モルガン・スタンレー証券	6
5	UBS ウォーバーグ証券	3
5	アルプス電気	2
7	日本マイクロソフト	2
8	日興ソロモン・バーニー証券	2
8	アメリカンファミリー生命保険	1
8	オートデスク	1
11	関西電力	1
11	クインタイルズ・トランスナショナル・ジャパン	1
11	クレディ・スイス・ファーストボストン証券	1
14	KDDI	1
14	GE エジソン生命保険	1
14	GE コンシューマークレジット	1
14	GE フリートサービス	1
18	GE 横河メディカルシステムズ	1
18	シティバンク・エヌ・エー	1
18	住友海上火災保険ほか19社	1

2019年6月

採用企業数：1,139社　採用人数計：2,418人

順位	企業名	人数
1	ヤフー	34
2	野村證券	25
3	三井住友銀行	24
3	三菱商事	24
5	LINE	23
6	KDDI	19
6	丸紅	19
6	三井物産	19
9	アマゾンジャパン	18
9	パナソニック	18
9	三菱 UFJ 銀行	18
12	三菱 UFJ 信託銀行	17
13	三井住友信託銀行	16
14	双日	15
15	NTT ドコモ	14
15	住友電気工業	14
15	第一生命保険	14
15	豊田通商	14
15	みずほ証券	14
20	アクセンチュアほか2社	13

網かけしたものが外資系企業。日本組織内弁護士協会調べ（2019年9月）

部門、人事部門など一見して企業法務の仕事ではないような業務を担う者も増えつつある。

　本研究では、組織内弁護士の活躍の場も、担う役割の幅も広がってきている現在の状況下で、「組織内弁護士」として『法律の専門家』という専門性を備えた人財の組織における価値を、専門性ダイバーシティの観点から検討する。

2　専門性ダイバーシティとしての組織内弁護士——概念の説明と研究の意義

　ダイバーシティ（多様性）には2種類ある（Milliken & Martin、1996；谷口、2008）。1つが「表層のダイバーシティ」、もう1つが「深層のダイバーシティ」である。すなわち、個人が有する様々な属性がダイバーシティ

の対象に含まれ、外見で識別できる（表層的）個人の属性と、外見で識別できない（深層的）個人の属性がある。谷口（2008）によれば、前者は、性別、年齢、人種などであり、後者は、性格、価値観、職歴、スキル・知識、趣味などである。昨今、日本においてもダイバーシティ経営[3]が叫ばれているが、表層のダイバーシティにとどまらず、深層のダイバーシティまで拡大して従業員等の多様性を認め、これを活用し、企業価値の向上を図っていくことが企業経営には求められている。

　そして、上述のとおり、この深層のダイバーシティには、価値観、職歴、スキル・知識なども含まれることから、組織内弁護士としての専門性（リーガルマインド、法律家としての職務経験、法律や企業法務の専門知識等）もまた、この深層のダイバーシティの範疇に含まれる[4]。

　ダイバーシティの研究においては、しばしばこの専門性に関するダイバーシティ（以下「専門性ダイバーシティ」という。）が企業の業績に影響を与えると考えられており、実証研究も行われてきた（Boone & Hendriks、2009）。かかる組織内弁護士としての専門性という機能面でのダイバーシティを組織が認め、効果的に活用していくことで、組織の意思決定の質を高め、業績の向上が期待できると考える。

　ここまでの組織内弁護士の状況と専門性ダイバーシティの議論を踏まえ、本研究は以下の2つの研究目的を有している。

　1つ目の目的は、ダイバーシティ研究において高度な専門性を有する資

3）「ダイバーシティ経営とは、多様な人材を活かし、その能力が最大限発揮できる機会を提供することで、イノベーションを生み出し、価値創造につなげている経営をいう」（経済産業省ホームページ、https://www.meti.go.jp/policy/economy/jinzai/diversity/index.html〔2021年3月31日取得〕参照）

4）この点、弁護士資格の有無を知っている同僚にとっては、弁護士資格保有者である組織内弁護士は、「資格の有無」という表層的なダイバーシティの話にすぎない、という議論もあるかもしれないが、専門知識や経験の裏付けのない弁護士資格は何の価値もないわけであるから、弁護士資格に紐づく専門性（リーガルマインド、法律家としての職務経験、法律や企業法務の専門知識等）に着目すべきであって、そうすると、やはり組織内弁護士としての専門性は、深層的ダイバーシティの範疇に含まれるというわけである。

格者（本研究では弁護士）の存在が組織にもたらす影響を明らかにすることにある。谷川（2020）なども指摘するように、ダイバーシティとパフォーマンスに関する実証研究は結果に一貫性が無く、様々な文脈によって因果関係が異なると考えられている。本研究では、専門性ダイバーシティの中でも弁護士資格の有無という高度な専門性を保持する人財が与える影響、という独自の文脈を設定している。また、本研究が測定しているパフォーマンスの中には先行研究ではほとんど扱われることのない、認知された不祥事件数なども含まれているため、先行研究があまり想定していなかった要因同士の因果関係についても考察している点に独自性がある。

　2つ目の目的は、法務研究として組織内弁護士の存在が組織に与える影響について統計分析に基づいた因果関係を明らかにすることである。一般的に法務研究で、特に日本の文脈において組織内弁護士の存在が組織に与えている影響を統計的に分析することはほとんど行われていない。そのため、本研究では定性的に様々な形で語られてきた組織内弁護士の存在意義について、統計的な分析を通じてより一般化しようとする試みでもある。さらに、弁護士の存在がパフォーマンスに影響を与える際に、どのような条件下でその因果関係が強くなってくるのか、という点も考察している。これも、組織内弁護士の存在とパフォーマンスの間の因果関係の強さに影響を与える変数を明らかにすることで、2つ目の研究目的の延長として、因果関係に対する知見をより豊かにしようという試みである。

3　調査設計

(1)　サンプルについて

　本調査は、調査期間2020年12月〜2021年1月に、組織において法務を担当していない役員・従業員（以下、「非法務部員」という）に対して、WEBベースのアンケートを実施した。回収された有効回答数は338件であり、データの内訳としては組織内弁護士が組織に1人も存在しないというデータが132件、組織内弁護士が組織に少なくとも1人以上存在するというデータが206件であった。また、対象とした組織は、非営利組織が41件、営

利組織が297件であった。回答者が所属する業界は、製造業が102件、非営利組織を含む非製造業が236件であり、従業員数は500人未満の中規模・小規模組織が73件となっている。回答者の役職は管理職が237件であった。また、設立年数が20年以上の組織が235件である。

(2)　変数の説明

　変数については基本的にアンケートによる6件法のリッカート尺度によって作成されている。「決定の質」という変数は、法務部との関わりが出てくる案件における、組織としての意思決定の質を複数の質問項目から作成した。また、「不祥事頻度」の変数は、公表されていない不祥事も含め、組織内で遭遇したことのある違法行為に関して複数の質問項目から作成した。

(3)　分析手法

　分析に用いた統計的な分析手法としては、分散分析（一元配置）、構造方程式モデリング（SEM）、重回帰分析に基づく単純傾斜検定を伴う交互作用分析、の3つである。

　分散分析とは、平均値の差が因子によって影響を受けているかどうかを分析する手法である。詳細は後述するが、主要な指標について組織内弁護士がいるグループといないグループで、指標の平均値の差に統計的な意味があるかどうかを確認するために用いている。

　また、構造方程式モデリングは、複数の変数間の複雑な関係性についても考察することが可能なため、変数間の因果関係を確認するために用いている。

　そして、重回帰分析は、組織内弁護士がより高いパフォーマンスを挙げるために必要な要因を知るために、単純傾斜検定を伴う交互作用の確認を行うために実施した。

4　分析結果

本調査で得られたデータの分析結果だが、最初に結果を要約したうえで個々の内容について触れていくこととする。

(1)　結果の概要

①発見事実1：組織内弁護士がいる組織の非法務部員は、組織内弁護士がいない組織の非法務部員よりもリーガルリスクの認知度が高い（図表2）

②発見事実2：組織内弁護士がいる組織の非法務部員は、組織内弁護士がいない組織の非法務部員よりも法令遵守意識が高い（図表3）

③発見事実3：組織内弁護士の存在は「リーガルリスクの認知」、「法令遵守の仕組み」からの間接的な影響と直接的な影響を通じて意思決定の質を高める（図表4）

④発見事実4：組織内弁護士の存在は、リーガルリスクの認知と意思決定の質を通じて間接的に業績に貢献する（図表5）

⑤発見事実5：組織内弁護士は社内の情報共有が進んでいる状況の方が不祥事を減少させている（図表6・7）

⑥発見事実6：法務部員との関係が良好な状況の方が組織内弁護士は不祥事を低下させている（図表8・9・10）

(2)　個々の発見事実の詳細

発見事実1については、**図表2**で示しているように、組織内弁護士が存在する（あり）グループと、存在しない（なし）グループで、統計的に有意な差が見られる[5]。このことが意味することは、「組織内弁護士が存在する集団の方が組織内弁護士が存在しない集団よりも非法務部員がリーガ

5）調整済み R^2 が0.058と低めに出ているためモデル全体の推定程度のレベルは高くないが、十分参考になる水準と考えられる。

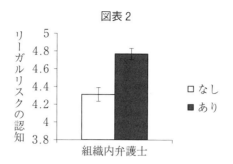

図表 2

水準ごとの平均値

水準	平均値	標準誤差	95％下限	95％上限	t値	df	p値
なし	4.311	0.077	4.159	4.462	55.988	336	.000
あり	4.769	0.062	4.647	4.890	77.374	336	.000

多重比較　Holm法　　　　　　　　　　　　　　　　主効果p値　.000 **

水準の組	差	標準誤差	95％下限	95％上限	t値	df	p値	調整p値
0‐1	-0.458	0.099	-0.652	-0.264	-4.644	336	.000	.000 **

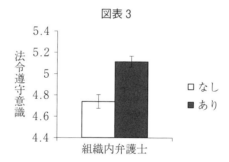

図表 3

水準ごとの平均値

水準	平均値	標準誤差	95％下限	95％上限	t値	df	p値
なし	4.739	0.069	4.603	4.875	68.572	336	.000
あり	5.114	0.055	5.005	5.223	92.450	336	.000

多重比較　Holm法　　　　　　　　　　　　　　　　主効果p値　.000 **

水準の組	差	標準誤差	95％下限	95％上限	t値	df	p値	調整p値
0‐1	-0.375	0.089	-0.550	-0.201	-4.241	336	.000	.000 **

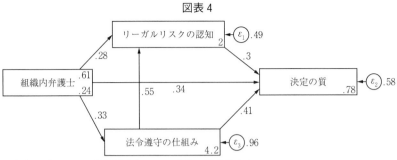

図表 4

※矢印で示された回帰係数は全て 1 ％水準で統計的有意

ルリスクを認知している」、ということである。

　発見事実 2 については、発見事実 1 と同様に**図表 3** に示されている通り
である。こちらも統計的に有意な差が確認されており[6]、「組織内弁護士
が存在しない集団よりも組織内弁護士が存在する集団のほうが非法務部員
の法令遵守意識が高い」ということを意味するものである。

　発見事実 3 について、組織内弁護士は直接的に組織における意思決定の
質を高めていることが確認される（回帰係数0.34）。さらに、組織内弁護士
の存在は非法務部員の業務における法律が関連してくる意思決定の質
（0.28）や、組織的な法令遵守の仕組み（0.33）において正の影響を及ぼし
ている。また、リーガルリスクの認知と法令遵守の仕組みは決定の質を高
めていることも確認された（各々0.30、0.41）。組織内弁護士はこれらの要
因を通じて間接的にも組織における意思決定の質を高めていることがわか
る（**図表 4**）[7]。また、補足的ではあるが法令遵守の仕組みはリーガルリス
クの認知に対して影響を与えている（0.55）。

　発見事実 4 は、営利組織における業績を従属変数にしたモデルで、因果

6）調整済み R^2 が0.048と低めに出ているためモデル全体の推定程度のレベルは高く
　　ないが、参考になる水準と考える。
7）RMSEA（0.01未満）、SRMR（0.01未満）、CFI（1.0）、など主要な適合指標は
　　統計的に有意な水準に収まっておりモデルの適合度は満たしている。また、各変数
　　のボックス内の値については、組織内弁護士（切片＝0.61、分散＝0.24）、その他
　　の変数ボックス内の数値は切片を意味する。

図表 5

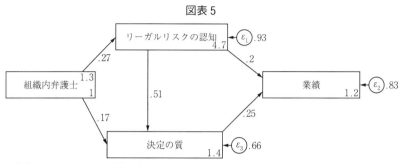

※矢印で示された回帰係数は全て 1 ％水準で統計的有意

図表 6

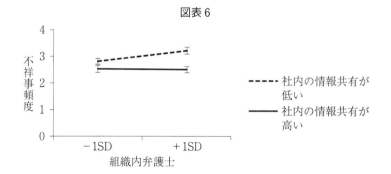

関係を分析したものである。**図表 5**にもあるように、組織内弁護士の存在は非法務部員のリーガルリスクの認知（0.27）と非法務部員の業務における法律が関連する意思決定の質（0.17）を高めている。また、それらの要因を通じて組織内弁護士の存在は、間接的に業績に対して正の影響を及ぼしている（各々0.2、0.25）ことが確認された[8]。また補足的ではあるが、発見事実 3 のモデルと同様にリーガルリスクの認知が意思決定の質を高めていることが確認された（0.51）。

　発見事実 5 に関する分析は、**図表 6** および**図表 7** にて示している。ここでは、組織内弁護士が不祥事頻度に対して成果を上げる際に間接的な影響

8）RMSEA（0.01未満）、SRMR（0.01未満）、CFI（1.0）、など主要な適合指標は統計的に有意な水準に収まっておりモデルの適合度は満たしている。変数ボックス内の数値の意味は**図表 4** と同様である。

図表7

標準化係数　　　　　　　　　　　目的変数＝不祥事頻度

変数名	不祥事頻度	95％下限	95％上限	VIF
組織内弁護士	.084	-0.022	0.190	1.030
社内の情報共有	-.218 **	-0.324	-0.112	1.028
組織内弁護士*社内の情報共有	-.094 +	-0.199	0.011	1.007
R^2	.057 **			

$** p < .01,\ * p < .05,\ ^+ p < .10$

図表8

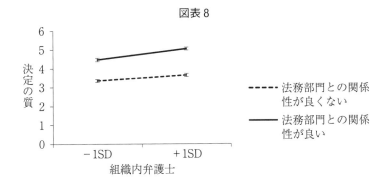

を与えている要因（調整変数）について分析している[9]。

　図表7の重回帰分析の結果として、不祥事頻度に影響を与えている要因は、直接的には社内の情報共有にあった。このモデルでは、組織内弁護士の存在は直接的に不祥事頻度に影響を与えてはいないものの、図表6にあるように情報共有の程度が進んでいる場合と進んでいない場合で、因果関係が異なっている。

　情報共有の程度が高い場合（図表6内の実線）、組織内弁護士の存在は不祥事頻度を低下させているが、情報共有の程度が低い場合（図表6の点線）は不祥事頻度をむしろ増大させてしまっている。情報共有の低さが不祥事頻度を増加させているという現象は解釈が必要だが、組織内弁護士が雇用

9）調整変数の影響を確認するにあたって、交互作用項を用いた重回帰分析に加えて単純傾斜検定（simple slope test）を行った。

図表9

標準化係数　　　　　　　　　　　　　　目的変数 = 不祥事頻度

変数名	決定の質		95%下限	95%上限	VIF
組織内弁護士	.212	**	0.133	0.292	1.027
法務部門の関係性	.615	**	0.535	0.694	1.031
組織内弁護士*法務部門との関係性	.066		-0.013	0.144	1.014
R^2	.470	**			

$** \ p < .01, \ * \ p < .05, \ + \ p < .10$

図表10

回帰係数　　　　　　　　　　　　　　目的変数 = 決定の質

変数名	係数	標準誤差	95%下限	95%上限	t値	df	p値
切片	4.132	0.041	4.051	4.213	100.495	334	.000
組織内弁護士	0.444	0.085	0.278	0.610	5.256	334	.000 **
法務部門との関係性	0.510	0.034	0.444	0.576	15.201	334	.000 **
組織内弁護士*法務部門との関係性	0.115	0.070	-0.023	0.253	1.633	334	.103

されている組織が様々なリーガルリスクにさらされやすい業態であろうことに鑑みると、「組織内弁護士がいても社内の情報共有が適切に行われないと不祥事は低下しない」という解釈があてはまるのではないかと考える。

　発見事実6に関しては、組織内弁護士と意思決定の質に影響を与える論理として、**図表8**にあるように法務部との関係性が意思決定の質に対して影響を与えているということが挙げられる。**図表9**の重回帰分析の結果から、組織内弁護士の存在および法務部との関係性の両方が、組織における意思決定の質に対してかなり強い正の影響を与えているということが確認できる。

　さらに、**図表8**にあるように法務部門との関係性が良好な場合（**図表8**の実線）と良好ではない場合（**図表8**の点線）で意思決定の質のスコアが異なることが確認できる[10]。このことが示すのは、法務部門と非法務部門との関係性は意思決定の質に影響を与えている可能性が高いということである。

---

10) **図表10**にあるように組織内弁護士と法務部門との関係性の交互作用項はわずかに統計的有意ではないが、傾向を確認するには意味のある水準と解釈している。

5　結論

　以上のように、組織内弁護士の存在によって、非法務部員のリーガルリスクに対する認知度が高まり、また、法令遵守意識が高まることで、組織における意思決定の質が高まることが実証された。その他、リーガルリスクに対する認知度の高まりにより、営利組織においては業績が上がることも実証された。

　さらに、組織内弁護士と法務部門以外の他部門との間で情報共有が促進され、良好な関係を築くことができている場合には、組織における不祥事の発生を減少させる傾向にあることも、今回の調査・分析で実証された。

　これらのことから、組織が、組織内弁護士という存在、すなわち専門性ダイバーシティを認め、効果的に活用していくことで、組織の意思決定の質を高め、不祥事頻度を低減させ、さらに営利組織においては業績の向上が期待できるということが明らかになった。また、かかる専門性ダイバーシティの効果を一層上げるために、組織は、組織内弁護士がその専門性ダイバーシティを忌憚なく発揮できるよう、業務上の関連部門と組織内弁護士との間で必要な情報がタイムリーに共有される仕組みを構築し、組織内弁護士を含む法務部門との間で良好な関係を日々築いておくべきである。かかる体制が築けているか否かによって、組織内における不祥事の発生頻度が異なる。組織内弁護士の存在という専門性ダイバーシティをより効果的に経営に活かしていこうと考えるのであれば、組織内弁護士と関連する業務部門との間の情報共有の促進や関係性の構築が、何よりも重要と考える。

　最後に、本研究の意義と限界について言及する。まず、本研究の意義は研究目的 1 にもある、「高度な専門性を組織内に有することに意義があることが確認できた」ということが挙げられる。これはダイバーシティ研究においては、本研究の条件下で専門性ダイバーシティがパフォーマンスにポジティブな影響を与えることを意味する。

　また、研究目的 2 にあるように、組織内弁護士がいる組織といない組織のデータを用いて統計分析することで、実際にどの程度、どのような要因

に影響を与えているのか定量的に確認できたことにも意義があると考える。

　本研究の限界としては、サンプル数に偏りと限りがあるため、業種や職種、プロジェクトの性質などによっては異なる結果を排除しきれない点にある。予備的な分析として業種や営利・非営利のセクターの違いが与える影響については確認したが、サンプルによって影響が出てくることは否定できない。

　上記の限界は抱えているが、組織内弁護士の存在意義や組織内弁護士がパフォーマンスをより発揮できる条件について定量的に明らかにしたという点においては、前進であると考える。

〈参考文献〉

・Boone, Christophe, Hendriks, Walter（2009）"Top Management Team Diversity and Firm Performance: Moderators of Functional-Background and Locus-of- Control Diversity", *Management Science*, Vol.55, No.2, pp. 165–180

・Milliken, Frances J., Martings, Luis L.（1996）"Searching for Common Threads: Understanding the Multiple Effects of Diversity in Organizational Groups" *Academy of Management Review*, Vol. 21, No. 2, pp. 402–433

・経済産業省 HP, https://www.meti.go.jp/policy/economy/jinzai/diversity/index.html（2021年3月31日取得）

・谷川智彦（2020）「職場におけるダイバーシティとパフォーマンス──既存研究のレビューと今後の方向性」日本労働研究雑誌720号（7月号）59–73頁

・谷口真美（2008）「組織におけるダイバシティ・マネジメント」日本労働研究雑誌574号69–84頁

・日本組織内弁護士協会ウェブサイト、https://jila.jp/material/statistics/（2021年3月31日取得）

第 **5** 章

第 **5** 章

リーガルリスクマネジメントの国際規格 （ISO 31022：2020）の導入とその具体的方法
——グレーゾーン解消制度等の利用や外部法律事務所の 利用を題材として

渡部友一郎・染谷隆明・岩間郁乃

1　はじめに

⑴　リーガルリスクマネジメント（LRM）と組織内弁護士

　日本組織内弁護士協会が創立された20年前、どれだけ多くの弁護士が、組織内弁護士が企業価値を向上させる役割を担う現在を予見できただろうか。当時、旧弁護士法第30条は、弁護士の組織内活動を制約し、公務員に就任すること自体が禁止されていた。2004年には、弁護士の公務就任と営利企業への関与が原則自由化された。2021年の脱稿時点において、組織内弁護士の数（元組織内弁護士を含む）は3,000人を記録し、民間企業、官公庁、外部法律事務所におけるプライベートプラクティスなど幅広い領域で活躍している。現に、本稿の共著者は、それぞれ、民間企業、官公庁、外部法律事務所に所属する現・元組織内弁護士である。

　社会がグローバル化やデジタル化等を通じてさらに高度化・複雑化する時代において、組織内弁護士が支援する組織・団体は、自らの目的達成の成否を不確かにする外部及び内部の要素・影響力に直面し、十分な情報に基づく意思決定（informed decision）を行う必要がある。組織内弁護士の法的助言の対象が組織の意思決定に関連するものである場合、自らの法的助言が組織の事業価値にとって最大の効用を発揮するためには、単に伝統的な法律学（法解釈等）に秀でるだけでは足りず、組織・事業それ自体の深い理解はもとより、組織の目的達成の成否を不確かにする外部及び内部

の要素・影響力のマネジメントを理解することが求められる。なぜなら、法解釈は「リスク」（ISO 31000[1]上の定義は後掲）のマネジメントにおける重要な要素であるが、一要素にとどまり、十分な情報に基づく意思決定（informed decision）をそれ自体だけでは充足できないからである。

　20年前にはまだ十分に確立していなかった「リーガルリスクマネジメント」（以下、「LRM」と略する場合がある）という枠組みは、組織内弁護士の拡大に伴い一層不可欠のスキルとなった。本稿の意義は、本論文集との関係において、組織内弁護士の担う「役割」を果たすための枠組み、すなわちリーガルリスクマネジメント（LRM）の出発点となる情報を整理し、現時点の知見を記録・共有することにある。

(2)　本稿の構成

　本稿は、2020年5月発行したリーガルリスクマネジメント（LRM）のための新しい国際規格である ISO 31022：2020の重要部分を概説し、その具体的な活用方法を、具体例を示しつつ提案することを目的としている。

　本稿は、まず、ISO 31022という国際規格を制定した国際標準化機構（ISO）とは何か、ISO の基本構造を前提知識として紹介し（第2節）、次に ISO 31022：2020と整合した汎用的な「リスクマネジメント」の指針である ISO 31000：2018導入の意義と導入プロセスを組織内弁護士の役割を踏まえつつ概説する（第3節）。続いて、ISO 31000：2018と ISO 31022：2020の全文の入手方法と具体的な条文構造を紹介する（第4節）。

　そして、これらの総論を前提に、その具体的な活用方法として、2つの架空事例を検討する。1つ目は、企業の法務部門が自ら、国のグレーゾーン解消制度等を用いて事業のリーガルリスク評価を行う事例を解説する（第5節）。2つ目は、企業の法務部門が外部法律事務所を活用して、どの

1）「ISO 14001（環境マネジメントシステム）や ISO 9001（品質マネジメントシステム）のように、ISO 31000又は ISO 31022による第三者認証を取得することができますか」という質問を受けることがあるが、結論から言えば、できない。ISO 31000及び ISO 31022はマネジメントシステム規格ではないからである。

ように事業価値を高め、より深い法的助言を引き出すかを検討する事例を解説する（第 6 節）。

　なお、第 2 節及び第 4 節の初出は岡本裕＝渡部友一郎「米中関係緊迫化の時代における安全保障に関わるリーガルリスクマネジメントの強化──2020年 5 月発行の ISO 31022の基本的解説」CISTEC ジャーナル2020年11月号（2020年）51-59頁、第 5 節の初出は岩間郁乃「『起こりやすさ』『結果』を図式で解説──リーガルリスクマトリクスの概要と具体的な活用方法」ビジネス法務2021年 6 月号（2021年）17-20頁、第 6 節の初出は染谷隆明「事例から解説──リーガルリスク評価・対応の思考回路」であり、それぞれの原稿を本稿のために手直している。第 1 節、第 3 節、第 7 節は、本稿のために新たに執筆したものである。

2　国際標準化機構（ISO）及び国際規格とは何か

⑴　ISO とは何か

　ISO（国際標準化機構）は、正式名称が International Organization for Standardization（ISO）、国際標準化機構といい、スイスのジュネーブに本拠地を有する法人である。ISO は、標準化活動に最も強いつながりをもつ各国の代表機関によって構成されており、世界規模の電気・電子及び電気通信以外のあらゆる分野の国際規格を作成する民間組織である。

　ISO は、その目的として、「物質及びサービスの国際的交換を容易にし、知的、科学的、技術的及び経済的活動分野における国際間の協力を促進するために、世界的な標準化及びその関連活動の発展展開を図ること」を掲げており、会員団体は 1 か国から 1 機関が参加している。わが国日本においては、JISC（日本産業標準調査会：Japanese Industrial Standards Committee）が会員団体として参加をしている。2019年末における ISO の参加機関は163機関あり、リエゾンとして参加する国際機関及び地域機関は768機関にもなる。上述の世界規模の電気・電子及び電気通信以外として、電気・電子分野の国際規格については国際電気標準会議（IEC: International Electrotechnical Commission）、電気通信分野の国際規格については国際電

気通信連合－電気通信標準化部門（ITU-T: International Telecommunication Union Telecommunication Standardization Sector）が担当している。

(2)　ISO の発行する国際規格

　はじめに、ISO は何個の国際規格を発行しているのか。ISO は、そのウェブサイトに基づけば、2 万3000もの規格を発行している。代表的な国際規格としては、ISO 31000（リスクマネジメント）及び本稿のテーマである ISO 31022の他にも、ISO 9001（品質マネジメントシステム）、ISO 14001（環境マネジメントシステム）、ISO 3166（国名コード）、ISO 26000（社会的責任）、ISO 4217（通貨の表記コード）などがある。

　次に、ISO の開発は、ISO の中のどのような組織が担っているのか。ISO では、技術委員会（TC）と呼ばれる内部組織において規格作成が行われており、この技術委員会（TC）は分野ごとに設定され、作成する規格に関する業務範囲が決められている。技術委員会（TC）の下には分科会（SC）や作業グループ（WG）が設置され、実質的な規格の開発はこの分科会（SC）や作業グループ（WG）で行われるのである。

　本稿のテーマである ISO 31022及び ISO 31000は、ISO/TC 262（リスクマネジメント）において作成や議論が行われており、この技術委員会（TC）の業務範囲はリスクマネジメント分野の標準化と定められている。

(3)　国際規格の作成プロセス

　国際規格の作成プロセスはどのようになっているのか。すなわち、ISO 31022及び ISO 31000はどのようなプロセスを経て発行されたのか。通常、国際規格の提案から発行までの時間には 3 年から 5 年かかると言われている。なぜなら、ISO ではコンセンサスベースのアプローチで規格開発が進められるためである。したがって、国際規格開発にはいくつかの段階があるが、その多くは投票で決定され、さらに、反対者の意見に関しても対応・検討し、国際規格発行時には解消されることが推奨されている（図表 1 参照）。

図表1　ISOにおける規格開発プロセス（概要）

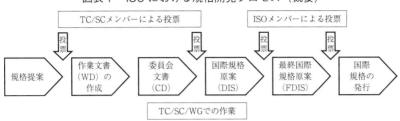

⑷　ISO/TC 262（リスクマネジメント）とは何か

　上述のISO 31000及びISO 31022を作成したISO/TC262（リスクマネジメント）はどのような構造になっているのか。

　ISO/TC 262の名称は「リスクマネジメント」であり、リスクマネジメント関係の国際規格を作成している。TC 262の参加国は83か国にものぼり、83か国とは別に参加している国際・地域機関は10機関もある。もともと、ISO/TC 262は、2009年に発行されたISO 31000（リスクマネジメント：原則及び指針）の指針であったISO 31004作成のために提案され、2011年に設置された（議長：オーストラリア、幹事国：英国）。初版のISO 31000：2009について、議長国はオーストラリア、幹事国はあまり知られていないが日本であり、ISO/TMB（技術管理評議会）のもとに設置された作業グループで作成が行われた。

　図表2を解説すると、WG5は、ISO 31022の検討及び発行のために設置されたが、ISO 31022が発行されたため解散が決定されている。ISOにおいては、基本的にWGはその目的を達した場合には解散され整理されている。図中のJWGとはJoint Working Group（共同作業グループ）を指す。現在、セキュリティ及びレジリエンスに関する標準化を行うISO/TC 292（セキュリティ及びレジリエンス）との共同作業グループを設置して規格作成作業が進んでいる。

図表 2　TC 262の体制

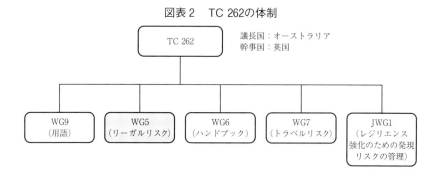

3　ISO 31000：2018及び ISO 31022：2020導入の意義と 導入プロセス

(1)　ISO 31000：2018及び ISO 31022：2020とはなにか

ISO 31000：2018は、広く組織のリスクマネジメント全般を対象とした国際規格であり、組織がリスクマネジメントを導入し、実施する際の手引きを規定したものである。この国際規格は、あらゆる種類のリスクのマネジメントを行うための共通の枠組みを提供しており、特定の産業又は部門に限るものではない。すなわち、ISO 31000：2018のリスクマネジメントは、組織全体に適用する場合も、組織の一部に適用する場合のいずれにも適用できるように記述されており、また、適用範囲についても、「この規格は、あらゆる種類のリスクのマネジメントを行うための共通の取組み方を提供しており、特定の産業又は部門に限るものではない。」と規定されている。

一方で、特定分野におけるリスクマネジメントをより一層効果的に行うためには、特定分野におけるリスクを考慮しつつ、ISO 31000をベースとした規格を作成することが重要である。特に、リーガルリスクは、高度にあらゆる企業活動が規制された現在において、グローバル経営に与える影響が高い一方で、伝統的に、法律という専門的分野であることから、効果的なマネジメントには細分化された指針が重要である。こうした考えから生まれたのが、リーガルリスクマネジメントに特化した国際規格 ISO 31022：2020である。

　ISO 31000：2018と ISO 31022：2020は、親亀子亀、あるいは、一般法特別法のような関係にある。すなわち、ISO 31022：2020は ISO 31000：2018を引用規格（ISO の規格において、引用規格は、他の規格を引用することで当該規格が ISO 31000の一部としてみなされる）としており、記載内容も、ISO 31000：2018の規定事項への追加事項という形で構成されている。このため、本稿で紹介する ISO 31022：2020によるリーガルリスクマネジメント（LRM）を理解するためには、ISO 31000：2018と ISO 31022：2020の概要を一体的に理解することが必要となる。

(2)　リーガルリスクマネジメント（LRM）とはなにか

　概括的にいうと、リーガルリスクマネジメント（LRM）はリーガルリスクの特定、分析、評価及び対応から構成されている。この４つのプロセスを適切に実行できる形で、実際に機能するフレームワークを設計できるか、また、導入したフレームワークを機能させ続けることができるかが、ポイントとなる。

　その際に成功の鍵を握っているのは、「特定」のプロセスである。リーガルリスクを特定することができなければ、それ以降のプロセスは実行しようがない。リーガルリスクが「特定」されていなければ、フレームワークを構築することすらできない。そして、「特定」のプロセスだけは外部のコンサルティングファームや法律事務所に外注できない。組織内弁護士の活躍が期待されるプロセスの１つであり、組織内弁護士がリーガルリスクマネジメント（LRM）に習熟しておくべき理由の１つでもある。

(3)　英語版・日本語版の入手

　ISO 31000：2018及び ISO 31022：2020の全文（英語版、仏語版、西語版）は、ISO の公式サイト（https://www.iso.org/home.html）から、それぞれ有料でダウンロードすることで入手可能である。また、それぞれ「箇条３」までは、同サイト上で、無料で閲覧が可能である。また、本稿執筆時点（2021年６月１日現在）においては、新型コロナウイルス蔓延に伴う措置として、ISO 31000：2018が無料で閲覧可能とされている（詳細は公式サイト

を確認のこと）。

　ISO 31000：2018の日本語版については、書籍『ISO 31000：2018（JIS Q 31000：2019）リスクマネジメント　解説と適用ガイド』（日本規格協会）として出版されているのでそちらを参照されたい。また、ISO 31022：2020の日本語版については、一般図書ではないものの冊子『ISO 31022：2020 リスクマネジメント－リーガルリスクマネジメントのためのガイドライン Risk management -- Guidelines for the management of legal risk』（日本規格協会）として、日本規格協会の公式サイト（https://www.jsa.or.jp/）から、冊子または PDF ダウンロードにて購入することができるのでそちらを参照されたい。なお、後者の冊子については、本稿の共著者らを含む日本組織内弁護士協会リーガルリスクマネジメントガイドライン研究会のメンバーが翻訳したものである。版権の関係で無償で提供・紹介できないことについてはご容赦願いたい。

⑷　導入の意義

　このような国際規格である ISO 31000：2018及び ISO 31022：2020を導入することは、企業にとって、次のような利点がある。

　まず、自社のマネジメントシステムと ISO 31000：2018及び ISO 31022：2020の枠組みとを照らし合わせ、比較検討することで、枠組みやプロセスにおける過不足を検証することが可能となる。特に、複数のマネジメントシステムを導入していたり、部署やユニットによって異なるマネジメントシステムを導入している、あるいはマネジメントシステムの導入に濃淡があるような場合、その過不足を 1 つの尺度で比較検討できる利点がある。

　今後、ISO の国際規格は今後も続々発行され、その標準化は更に進んでいくことが想定される。取引先やステークホルダーなど外部への情報開示や積極的な情報発信においても、当該フレームワークにのっとって説明をすることで理解が得られやすくなることが想定される。また、現時点で両規格を導入しておくことで、今後、他のマネジメントシステムを導入する際に概念や用語の関係で整合性がとりやすくなる利点もある。

　このように、ISO 31022：2020が公表されたこのタイミングで両規格を導入しておくことには、すでに複数のマネジメントシステムを導入している企業・組織、まったく導入していない企業・組織、いずれにおいても、利点がある。

(5)　導入プロセスと組織内弁護士の役割

　企業・組織にISO 31000：2018及びISO 31022：2020を導入するに際しては、フレームワークの構築、リーガルリスクの特定、分析、評価、対応の手順策定、それらの社内規定やマニュアルなどの文書化作業などのプロセスを経る必要がある。こうした国際規格の導入プロセスに際しては、コンサルティングファームや法律事務所などの外部パワーを活用することも多いが、最も重要なのは社内の導入プロジェクトチームの構築であり、その際に重要な役割を担うのも、組織内弁護士である。

　また、導入そのものを推進する際にも、組織内弁護士は主導的な役割を果たす。ISO 31000、31022で定める「リスクマネジメント」は「組織目的を達成するための活動」であるが、規格の文言には目的を設定する方法は書いていないため、ISOのフレームワークを導入する場合は、経営陣と目的設定に向けたコミュニケーションを取る必要がある。ここで日ごろから経営陣に近いところで助言をしている組織内弁護士が、「リーガルリスクマネジメントの仕組みが他社で導入されています。社長、当社でも導入しましょう」と提案するところから、リスクマネジメントの目的を経営に考えてもらうことで、導入やその後の運営に対して経営陣を上手く巻き込んでいくことが可能となる。こうした効果は、それまで、法務部門が重要案件にNOが言えない状況だったところを、ISOの考え方をブラッシュアップしていくことで、経営陣と新たなコミュニケーションをとることができるといった効果にもつながる。このように、国際規格の導入プロセスにおいても、組織内弁護士の果たす役割は大きく、リーガルリスクマネジメント（LRM）の概念を十分理解しておくことが有益である。

4　ISO 31000：2018及び ISO 31022：2020の概説

(1)　ISO 31000の概要

　ISO 31000：2018は、「箇条1（規格の適用範囲）」「箇条2（引用規格）」「箇条3（用語と定義）」「箇条4（原則）」「箇条5（枠組み）」「箇条6（プロセス）」の6つの箇条（章ないしセクション）で構成されている。主な記載内容を紹介する。

(i)　箇条1（規格の適用範囲）

　ISO 31000の適用範囲を規定している。具体的には、ISO 31000がリスクマネジメントの手引きであること。また、ISO 31000はあらゆる業種、規模の組織に適用できることが明記されている。

(ii)　箇条2（引用規格）

　ISO 31000には引用規格はない。なお、上述のとおり、ISO 31022：2020は ISO 31000を引用規格としている。

(iii)　箇条3（用語と定義）

　ISO 31000で使用される用語の定義を規定している。ISO 31000では、8つの用語が定義されている。なお、「リスク」は次のように定義されている。リスクには「好ましいもの、好ましくないもの、又はその両方の場合」が含まれる。

リスクの定義：目的に対する不確かさの影響
注記1　影響とは、期待されていることからかい（乖）離することをいう。影響には、好ましいもの、好ましくないもの、又はその両方の場合があり得る。影響は、機会又は脅威を示したり、創り出したり、もたらしたりすることがあり得る。
注記2　リスクの目的は、様々な側面及び分野をもつことがある。また、様々なレベルで適用されることがある。
注記3　一般に、リスクは、リスク源（3.4）、起こり得る事象（3.5）及びそれらの結果（3.6）並びに起こりやすさ（3.7）として表される。

　リスクの定義は、ISO 31022以外の国際規格にも引用されている。ISO 31000が発行するまでの間、「リスク」は、確率論として、事象の結果と事象の発生確率との組合せで定義されていたこともあった。しかし、その後、「目的に対する不確かさの影響」と変更され、さらに、「影響」には、「組織に好ましいもの」又は「好ましくないもの、若しくはその両方」と注釈が付き、リスクの適用がより広範かつ、実用的なものとなったのである。したがって、組織がリスクを考える場合、これまでの経験に捕らわれることなく、将来的に想定される事象をも考慮して対応することが必要となる。

(iv)　箇条4（原則）

　リスクマネジメントを行うことの意義及び有効かつ効率的なリスクマネジメントの特徴に関する指針を規定している。リスクマネジメントの意図及び意義を説明した部分である。リスクマネジメントを行うための土台であり、組織のリスクマネジメントの枠組み及びプロセスを確立する際に、箇条4に規定した原則を検討することが望ましいことが規定されている。具体的には、下記のとおり、ISO 31000ではリスクマネジメントを行う際の8つの原則が規定されている。これらの原則に基づくことにより、有効な「価値の創出と保護」が可能になる。

> ①リスクマネジメントは組織の全ての活動に統合すること
> ②リスクマネジメントの体系的かつ包括的な取組みの実施
> ③組織の目的に関する内部外部の状況に併せて均衡がとれていること
> ④ステークホルダーの参加による、意識の向上と十分な情報に基づくリスクマネジメントの実施
> ⑤組織の内部外部の状況変化への対応
> ⑥過去及び現在の情報、並びに将来の予想に基づくこと
> ⑦人間の行動及び文化の考慮
> ⑧学習及び経験を通じた継続的な改善

(v)　箇条5（枠組み）

　リスクマネジメントの導入、実施などにおける必要な要素を規定してい

る。特に、リーダーシップ及びコミットメント、トップマネジメントの関
与、全組織的なリスクマネジメントの実施、組織の外部及び内部状況の把
握、役割・権限・アカウンタビリティ、資源の配分、コミュニケーション
とコンサルテーションの確立、有効性評価の実施、改善などが挙げられて
いる。

(vi)　箇条 6（プロセス）

　リスクマネジメントの実施要素のプロセスに関して規定している。具体
的には、リスクマネジメントプロセスが、組織のマネジメント及び意思決
定に必須要素とすること、組織の目的を達成し、また、組織の内部外部の
状況に適切に対応するために組織の体制、業務活動及びプロセスに統合さ
れることが望ましいと規定している。主なリスクマネジメントプロセスは、
コミュニケーション及びコンサルテーション、組織が許容できる（できな
い）リスクの基準、リスクマネジメントの適用範囲、リスク特定・リスク
分析及びリスク評価から構成されるリスクアセスメント、目的の達成に関
して得られる便益と、実施の費用、労力又は不利益との均衡リスク対応、
リスクマネジメントプロセス及び結果のモニタリングとレビューなどから
構成される。

(2)　ISO 31022の概要

(i)　規格作成の背景

　次に、本稿の主題である ISO 31022について説明する。ISO 31022は、
2015年に提案されたもので、背景と規格化によって期待される効果は以下
のとおりである。

　まず、リーガルリスクの効果的な管理は、国際商取引を行っている組織、
これから海外市場に進出しようとする組織、及び国内外におけるステーク
ホルダーの要求するところである。リーガルリスクの効果的なマネジメン
トは、組織の目的の達成（例：利益などの確保）、持続的活動を維持（例：
健全なる組織活動を維持）するのに重要な取り組みという認識が高い。さ
らに、あらゆる組織が、リーガルリスクに遭遇する可能性があり、その対

応は、組織の存続に影響する。

　また、リーガルリスクとして、国内的及び国際的な法律・規制の遵守（損失、処罰の対象となる）、知的財産の保護（新製品開発における競合他社の権利侵害などによる市場の撤退）、海外市場進出における訴訟問題（海外の法規制、文化、習慣、契約などの差異）、税金問題（税制の変更などによるトラブル）、資金調達におけるトラブルなどがあり、組織の目的達成、持続的な活動を維持するには、他のリスクと同様に、これらのリーガルリスクを回避又は適切に対応する必要がある。

　ISO 31022の活用により、これらのリーガルリスクを回避又は適切に対応することが可能となる。

(ⅱ)　ISO 31022の概要

　すでに述べた通り、ISO 31022：2020は、ISO 31000：2018を上位規範（引用規範）とする下位規範であり、ISO 31000：2018と同様の「箇条1（規格の適用範囲）」「箇条2（引用規格）」「箇条3（用語と定義）」「箇条4（原則）」「箇条5（枠組み）」「箇条6（プロセス）」6つの箇条（章ないしセクション）と、5つの附属書から構成されている。本体の6つの箇条はISO 31000をベースに、規定事項を付加するものであり、附属書は、リーガルリスクの特定及び評価に関する考え方、事例を具体的に規定するものである。

(ア)　箇条1（適用範囲）

　ISO 31000を補完しており、組織が直面するリーガルリスクのマネジメントを行うための手引きであり、あらゆる組織に適用可能である。

(イ)　箇条2（引用規格）

　ISO 31000を引用規格としている。これは、ISO 31000をベースとし、リーガルリスクに固有の事項を追加して規定していることを意図している。

㈡　箇条3（用語及び定義）

　リスク、リーガルリスク、法律、組織が定義されている。

㈢　箇条4（原則）

　ISO 31000の8つの原則に加えて、「衡平性の原理（equity）」が新しく追加されている（ISO 31000 4(i)）。これは、意思決定において、偏りのない考え方をし、独立した発言を行うとともに、デュー・デリジェンスと公正であることを意味している。

㈣　箇条5（リーガルリスクマネジメントプロセス）

　ISO 31000に規定されている事項に加えて、リーガルリスクマネジメントプロセスにおける考慮事項が新たに規定されている。例えば、組織の活動に関連ある法律の動向（改正など）、リーガルリスクに関する外部の専門家（外部サービス提供者及びアドバイザーなど）の活用、ステークホルダーの期待、第三者による不正行為、組織活動に関係する国際協定及び覚書、組織が提供する製品・サービス及び活動する地域、国の法律や文化の相違、組織内部のリーガルリスクの取り組み、リーガルリスクが原因で生じた紛争や事象、組織の有形・無形の財産に関する知的財産権や関連する法的権利、契約上の義務事項及び契約に関する諸条件及び関連事項、組織活動から生じる労働・環境・財政上の問題又は責任、リーガルリスクなどに関する情報とそのリソース、組織に義務付けられている諸事項、組織の法律違反の可能性の有無、組織が関与する又は巻き込まれる犯罪、コンプライアンスに関する事項、内部通報に関する組織内の対応などが挙げられている。

　また、コミュニケーション及びコンサルテーションにおいては、組織は、リーガルリスクマネジメント及び監督に関する責任、アカウンタビリティ及び権限をもつあらゆる人に必要な情報の提供を行うとともに、組織の内部外部のステークホルダーとの効果的かつ効率的なコミュニケーションを行うこと及びリーガルリスクの文化の構築の重要性が挙げられている。

㋕　箇条 6（リーガルリスクマネジメントの実施）

　リーガルリスクマネジメントの成果が組織の意思決定プロセスの一部であることを確実にするために、リーガルリスクマネジメントを組織のリスクマネジメントに統合するためのアプローチが規定されている。箇条 6 では ISO 31000の箇条 5 に規定されていることに加え、内部外部の専門家又は専門機関との連携、リーガルリスクマネジメントに関して責任・権限・アカウンタビリティを割り当てられた者のモニタリングの必要性、資源の配分、リーガルリスクの認識の向上などが規定されている。

㋖　附属書

　附属書は 5 つあり、リーガルリスクの特定方法、評価方法などの例が規定されている。

5　リーガルリスクマネジメントに準拠した対応例 1
（国のグレーゾーン解消制度等の利用）

　ここでは、架空の事例を題材に、リーガルリスクマネジメント（LRM）の実践として、国のグレーゾーン解消制度等を活用した、医師法違反のリーガルリスク評価・提言の手法を検討する。

⑴　設例

> 事業部より、利用者に対し睡眠環境改善アドバイスや商品提案を行うサービスを実施したいとの要望があった。話をよく聞いてみると、コンサルティングシート等を用いたセルフチェックもサービス内容に含まれており、医師法に抵触するおそれがあるのではないかと思われた。

⑵　リーガルリスクマネジメント（LRM）の視点を欠いた対応

　医師法17条は、「医師でなければ、医業をなしてはならない。」と定めているが、それ以上の規定はない。厚労省の通達において、「医業」の意義

は、「当該行為を行うに当たり、医師の医学的判断及び技術をもってするのでなければ人体に危害を及ぼし、又は危害を及ぼすおそれのある行為（医行為）を、反復継続する意思をもって行うこと」とされている[2]。

　法務部門としては、医行為の定義が抽象的であるため、判断が難しいが、コンサルティングシートを用いたセルフチェックは、医行為である診断・問診に当たる可能性を100％は排除できないため、事業を実施するべきではないと事業部にアドバイスを行い、事業部はその事業を諦めてしまった。

(3)　リーガルリスクマネジメント（LRM）に準拠した対応

(ⅰ)　リーガルリスクのアセスメント

　上述のとおり、リーガルリスクマネジメント（LRM）はリーガルリスクの特定、分析、評価及び対応から構成されている。

　まず、本サービスが医師法に抵触するおそれがあると判断ができている時点で、リーガルリスクの特定がなされているといえる。

　次に、特定されたリーガルリスクの分析を行う。この分析は、リスクの「起こりやすさ」と「結果」という観点から行われる。リスクの起こりやすさについては、上述のとおり、「医行為」の定義が抽象的であるため、必ずしも本サービスが医行為に当たるとも当たらないとも不明であるため、リスクの起こりやすさは「中程度」といえる。一方、仮に本サービスが医行為に当たるとされた場合には、医師法違反となり、3年以下の懲役若しくは100万円以下の罰金（又はこれを併科）の刑事罰を科されるおそれがあること（医師法31条1項1号）、法律違反のサービスを行ったことによるレピュテーションの低下は著しいものと考えられることから、リスクの結果は「高程度」といえる。

　したがって、リーガルリスクの評価は、リスクの起こりやすさ「中程度」×リスクの結果「高程度」により、本サービスのリスクは優先順位の高いリスクといえ、何らかの対応が必要になる。

2）2005年7月26日厚生労働省医政局長通知（医政発第0726005号）。

（ii）　リーガルリスクの対応

　この点、本サービスのリスクは、「医行為」の定義が抽象的であるために発生している問題であるため、「医行為」の概念がクリアにされ、仮にリスクの起こりやすさが「低程度」となるならば、残留リスクは優先順位の低い、許容できるリスクになると考えられる。

　そこで、活用可能なのが、グレーゾーン解消制度である。グレーゾーン解消制度とは、事業者が現行の規制の適用範囲が不明確な場合においても、安心して新事業活動を行い得るよう、具体的な事業計画に即して、あらかじめ規制の適用の有無を確認できる制度である[3]。

　本件の場合は、本サービスが医師法に抵触するかを照会することができる。

　照会の結果、本サービスは医行為に該当しないことが明らかにされた場合、リスクの起こりやすさが「ほぼゼロ」になったということができる。さらに、リスクの結果については、一度グレーゾーン解消制度を利用して規制に抵触しないとの回答（いわゆるシロ回答）を得ている場合、レピュテーションの低下を一定程度食い止めることができ、リスクの結果は「中程度」となると考えられる[4]。そのため、残留リスクは、リスクの起こりやすさ「ほぼゼロ」×リスクの結果「中程度」となり、優先順位の低い、許容できるリスクになると考えられる。

（4）　小括

　このようにリーガルリスクの特定を行った結果、法令違反のおそれあり

---

3 ）経済産業省「プロジェクト型『規制のサンドボックス』・新事業特例制度・グレーゾーン解消制度」https://www.meti.go.jp/policy/jigyou_saisei/kyousouryoku_kyouka/shinjigyo-kaitakuseidosuishin/（2021年 3 月 1 日最終閲覧）

4 ）なお、仮に、グレーゾーン解消制度を利用したとしても、本サービスが違法であった場合、その違法性がなくなるわけではない。事業者に対する回答書では、「本回答は、確認を求める対象となる法令（条項）を所管する立場から、照会者から提示された事実のみを前提として、現時点における見解を示したものであり、もとより、捜査機関の判断や罰則の適用を含めた司法判断を拘束するものではない。」との文言が付されている。

と結論が出たとしても、冷静にリスクを分析・評価し、リーガルリスクを軽減するための対応を考えていくことが重要である。リスクを軽減するための対応の一つとして、グレーゾーン解消制度は有効な制度である。

6　リーガルリスクマネジメントに準拠した対応例2
（外部法律事務所を活用した薬機法対応）

　ここでは、架空の事例を題材に、リーガルリスクマネジメント（LRM）の手法を用いて、外部法律事務所を活用し、どのように事業価値を高めるより深い法的助言を引き出すかを検討する。

(1)　設例

> 株式会社Aは、昨今の新型コロナウイルスの流行によって、ヘルスケアが国民の関心事であることに鑑み、免疫力を向上させる健康食品○○○（以下「本商品」という。）の販売を検討している。現在、Aは本商品のパッケージ（包装）を作成するにあたり、キャッチコピーを「免疫力向上」（以下「本コピー」という。）とすることを考えている。本コピーについて弁護士の元に相談があった。

(2)　リーガルリスクマネジメント（LRM）の視点

　例えば、「薬機法に違反するおそれがあるので本コピーは使うことができない。」といった回答は、違反が生じた場合のリスクのインパクトがどの程度あるのか、そのリスクが顕在する可能性があるのか、本コピーを使用できないとしても、どのような変更をすればクライアントに対して表示できるコピーとなるのかといった点が不明であり、企業にとっては役に立たない助言である。他方で、リーガルリスクマネジメント（LRM）に準拠した対応としては下記のとおりとなる。

図表 3　各法令違反及び違反に付随するリスク表

法令	違反行為	法令違反のリスク	法令違反付随リスク
薬機法	未承認医薬品の広告（68条）	①指導 ②中止命令（72条の 5 ） ③罰則（85条 5 号、90条）	①商品回収・在庫廃棄 ②小売・卸業者からの返品要求 ③小売・卸業者との取引停止による売上低下 ④消費者からの返金要求 ⑤レピュテーション毀損
景表法	優良誤認表示（ 5 条 1 号）	④指導 ⑤措置命令（ 7 条 1 項・ 2 項） ⑥課徴金納付命令（ 8 条 1 項・ 3 項）	
消費者安全法	虚偽・誇大広告（ 2 条 5 項 3 号）	⑦公表（38条 1 項）[5]	

(3)　リーガルリスクマネジメント（LRM）に準拠した対応

(ⅰ)　リーガルリスクの特定

　本コピーを使用するにあたり問題となる法令は、主に薬機法の未承認医薬品の広告規制、景品表示法（以下「景表法」と言う。）の優良誤認表示と消費者安全法の虚偽・誇大広告規制や特定商取引法の誇大広告等である。当該法令違反のリスクとその違反により付随的に発生する可能性があるリスクは上記**図表 3** のとおりである。

(ⅱ)　リーガルリスクの分析

　上記各法令の違反行為類型を大別すると、(a) 不当・誇大表示（景表法・消費者安全法等）、(b) 未承認医薬品の広告（薬機法）である。(a) は本コピーの効果を裏付ける合理的根拠資料の有無が、(b) は本商品の「医薬品」該当性が問題となる。

(ア)　不当・誇大表示のリスク分析

　景表法の不実証広告規制（同法 7 条 2 項）における合理的根拠資料[6]があれば、消費者安全法の誇大広告等にも通常該当しないものと考えられる。

---

　5 ）最近の虚偽・誇大広告による公表事例としては、消費者庁「虚偽・誇大なアフィリエイト広告に関する注意喚起」（2021年 3 月 1 日）参照。

本件では、免疫力向上に係る資料として何があるのか、ヒト実験の有無、本商品（最終商品）の実験結果の有無、実験方法にバイアスがなく、かつ、n数は統計学的にも有意な方法か、成分に係る効能効果の論文の有無、実証された資料の範囲内で表示しているかなどがAへの確認事項となる。

　当該確認の結果、合理的根拠資料があるのであれば、本コピーは不当・誇大表示に該当しない。不当・誇大表示に係る法令違反のリスクそれ自体のインパクトは**図表3**法令違反リスク④から⑦のとおり重いものであるが、不当・誇大表示に該当しない以上、当該リーガルリスクは発生しない。

⑷　未承認医薬品の広告のリスク分析

　他方で、本コピーは、未承認医薬品の広告との関係では問題がある。

　すなわち、薬機法の「医薬品」に該当するか否かは、「通常人が医薬品としての目的を有するものであると認識するかどうかにより判断する」ところ、当該判断にあたっては、「成分本質……、形状……及びその物に表示された使用目的・効能効果・用法用量並びに販売方法、販売の際の演述等を総合的に判断」するとされる[7]。

　そして、「身体の組織機能の一般的増強、増進を主たる目的とする効能効果」は、医薬品的な効能効果を標榜したものとみなされる[8]。この点、本コピーにおける「免疫力向上」は、「身体の組織機能の一般的増強」の効能効果に該当する。したがって、本商品は、本コピーを用いると「医薬品」に該当し、本コピーが未承認医薬品の「広告」に該当すると考えられる。

　この場合の最も重いリーガルリスクは罰則である。当該罰則は画餅ではなく多くの執行例がある[9]。また、未承認医薬品の広告に当たるとして当局から指導されるリスクも十分あり得る。加えて、中止命令が発出される

6）合理的根拠資料の要件は消費者庁「不当景品類及び不当表示防止法第7条第2項の運用指針」第3参照。

7）厚生省薬務局長通知「無承認無許可医薬品の指導取締りについて」（昭和46年薬発第476号）の別紙参照。

8）前掲注10・別紙Ⅱ2（二）。

例は少ないが、2019年薬機法改正により、未承認医薬品等の広告規制に違反した場合に措置命令を課す制度が導入されたため、当該改正法施行後における「広告」に関し措置命令を出され得るリーガルリスクも見過ごせない[10]。

　上記の法令違反のリスクのほかにも、薬機法の刑事上・行政上の措置が執られた場合、本コピーの包装が使えず、商品回収や在庫廃棄をする必要があるし、小売・卸業者からの返品要求に加え、取引停止がなされて売上が減少することもある。そして、消費者からの返金要求がなされることもあり得る。以上から、本コピーを用いた場合のリーガルリスクは、インパクトが大きく、かつ、その顕在可能性も高いことがわかる。

(ⅲ)　リーガルリスクの評価・代替案の策定

　(ⅱ)(イ)のとおり、本コピーはリーガルリスクが高いので採用できない。このため、代替案を策定する必要がある。

(ア)　本コピーを変更する代替案

　ⅰ　「免疫力向上」を暗示する方法：例えば、コロナウイルス風の絵と共に「世界的流行の悪者に負けない身体作り」という表示など、「免疫力向上」を暗示する方法がある。しかし、この方法は採り得ない。なぜなら、「医薬品的な効能効果の暗示」も医薬品的な効能効果の標榜に当たり[11]、(ⅱ)(イ)のリスクを低減するものではないからである。

　ⅱ　「免疫力の維持」に変更する代替案：「免疫力の維持」であれば、「身体の組織機能の一般的増強」には当たらず、医薬品的な効能効果を標榜したとみなされず、通常、「医薬品」該当性を回避できる。しかし、「免

　9）例えば、昨年 7 月、健康食品通販会社が、医薬品として承認されていない健康食品に関し、肝臓疾患の予防に効果があるかのように宣伝したとして、当該会社の社員と広告代理店 2 社の役職員らが薬機法68条違反の疑いで逮捕されている。

　10）現行の中止命令が措置命令に変更される。改正法の施行日は2021年 8 月 1 日である。

　11）前掲注10・別紙Ⅱ 2 （三）。

疫力の維持」は、特定の保健の用途に適する旨の表示である。この点、特定保健用食品（トクホ）や機能性表示食品などでない限り、特定の保健の用途に適する旨の表示をすることができない（食品表示基準9条1項10号）。したがって、当該代替案は採れない。

　　ⅲ　効能効果を標榜しないイメージ広告：本商品について、具体的な効能効果を標榜せずに、例えば、女優が元気に運動している様子等を描いたイメージ広告などを作る方法があり得る。この場合には薬機法のリーガルリスクを払拭できるが、ユーザーに対する訴求力は下がるため、事業目的を達成できないという問題が生ずるおそれがある。この場合、当該方法を採用した際の売上予測等を行い、当該方法の採否を決することになる。

(イ)　保健機能食品制度の活用

　本商品に関して効能効果を標榜する方法として、トクホや機能性表示食品制度を活用することが考えられる。これらの制度は、「免疫力の維持」などの特定の保健の用途に適する旨の表示ができるためである。

　この点、トクホは消費者庁長官の許可が必要であるが（健康増進法43条1項）、機能性表示食品は消費者庁長官への届出で足りる（食品表示基準2条1項10号）。このため、手続費用（金・時間）は機能性表示食品の方が安価である。ただし、機能性表示食品の認知度の低さや義務付け表示事項が多いことなどから、認知度の高いトクホの方がマーケティング施策上有意であるという事業判断もあり得る。このような事情などを踏まえ、費用便益の計算を行い、トクホと機能性表示食品のいずれの制度を利用するか否かなどを決することになる。

(4)　小括

　(3)で述べたとおり、リーガルリスクマネジメント（LRM）を用い、かつ、専門性を有する外部弁護士に相談することにより、現在検討中の事業活動のリスク特定・分析を実践的に行える。

　そして、外部弁護士がリスクの評価や代替案策定を行うにあたっては、クライアント側の事情、例えば、a）事業目的とリーガルリスクとの費用

便益の計算、b）リーガルリスクの許容度、c）リスクマネジメントに要する費用、d）リーガルリスクの移転（例：契約相手への移転や保険の活用）の可否などといった事情も加味して実施するものであるので、この事情も外部弁護士にインプットすることにより、有益なリスク評価や代替案を引き出せることが増えるものと考えられる。

7　おわりに

　以上のとおり、リーガルリスクマネジメント（LRM）の出発点となる情報を整理し、その具体的な活用方法を、2つの事例検討を用いて提案した。本稿で提案したリーガルリスクマネジメント（LRM）の一例ではあるが、本稿が多くの組織内弁護士を含む弁護士や法律家、さらには法務部門の役に立てば冥利に尽きる。

〈研究のための参考文献：2020年〜2021年〉
1．岩間郁乃「起こりやすさ　結果を図式で解説──リーガルリスクマトリクスの概要と具体的な活用方法」ビジネス法務2021年6月号17-20頁
2．江島文孝「リーガルリスクマネジメントの仕組みづくりと法務部門の役割」ビジネス法務2021年6月号33-37頁
3．岡本裕＝渡部友一郎「特集　経済安全保障を巡るリスクマネジメント：米中関係緊迫化の時代における安全保障に関わるリーガルリスクマネジメントの強化──2020年5月発行のISO31022の基本的解説」CISTECジャーナル2020年11月号（2020年）51-59頁
4．木内潤三郎「リーガルリスク登録簿の作成・管理と活用のポイント」ビジネス法務2021年6月号21-24頁
5．染谷隆明「リーガルリスク評価・対応の思考回路」ビジネス法務2021年6月号25-29頁
6．矢野敏樹「リスクマネジメントのためのコミュニケーション法──ステークホルダーごとの留意事項を整理」ビジネス法務2021年6月号30-32頁

7．渡部友一郎＝岩間郁乃＝染谷隆明「国際規格 ISO31022誕生と経営法務の展望」ジュリスト1550号（2020年）94-95頁

8．渡部友一郎「リーガルリスクマネジメントの先行研究と新潮流──5x5のリスク分析ツールから ISO31022の未来まで」国際商事法務48巻6号（2020年）794-798頁

9．渡部友一郎「イノベーションを支える Airbnb 法務のリーガルリスクマネジメント」会社法務 A2Z163号（2020年）48-53頁

10．渡部友一郎「国際規格 ISO31022（リーガルリスクマネジメント）の今後の展望」経営法友会レポート565号（2021年）12-13頁

11．渡部友一郎「リーガルリスクマネジメント実践の見取り図──ISO31022の枠組みとリーガルリスクの4段階コアプロセス」ビジネス法務2021年6月号12-16頁

12．渡部友一郎「新しい国際規格 ISO31022（リーガルリスクマネジメント）の解説」自由と正義72巻5号（2021年）57-63頁

13．渡部友一郎「新時代のリーガルリスクマネジメント学(1)　リーガルリスクマネジメントの必要性」月刊登記情報61巻1号（2021年）6-9頁

14．渡部友一郎「新時代のリーガルリスクマネジメント学(2)　リーガルリスクマネジメントの歴史と先行研究」月刊登記情報61巻2号（2021年）4-8頁

15．渡部友一郎「新時代のリーガルリスクマネジメント学(3)　リーガルリスクマネジメントと ISO31000(上)」月刊登記情報61巻3号（2021年）4-8頁

16．渡部友一郎「新時代のリーガルリスクマネジメント学(4)　リーガルリスクマネジメントと ISO31000(中)」月刊登記情報61巻4号（2021年）30-33頁

17．渡部友一郎「新時代のリーガルリスクマネジメント学(5)　リーガルリスクマネジメントと ISO31000(下)」月刊登記情報61巻5号（2021年）24-28頁

18．渡部友一郎＝玉虫香里＝福島惇央「法令解釈が未確立の場合におけるリスクテイクと取締役責任──無過失の評価根拠事実としての

ISO31022（リーガルリスクマネジメント）の運用」国際商事法務49巻 5 号（2021年）631-636頁

19.　渡部友一郎「新時代のリーガルリスクマネジメント学(6)　リーガルリスクマトリクス（上）」月刊登記情報61巻 6 号（2021年）21-25頁

20.　渡部友一郎「速習キャッチアップ電子署名法」月刊登記情報61巻 7 号（2021）19-33頁［事業者型電子署名に係るリーガルリスクを LRM を用いて具体的に分析した論説］

21.　渡部友一郎「新時代のリーガルリスクマネジメント学(7)　リーガルリスクマトリクス（中）」月刊登記情報61巻 8 号（2021年） 1 - 5 頁

第6章

リーガルオペレーションズ
（Legal Operations）

鈴木 卓・齋藤国雄・吹野加奈

1 はじめに

⑴ リーガルテックの勃興

　近年、日本でも法務の業務にAIなどのデジタル技術を応用した「リーガルテック」と呼ばれる製品が普及し始めている。特に、2019年は、リーガルテックを提供するスタートアップ企業が大型の資金調達に成功し、リーガルテックに関するニュースが経済紙でも度々取り上げられるなど、「リーガルテック元年」と呼ぶにふさわしい年であった。

　2020年及び2021年も、引き続き、リーガルテックの勢いはとどまることはなく、むしろ、リーガルテックの活用は、日本企業にとっても、「新常態（ニューノーマル）」といえる状況になりつつある。リーガルテックの活用が、企業の法務部門の成否を左右し得るとも言い得る状況にある。

⑵ コロナと在宅勤務／リモートワーク

　リーガルテックの活用を加速させることとなったのが、新型コロナウィルスである[1]。日本でも、在宅勤務やリモートワークを導入する企業が徐々に増えて来ていたが、2020年1月から日本でも広まり始めた新型コロナウィルスに対する対応として、企業による在宅勤務の活用が強く推奨される中、多くの企業が、急遽、半ば強制的に、在宅勤務を導入する事態となった。

　今般の在宅勤務については、当初は混乱も見られたが、多くのオフィスワーカーが「やってみれば意外といける」と感じたのではないか。法務について言えば、物理的にオフィスに出社しないとできない業務はあまり想定しにくく、在宅勤務やリモートワークとの親和性が高い職種であるといえる。

　ワクチンの接種が進み集団免疫が形成されることで、コロナ禍もいずれ収束するであろう。もっとも、危機対策としてとはいえ、一度導入された在宅勤務からコロナ前のオフィス勤務に戻ることはなく、リモートワークとオフィス勤務とが併用される「ハイブリッド」の状態が、いわば「新常態（ニューノーマル）」となる[2]。リモートワークでは、個々の従業員が物理的に離れた場所にいながら、あるいは、オフィスの物理的なリソースにアクセスできない状態で、チームとして機能し、業務をこなし、法務に求められる機能を発揮していくことが求められる。そのため、否応なしにデジタル技術の活用が進むこととなる。デジタル技術を活用して自らの業務を状況に合わせて変革していくことができるかどうかが、今後の法務部門の成否を左右すると言っても過言ではない。

(3)　リーガルオペレーションズの重要性

　では、リモートワークが当たり前になる中、いかにリーガルテックを活用すれば良いか。ここで、「どの業務にどのリーガルテックを活用すれば良いか」と考えるのは危険である。テクノロジーのために業務があるのではなく、業務のためにテクノロジーがある。テクノロジー起点で（テック

---

1)　例えば、度々報道されたものとして、電子署名（e-Signature）の活用が挙げられる。半ば冗談のような真実として、日本企業では、新型コロナウィルスの感染拡大防止のために在宅勤務を導入した企業でも、契約書等への捺印のための出勤が続出した。この問題は、リーガルテックの1つである電子署名（e-Signature）の導入が1つのソリューションとなり得る。

2)　職種によっても異なると思われるが、法務のようなオフィス業務は、リモートでできることはリモートで行い、オフィスに集まってFace to Faceで行う必要のある業務は、週に（あるいは月に）何日かオフィスに行って行うといったスタイルが常態化していくのではないか。

ドリブンで）物事を考えると、法務部門の業務変革は失敗する。

　ここで重要なのは、法務部門のオペレーションの見直しである。まず、法務部門の現状のオペレーションを棚卸し、どのような業務が、誰により、何のために、どのようなプロセスで、どのようなツールを使って、行われているのかを再度整理してみる。この過程で、「そもそもこの業務は必要か」という疑問が生じることや、現在では不要なプロセスが慣例で残ってしまっていることに気づくことも多い[3]。オペレーションを改善・現代化していく中で、残された課題に対する解決策（ソリューション）として、テクノロジーの活用が最適と考えられるのであれば、そこで初めてリーガルテックを含むテクノロジーを検討し、自社に最適なソリューションを導入するのが肝要である。欧米では、このような法務部門の業務変革を担う専門組織を法務部門の中に（多くは、ジェネラルカウンセル・チーフリーガルオフィサー直轄の組織として）置く企業も多く、「リーガルオペレーションズ（Legal Operations）」と呼ばれる。ビジネスでいえば、徹底的な BPR（Business Process Reengineering）をしたうえでテクノロジーを導入するという考え方とほぼ同義である。

　大げさにいえば、リーガルオペレーションズによる法務部門の業務変革におけるリーガルテックの活用は、デジタル技術による法務部門の業務変革という意味で、法務部門のデジタルトランスフォーメーション（DX）とも言い得るものである。そのため、日本企業の法務部門にとって、欧米企業のように、リーガルオペレーションズの専門組織を設置するのが正解かは別として、リーガルオペレーションズへの取組みは、避けて通ることのできない、現代の法務部門に共通する課題であると言っても過言ではない。

　本稿では、2020年5月に JILA 内に設置された「リーガルオペレーショ

　3）例えば、電子署名を導入する前に、「そもそもこの文書に署名・捺印は必要か」を問い直したい。電子署名のソリューションによっては1文書あたりいくらという課金方式を採用しているものもあることから、電子署名を利用する文書の数を削減することは、コストの面でも重要であり、捺印不要な文書にまで電子署名を使わないように注意したい。

ンズ・テクノロジーズ研究会」での議論も踏まえ、リーガルオペレーションズについて検討する[4]。

2　リーガルオペレーションズとは

(1)　定義

　リーガルオペレーションズの詳細な検討に入る前に、リーガルオペレーションズの範囲をある程度明確にする意味で、抽象的にリーガルオペレーションズを定義しておく。リーガルオペレーションズとは、法務部門が自社内のクライアント（経営陣や営業・事業部門などの他の部門）に対する機能提供をより効率的・効果的に行うことができるようにするための仕組みであるが[5]、より広義には、企業が法務能力を向上させるための一連のプロセス、活動及びリソースを意味する。欧米では、個々人の Job Description が明確であることから法務に関連する業務は Lawyer のみが行っており、リーガルオペレーションズは法務部門の変革を意味する。他方で、日本企業では、必ずしも法務部門のみが法務業務を担っているわけではないため[6]、より広義には法務部門で現在行われている業務の範囲にとらわれず、広く自社の法務能力の向上のための一連のプロセス、活動及びリソースを意味すると理解したい。

4）なお、本稿は、筆者らの所属する企業の意見を代表するものではなく、また、リーガルオペレーションズ・テクノロジーズ研究会での議論を踏まえたものであるが、意見に渡る部分は筆者ら個人の見解であり、本稿に含まれる誤りは、筆者ら個人に帰属するものである。

5）世界最大のリーガルオペレーションズの業界団体である CLOC（Corporate Legal Operations Consortium）の定義を参考にしている。具体的には、CLOC は、Legal Operations を「"Legal operations" (or legal ops) describes a set of business processes, activities, and the professionals who enable legal departments to serve their clients more effectively by applying business and technical practices to the delivery of legal services. Legal ops provides the strategic planning, financial management, project management, and technology expertise that enables legal professionals to focus on providing legal advice.」と定義している（https://cloc.org /what-is-legal-operations/）。

(2)　リーガルオペレーションズチーム

　ここで、先行する欧米の事例を参考に、リーガルオペレーションズを担うチームに求められる機能（チームの構成）を簡単に整理しておく。

　まず、当然のことながら、法務の知識・経験が必要となる。

　次に、リーガルオペレーションズの効果としてもっともわかりやすいものとして法務部門の費用削減効果があげられることからもわかるとおり、財務の知識・経験が必要となる。

　また、リーガルオペレーションズにより洗い出された課題のソリューションとして、デジタル技術の活用が一つの選択肢となることから、デジタル技術の知識・経験が必要となる。

　さらには、上記の3つの異なるバックグラウンドを持つプロフェッショナルを有機的に連携させてチームとして機能させるために、コンサルティングやプロジェクト管理の知識・経験も必要となる。

　以上のようにみてくると、リーガルオペレーションズチームは、異なる知識・経験を持つ専門家の混合チームである必要があることがわかる。実際、米国企業等のリーガルオペレーションズチームは上記の異なる専門性をもつ専門家の混合チームとして組成されていることが多い。

(3)　日本企業的アプローチ

　では、日本企業にとって、欧米で行われているように、法務部門の中に、法務担当役員や法務部長直轄の組織として、リーガルオペレーションズチームを設置するのがよいのか。専門のリーガルオペレーションズチームを設置する利点として、リーガルオペレーションズに係る業務は、プロジェクト単位のものが多くなるところ、通常の業務と兼務でこれに対応すると、どうしても日常業務に忙殺され、リーガルオペレーションズの取組みが後回しになりかねないが、専門のリーガルオペレーションズチームがあれば、

6）例えば、契約について言えば、営業／事業部門と法務部門が協働して交渉にあたるという意味で、営業／事業部門と法務部門の共同作業が必要となるものであるととらえられる。

確実にプロジェクトを進めることができる点があげられる。他方で、いきなり複数名で構成されるリーガルオペレーションズチームを設置する予算手当が難しい企業も多いのではないかと想像される。

　軽々に結論を出すべき問題ではないが、現時点では、リーガルオペレーションズの専門組織としてリーガルオペレーションズチームを設置するのが日本企業にとっての正解とは必ずしも言えない。日本企業にとってのリーガルオペレーションズは企業ごとのニーズに応じて異なるものとなり得ることはもちろんのこと、日本企業においても、「企画法務」「戦略法務」などの名称で既に存在する組織がカバーしている機能もある。また、職務範囲（Job Description）が雇用時にはっきりしている欧米企業と異なり、日本企業の法務部員は、いわゆる総合職として採用され、法務部門に限らず他の部門への異動も経験するなど、広範囲に渡り能力を発揮するジェネラリストとして育成されることが多い。そのため、既存の人的リソースでカバーできる部分も多々ある。

　他方で、日本企業の法務部門では、デジタル技術や財務の知識・経験を有するメンバーは少ないと想定される。法務部門の規模は企業により異なるが、自前でデジタル技術や財務の知識・経験を有する者を雇用することができる法務部門は少ないのではないか。そうすると、鍵となるのは、法務部門と、IT 部門や財務部門との間の連携ということになる。1 つの試案としては、（IT コミッティのような組織を有する企業においてはその下部組織として）部門横断のリーガルオペレーションズチームを組成することであるが、活動範囲・活動期間・予算等を明確化するために、個々のプロジェクトごとに部門横断のタスクフォースを組成することから始める方が現実的かもしれない。いずれにせよ、リーガルオペレーションズについては、法務部門のみで対応できる範囲は自ずと限定されるため、他部門との連携を主導し、エンゲージメントを強化できるような人材を法務部門として確保・育成することが重要となる。

3　法務部門の業務と課題——契約関連業務を例に

　上記2では、リーガルオペレーションズについて、大きな視点から議論したが、本項では、もう少し具体的に、どの企業の法務部門でも何らかの形で行っていると想定される契約関連業務を題材に、日本企業における課題（ペインポイント）（と筆者らが現時点で考えているもの）の整理を試みる[7]。

　契約関連業務とひと口に言っても、その内容は多岐に渡る。大きく分けても、①ビジネスの内容など、契約の背景として知っておくべき事情のヒアリング、②ファーストドラフトの作成、③契約のレビュー・交渉に分かれる。また、企業によっては、④契約締結や⑤締結後の契約の保存・管理も法務部門の業務とされている企業もあるのではないか。以下では、それぞれの業務について、課題を簡単に整理する。

(1)　ヒアリング

　例えば、「他社と新規ビジネスを検討するために機密保持契約を締結したい、ついては、相手方の機密保持契約のひな型を入手したのでレビューして欲しい」という依頼を受けることは法務部員としてままあると思われるが、その際、他の情報が一切提供されないということも多いのではないか。自社が情報を提供する側かそれとも受け取る側か、どのような情報を交換し、個々の情報の機密性はどの程度高いのか（「営業秘密」に該当する情報は含まれるのか）、自社グループの他の企業など機密情報を共有したい相手はいるのか、など、法務部員として聞いておく必要のある事情を依頼がある度に毎回問い合わせているのが現状ではないか。少し抽象化して言えば、法務部門が契約関連業務を行うにあたって必要となる情報セットが明確になっていないことから、契約関連業務の依頼時に必要な情報が提供されず、不要なやり取り（無駄な仕事）が生じているという課題があるよ

7）なお、紙面の都合上、本項で触れるすべての課題について、その解決策を本稿内で議論できているわけではない点はご容赦いただきたい。

うに思われる。

　また、依頼を受け付けるにあたり、メール、電話、チャット等複数のツールを利用している場合は、契約にまつわる情報が一元的に管理されていないなど、ヒアリングした情報についても、一元的に管理されず属人的に管理されるおそれがある。その結果、例えば担当者が途中で交代になったときに円滑に引継ぎがなされないという課題もあるのではないだろうか。

(2)　ファーストドラフト

　契約関連業務で最も時間がかかるのが、ファーストドラフトの作成である。ファーストドラフトの作成は、ひな型をベースに作成する方法と、過去の類似取引の契約をベースに作成する方法と、大きく分けて2つの方法がある。

　自社のひな型が整備されている契約であれば、ひな型を利用することになると思われるが、例えば、M&Aで使用される株式売買契約など、複雑な契約までひな型が用意されている企業は少ないのではないか。ひな型が整備されていない契約の場合は、ベースとして利用できる過去の契約を探すことになるが、検索可能な範囲（ファイル名、ファイル内、メタデータなど）によっては、ベースとして利用できる過去の契約を探す作業に時間を要することもままある。また、ベースとした契約に特殊な条項が含まれていた場合、その背景を確認する必要があるが、誰が作成したものかわからないこともままある。逆に、当該案件に特有の条項を挿入する必要があり過去の契約を参考にしたいとき、特定の条項を見たいだけであっても、条項単位では検索できず、当該条項が含まれていそうな契約を検索し、1つひとつファイルを開いて目的の条項を再度検索して、という作業を繰り返す必要がある場合もある。

　他方で、自社のひな型が整備されている契約は比較的シンプルな契約であることが多いと思われるが、必要情報を営業部門に確認したり、Wordファイル上で必要情報を入力する作業は、単純で法務としての専門性が活きるわけではない業務ではあるが、ある程度時間がかかる。特に機密保持契約やシンプルな売買契約は数も多い。シンプルな契約であるからといっ

て、法務部門としてないがしろにすることはできないため、付加価値が高いわけではない業務に法務部門のリソースをある程度割くこととなる。

(3)　契約レビュー

　契約レビューも多くの法務部員が時間をかけている業務であると思われる。契約のレビューの仕方は個人により自分なりの「型」があるものと思われるが、成果物としてのレビュー結果は概ね同じイメージとなると想定される。すなわち、契約本文の変更（Word の変更履歴付）及び変更した理由の説明・コメントから構成される Word ファイルである。

　契約レビューにも、いくつか課題が見受けられる。

　まず、情報が散在してしまう点が課題である。多くの企業では、契約ドラフト（Word ファイル）を社内でもメール添付でやり取りしていると想定されるが、この方法によると、メール本文、Word ファイル内の本文、Word ファイルのコメント機能、など複数個所でコミュニケーションが発生し、情報が散在することとなる。そのため、事後的に契約締結に至った経緯を検証したいときに、情報が 1 か所にまとまっておらず、また、メールは本人しかアクセスできないことも多く、契約締結に至った経緯を十分に検証できないこともままある。また、契約締結に至る過程における議論には、法務の知見が詰まっているが、かかる知見を再利用することも難しくなる。伝統的な日本企業のように、頻繁に異動がある組織では、引継時に関連情報を引き継ぐのにも手間がかかるという課題もある。これらの課題を解決するために、Word ファイルやメール等の情報を 1 か所に保存するルールを策定し、これを厳格に運用すると、今度は、かかる情報の保存・整理という新たな業務が発生するという別の課題が生じる。各自が自然体で業務を遂行しながら、文書及び関連するコミュニケーションが一箇所に集約される仕組みが望ましい。

　次に、バージョン管理に課題がある。メールに添付する方法でファイルをやり取りすると、自ずと複数のコピーが出来上がる。各自がそれぞれのコピーを自らのデバイスにダウンロードすると、さらに複数のコピーが出来上がる。これらのコピーを各自がそれぞれ並行して編集し、また、メー

ル添付の方法でやり取りすると、さらにコピーが増え、だんだんとどのファイルが最新版であるかを管理するのが難しくなる。経験のある方も多いと思われるが、自分なりにバージョン管理するために毎回ファイル名を変更すると、あっという間に多数のファイルがフォルダ内に作成されてしまう。契約交渉中は、作成した本人であれば管理も可能であると思われるが、事後的に振り返る場合や、案件を途中で引き継ぐ場合は、適切に管理することが難しくなる。案件を引き継いでフォルダをみたら同じ契約のバージョン違いの多数のファイルを見てうんざりした経験をもつ方もいるのではないか。

　また、セキュリティ面での課題もある。メールに添付する方法でファイルをやり取りすると、簡単に他者に転送できてしまう。同様に、誤送信のリスクもある。ファイルにパスワードをかけることもできるが、パスワードの管理に手間がかかるし、パスワードのかかったファイルは事後的な利活用が難しいという別の課題も生じさせる。

(4)　契約締結

　日本では、紙に署名・捺印された契約に与えられる推定効も念頭に置き、当事者の数分の契約原本を製本して各当事者がもち回りで署名・捺印するか、すべての当事者から署名頁を回収し、当事者の数分の契約原本を製本するか、のいずれかの方法で、要するに、紙で契約を締結している企業もまだまだ多いのではないか。

　この方法は、（契約当事者が複数国に跨っている場合は特に）契約締結に時間がかかるうえ、署名・捺印権限者が出張や休暇で不在となる場合は、契約締結作業が滞るという課題があるし、紙の契約をやり取りするコストの課題もある。また、紙の契約の場合は、印紙代が発生するのか否か、発生する場合にいずれが印紙代を負担するのかといった点について、法務部門が事業部から問い合わせを受ける工数が生じている。さらに、新型コロナウィルスに伴う在宅勤務が広がる中で、署名・捺印のための出社が従業員を感染リスクにさらしているとして、見直す動きが大きくなっている。

(5)　締結後の契約管理

　現状、法務部門のリソースは、契約レビューに多くを割かれているものの、契約締結後の履行状況の監視やモニタリングには割かれていない。しかしながら、契約は締結して終わりではなく、むしろ締結されてからが始まりである。

　すなわち、契約期間が満了して失効していないか、不要になった契約が自動更新条項に基づき更新されていないかといった点はもちろん、契約レビューで自社に有利な条項を勝ち取ったのであれば、契約締結後、取引先が契約上の義務を適切に履行しているかを確認する必要がある。あるいは、契約レビュー時において、営業部／事業部に対して自社の負う義務の内容を説明したとしても、締結後、営業部／事業部においてそれらの義務を確実に履行するとは限らない。契約上のリスクを確実かつ適切に管理するためには、契約締結後も継続して履行状況を確認する必要がある。このような業務を怠った場合、例えば、近年規制が強化されている個人情報の取扱いについては、契約上の義務を適切に履行できているのかを監視・モニタリングしていなければ、個人情報保護法上のコンプライアンス違反として社会的にも非難される事態にもなりかねない。

　もっとも、現実には、多くの企業で、契約は締結されればファイリングされ、何か問題が起きない限りは参照されず、法務部門も営業／事業部門から相談がない限りは締結後の契約の管理には関与しないのではないか。これは、契約は、全てのビジネスの基礎ではあるものの、契約内容とビジネスとが有機的に連携されていないことによるものと思われる。つまり、契約自体は、紛争になった際に意図した結果が得られるように、また、そもそも紛争に至らず解決できるように、法的観点から誰が読んでも同じ結論が導かれるように作成されるべきものであるが、ビジネスを進めるうえで必要な情報は契約に書かれているものよりもずっと限定的で、かつ、異なる表現（営業／事業部門が活用しやすい形）で提供される必要がある。換言すれば、これまでの契約実務では、契約締結時において、契約からビジネスで必要なデータや情報が抽出されていなかったのである。

　この点をさらに掘り下げると、企業の財務数値は、個々の契約に基づく、

個々の取引の総和であるから、本来的には、どの契約をどう変更すると、企業の財務数値がどう変化するかがたどれるはずである。つまり、年度や中期の事業計画を策定する際に、本来的には、個々の契約までブレークダウンした計画が策定できるはずである。このように、個々の契約までブレークダウンした計画が策定されれば、営業部門の個々の担当者がすべきことが明確になり、より生産性の高い営業活動を期待することができるようになる（はずである）。もっとも、少なくとも筆者らが知る限り、既存の契約をプロアクティブに営業活動に利用している例は日本ではあまり見られない。

4　リーガルオペレーションズのアプローチ

　上記3で、契約関連業務を題材に、日本企業の法務部門の業務と課題について概観したが、ここでは、契約関連業務のファーストドラフトを題材に、リーガルオペレーションズのアプローチについてもう少し掘り下げて検討してみたい。ファーストドラフトに係る課題を再掲すると、①自社ひな型が整備されていない契約類型について、ドラフトのベースとなる過去のサンプルを探すのに手間がかかること、②自社ひな形が整備されているにもかかわらず、ファーストドラフトを用意するのに法務部門の工数が発生してしまうこと、であった。それぞれについて以下検討のプロセスを議論する。

(1)　業務の棚卸し

　①及び②を議論する前提として、まずは、a.自社の締結する契約としてどのような類型の契約がどの程度の数あるか、b.そのうち、どの類型の契約について自社ひな型が用意されているか、c.自社ひな型はどのように利用されているか、d.自社ひな型がある契約、ない契約、それぞれについての業務フロー、の棚卸しが必要である。

(2)　オペレーションの見直し

　次に、上記(1)を踏まえ、以下の点を検討する。

　①については、a.費用対効果も踏まえた自社ひな型のさらなる整備のための仕組、b.自社ひな型が整備されていない契約類型について、過去の有益なサンプルの収集・整理のための仕組、c.ファイル名のネーミングルールなど、検索性を上げるための仕組、d.検索システムの強化があげられるが、たとえば、a.を採用する場合、ひな型を整備するかどうかの基準を明確に設けた上で、優先順位を付けてニーズの高いものから順次ひな型を整備するとともに、整備済みのひな型についても、定期的に最新法令・判例やトレンドを反映したものとなっているか見直す、という一連の作業を業務の一部として位置付ける仕組上の工夫が不可欠である（契約ひな型について、PDCAサイクルを回すイメージである）。個々の従業員の自主性に任せたのでは整備は進まないのはもちろんのこと、単発のひな型作成プロジェクトを繰り返すだけでは、ひな型を整備して自社の法務能力を向上するという業務が定常業務と位置づけられず、十分な効果を発揮しない。ここで重要なことは、誰でも、同じ水準の業務が、効率的・効果的に行うことができるようにする標準化・スタンダード化の発想である。敢えて一般化してしまえば、米国企業はスタンダード化に長けているが、日本企業は必ずしもそうではない。文化的な背景や法制度的な背景の相違を反映したものと思われるが、米国企業では、誰でもできるようにスタンダード化されている業務でも、日本企業では個々の担当者や課・チームごとに細かいやり方の相違が残っているという例も多い。また、比較的均質性の高い社会であるが故に、暗黙の書かれざるルール・業務の仕方も多い。米国企業では、極端な例では、Playbookを整備するなどできる限りスタンダード化したうえで、人件費の安い国に英語が堪能なパラリーガルを雇用し、定常業務はパラリーガルがこなしたうえで、Playbookの範疇を超える部分は米国にいる弁護士にエスカレーションする、といった運用を採用している企業もある。こうしたスタンダード化の巧拙は、AIの時代にはさらに大きな差を生む。上記のとおり、既にスタンダード化され、誰でも同じ水準の業務ができるようになっている業務については、AIの発展に応じ、順

次AIによる作業に置き換えていくことも可能であるが、業務のスタンダード化が進んでいなければ、AI活用の前に、まずはスタンダード化から始める必要がある。当然、この差は、AI活用のスピードに直結する。

②については、契約関連業務のうち、ファーストドラフトの作成という業務の位置づけそのものの見直しが不可欠である。近時のトレンドとしては、営業／事業部門が自らできることを増やす（英語では、Self-helpと表現する。）ことで、法務部門のリソースをより付加価値の高い業務に集中させるという流れがある[8]。営業／事業部門が自らできることを増やすためにできることとしては、a.ひな型を活用するためのマニュアルの作成、b.ひな型を活用するためのトレーニングの実施、c.ひな型そのものを利用しやすくするリーガルテックの導入、といった対応が考えられるところである。

(3)　リーガルテックの活用

オペレーションの見直しを行ったうえで、なお残る課題のソリューションとして、リーガルテックの活用が検討に値する。たとえば、営業／事業部門が自らできることを増やすという観点から、自社ひな型を利用しやすくするために、自社ひな型を使ってファーストドラフトを作成する際に必要となる情報をリストアップしたユーザーインターフェース（UI）を用意し、ユーザーが入力した情報を自社ひな型の関連する箇所に自動的に補充するリーガルテックを活用することが考えられる[9]。そうすることで、営業／事業部門がより容易に一定の類型の契約のファーストドラフトを自ら

8）なお、このような変革を進めるためには、「契約は法務」という社内の意識の変革が必要である。自らの専門領域を一部「手放し」より付加価値の高い業務を探す法務部門側の覚悟も必要であるし、契約を自らの問題として、法務部門に任せきりにするのではなく、自らできることはするという営業／事業部門側の意識変革も必要である。

9）なお、契約に補充すべき情報だけでなく、背景となる取引の内容など、法務部門として当該契約の交渉に関与する際に知っておくべき情報も、営業部門がファーストドラフトを作成する際にシステム上インプットする仕様にしておけば、法務部門によるヒアリング業務の課題も解決することができる。

作成できるようになり（また、営業・事業部門がファーストドラフトを作成
したとしても、一定のクオリティが保たれ）、法務部門はより付加価値の高い
業務に時間を割り当てることができるようになる。

5　テクノロジーロードマップ

　最適なオペレーションは自社や自社の法務部門の規模、その時々の社会
情勢によっても異なるし、変化が激しい時代であることから、一度導入し
たリーガルテックが陳腐化するスピードも速い。そのため、リーガルオペ
レーションズにおいては、不断のオペレーション見直しが不可欠であり、
リーガルオペレーションズの取組は、単発のプロジェクトやタスクフォー
スで終わらせることなく、継続的な取組と位置づける必要がある。

　継続的にリーガルオペレーションズに取り組んでいく中で重要となるの
は、3年程度の期間の中期的な期間を念頭に置いたテクノロジーロードマ
ップの作成である。自社のリーガルオペレーションズの取組の中で把握さ
れた個々の課題について、デジタル技術・リーガルテックによる解決を図
る場合、現在のシステムの棚卸し、システム更新の時期の把握、システム
更新に合わせた新規システムの導入可否の検討、そのための予算手当など
を、既存システム、更新時に刷新するシステム、予算手当済のプロジェク
ト、将来的な課題として検討中のプロジェクトで予算手当未了のもの、な
どに色分けして、ロードマップとして整理しておくと、全体的なリーガル
オペレーションズの取り組みの中におけるリーガルテックの位置づけや、
個々のリーガルテックに係るプロジェクトの進捗状況がビジュアル化され
て一見して把握できるようになる。

　まずは、特定の領域（成果がわかりやすくみえる契約関連業務）からロー
ドマップづくりを始め、そこに徐々に他のプロジェクトも追加していくよ
うなアプローチをとると、比較的負担感なく進められると思われる。

6　法務部門の機能——特に価値創造機能に焦点をあてて

(1)　経産省報告書が提示した価値創造機能

　経済産業省は、2018年4月に「国際競争力強化に向けた日本企業の法務機能の在り方研究会報告書[10]」を公表し、法務の機能をパートナー機能とガーディアン機能に整理するとともに、その続編である「国際競争力強化に向けた日本企業の法務機能の在り方研究会報告書〜令和時代に必要な法務機能・法務人材とは〜[11]」（2019年11月）において、法務の第三の機能として、価値創造機能という新しい機能を提示した。

　本稿は、上記の経産省報告書の内容を子細に検討するものではないが、価値創造という観点から、契約のライフサイクル管理（CLM）を題材に、リーガルオペレーションズ及びリーガルテックの可能性を簡単に示しておきたい。今後、日本企業において、リーガルオペレーションズの取組が進み、リーガルテックを積極的に活用することで、法務部門が価値創造に貢献する事例が増えていくことを期待する。

(2)　法務部門による価値創造——CLM を題材に

　CLM とは、①ファーストドラフトの作成⇒②レビュー・交渉⇒③締結⇒④締結後の管理という契約のライフサイクル全体をデジタル化する取組である。一般論としては、これらの契約のライフサイクルに係るワークフローを標準化し、これをデジタル化することで、契約のライフサイクル全体が流れるように円滑化されることとなる[12]。かかる CLM の持つ意味を検討すると、企業によってオペレーションが異なると思われるが、法務部門は主に①及び②のプロセスに密に関与し、③及び④のプロセスへの関与は限定的という企業も多いのではないか。また、①及び②のプロセスも、

10）https://www.meti.go.jp/press/2018/04/20180418002/20180418002-2.pdf
11）https://www.meti.go.jp/press/2019/11/20191119002/20191119002-1.pdf
12）CLM により、上述した契約関連業務の課題全てを一気に解決する、というアプローチも考えられるところである。

法務部門のみで完結したプロセスではなく、契約主体となる営業／事業部門との共同作業となる。そのため、CLM の取組は、法務部門だけでなく、営業／事業部門など他の部門の業務変革にも寄与する取組であるということができる。誤解を恐れずにいえば、CLM というデジタル技術を使って、契約のライフサイクル全体をデジタル化することによって、法務部門にとどまらず、自社の契約関連業務全体に変革をもたらすものとして、契約のデジタルトランスフォーメーション（DX）であるといえる。

　別の角度から CLM をみると、CLM の取組みにより、契約のライフサイクルを構成する個々のプロセスからデータを取得することができるようになる。これは、契約のライフサイクルが情報資産となり得ることを意味する。これまでの契約実務では、Word ファイルで作成されプリントアウトされて捺印・署名された契約からデータを取得することは難しいし、契約締結に至る過程や契約締結後の管理の過程も、データを生み出すことを想定した仕組にはなっていない。すなわち、CLM により、契約のライフサイクル全体からデータを取得できるようになることは、企業にとって、1 つの大きな転換である。今や、多くの企業が何らかの AI 活用を考えていると思われるが、AI はデータなしには機能しないので、AI の活用を考える際にもデータは極めて重要である。契約に無縁な企業は存在しないことを考えれば、理屈のうえでは、如何なる企業であっても、CLM により一定のデータセットを取得し、経営に生かすことができるようになる（はずである。）。

　では、CLM により契約のライフサイクルからデータを取得できるようになることで、何ができるのか。様々なデータ活用が想定されるところであるが、1 つの活用場面は、営業活動への活用である。理屈のうえでは、企業の売上や営業利益は、個々の取引・個々の契約から得られる売上・利益の総和であるから、企業の事業計画を検討する際には、どの契約のどの条件をどう改善すれば事業計画上の目標を達成できるか、個々の契約ごとの目標までブレークダウンできるはずである。つまり、CLM で契約のライフサイクルからデータを取得できるようになることで、契約ごとに整理されたデータを活用し、事業計画を達成するための個々の契約の交渉戦略

を策定し、個々の営業担当者は、データに裏づけられた明確な戦略をもって、営業活動にあたることができるようになる。

　以上のように、リーガルオペレーションズ及びリーガルテックの取組は、取り組み方次第では、事業価値の創造に直接的に貢献することもできる取り組みであると考えられる。

7　おわりに──2030年の法務部門

　本稿では、日本ではまだ馴染みがないと思われるリーガルオペレーションズについて検討した[13]。少しでも、法務部門の業務の変化の兆しを感じていただけたとすれば、望外の喜びである。

　一時期、「AIでなくなる仕事、なくならない仕事」という議論が流行り、法務については、弁護士の仕事はなくならないが、パラリーガルの仕事はなくなる、という分析がなされていた。もっとも、現在では、なくなる、なくならないという単純な話ではないという理解が広まって来ているのではないか。ポイントは、「仕事がなくなる」と心配することではなく、「AIの活用が広がったら、自らの業務内容はどう変わるか」を真剣に考え、自ら業務変革を主導することである。リーガルテック元年である2019年から10年余り経った2030年においては、リーガルテックができることも相当程度増えているであろうし、人間の法務部員の業務は現在とは全く異なるものとなっている可能性もある。1つ確実なことは、現在の主要業務にこだわり、そこで必要とされるスキルを磨くことのみに集中してしまうと、2030年の法務部門に求められるスキルセットを満たせなくなる可能性が高いことである。

　もっとも、過度に心配する必要はない、というのが筆者らの個人的見解

13）なお、日本でも、2021年を「日本版リーガルオペレーションズ元年」と捉え、日本における Legal Operations の議論を深めようという動きが出てきている（日本版リーガルオペレーションズ研究会「日本版リーガルオペレーションズのすゝめ」NBL1191号 1 頁及び同「日本版リーガルオペレーションズの八つのコア」同号 4 頁参照）。

である。JILA が20周年を迎えたことが端的に示しているように、我々弁護士は、紛争解決というフィールドに安住することなく、常に新しい活躍の場を求め、企業等の組織内でも少しずつ信頼を勝ち取り、活躍の場を広げて来た。これからの10年も、リーガルオペレーションズの取り組みを梃子に、リーガルテックを活用した業務変革を自ら主導し、時代の要請に合わせて自らが変わり続けることができれば、AI やリーガルテックが我々弁護士の武器になることはあっても、我々弁護士が AI やリーガルテックに淘汰されることはない。

　筆者らとしては、JILA30周年の年に、過去10年でリーガルテックにより法務部門の業務がいかに変わったかを振り返る論文を執筆することを楽しみに、今後もリーガルオペレーションズの研究に励みたいと考えている。

特定の法分野と組織内弁護士の役割

第1章

組織内弁護士の観点による金融商品取引法における弁護士の役割及びキャリア形成の変遷史と未来展望

渋谷武宏・宗像孝純

はじめに

　日本組織内弁護士協会が設立から20年を迎え記念の書籍を刊行するにあたり、金融商品取引法研究会では金融商品取引法（以下「金商法」という）の観点から、弁護士の位置付け及び組織内弁護士の果たすべき役割を検討したい。まず第1に、弁護士の法的な位置付けに関し、金商法及び同法が委任する政令、内閣府令等に焦点をあて、かつ、「弁護士」に限定して、金商法が弁護士であることを明文の要件としている制度（特に証券事故における弁護士確認）を抽出し、補填のプロセスの透明性を確保するための重要な手段として弁護士が位置付けられている点を紹介する。金商法に関する法務の実態については、本協会監修、榊哲道編『Q&A でわかる業種別法務　証券・資産運用』（中央経済社、2020年）が詳しく、弁護士に限らず証券・資産運用業界の法務担当者が、日々の業務において直面する課題に関し実務的な解決方法や取扱いについて、合計55の問いと回答を通じて網羅的に解説しているが、本章では特に、「弁護士」に注目して組織内弁護士が果たすべき役割を検討する。

　次に第2として、この20年間で金融商品取引業者等に勤務する組織内弁護士の人数が飛躍的に増加したことや、監督官庁である金融庁・証券取引等監視委員会・財務局等、自主規制機関等に勤務する者も増加し、これらの組織間における転職等も増加傾向にある。この傾向は金商法に関する解

釈、運用にあたり民間同士及び官民の間の円滑なコミュニケーションに資するほか、弁護士個人の能力の研鑽を図る上でも非常に重要であると考える。そこで本章では、過去の20年にわたる組織内弁護士の増加の背景を検討し、いかなる業務に弁護士が従事してきたか、その主な役割を検討する。そして第3として、金商法に関しては官民の双方において多くの弁護士が活躍している特徴があるため、この間における円滑な人材交流を促進するために、現状の交流を図る手段、制度について紹介し、守秘義務や利益相反の防止などの留意点を検討し、この制度を弁護士が利用し適切にキャリアを形成し、所属する組織に貢献する上での留意点を検討する。最後に第4として、金商法の母法はアメリカの証券取引法であるが、証券取引委員会（U.S. Securities and Exchange Commission. 以下、「SEC」という）などアメリカの規制当局においては、いわゆる回転ドアと呼ばれるほど退職した職員が民間において関連する実務に従事することが多い。回転ドアの功罪については近年米国で議論が活発化しており、実証分析も行われているため、その議論を紹介することで、今後の日本での運用についての示唆を得るとともに、金商法に関連する業務に従事する日本の組織内弁護士に、自身のキャリア及び金商法の運用の将来像を考える上での示唆を検討したい。

1　金商法における弁護士の位置付け

⑴　証券事故における弁護士による確認制度

(i)　制度の背景、要件及び趣旨

　金融商品取引業者等は顧客に対する損失補填が原則的に禁止されているところ（金商法39条1項）、その例外として、法令違反行為等により顧客に損失を及ぼしたものについては適用除外とされており（同条3項）、原則として監督官庁の事前の確認を経た上で損失の全部又は一部の支払いが認められている（事故確認制度。金商法39条3項但書）。支払いの原因として金融商品取引業者等の法令違反行為等により顧客が損失を受けたことが認められる場合に、顧客に損害を賠償するのは法律上当然の行為であり、金商法39条3項に基づく事故確認手続を経ることなく違法性が阻却されるは

ずであるが、金商法は、確認手続を経ていない場合には、本来は正当な損害賠償であっても、金融商品取引業者等には損失補塡等の罪が成立しうることにし、証券事故を口実とした損失補塡の危険性を考慮し一定の手続違反について処罰の余地を認めるものとされる[1]。この事前の事故確認を要しない場合の１つとして、掲題の弁護士による確認（金融商品取引業等に関する内閣府令〔以下、「業府令」という〕119条１項８号）が規定されている。

　この適用除外の要件は、次の３要件をすべて満たす場合である。

①顧客側の代理人として「弁護士」が選任されていること[2]、
②金融商品取引業者等による支払金額が1000万円以下であること、及び、
③顧客側の弁護士が、金融商品取引業者等に法令違反行為等があることを調査し確認したことを証する書面を金融商品取引業者等に交付していること。

　要件③において弁護士による調査確認が要求された趣旨は、金融庁による2007年の制度導入時の考え方によれば、和解プロセスの透明性を確保するためとされている[3]。また要件①は、顧客側の代理人であれば足り、組織内弁護士か組織外の弁護士かを区別しておらず、証券の購入者側となる、投資運用業者等の機関投資家に所属する組織内弁護士も含まれると解される。

ⅱ　証券の販売者側の組織内弁護士の事実上の大きな役割

　証券の販売者側に属する組織内弁護士としては原因となる証券事故を発生せないことが最良であることはいうまでもないが、現実的に証券外務員

1）山口厚編著『経済刑法』（商事法務、2012年）262頁。これに対し、顧客による請求については、あらかじめ事故確認を受けていることが要件とはされておらず、正当な損害賠償の請求である限り損失補塡を受けることは許容される。
2）弁護士に加え、一定の司法書士も含まれている。
3）金融庁『コメントの概要及びコメントに対する金融庁の考え方』（2007年７月31日）408頁　項番27。

による誤認勧誘等の証券事故は起こり得る。証券事故であることを認めざるを得ない場合に、定型的な証券事故であれば金融商品取引業協会を経由する事前確認制度において確認を得られるが、法令違反行為等の内容や因果関係、損害の範囲などが非定型なケースにおいては事前確認が得られない場合もあり、他方で法令違反の原因となる事実に基づく損失金額に争いがないケースでは訴訟やあっせんによる和解では費用や解決に要する時間が過大になるため、掲題の弁護士による確認制度の選択を顧客に打診する（あるいは打診せざるを得ない）ときもある。この打診に対し、証券の購入者側に属する弁護士の懸念としては、自身が損失補填規制における法令違反行為等に関し適法に調査確認を行うことに関する責任を負えるか否かにあるといえる。仮に不適法な確認書を作成して補填が実行された場合、補填をした側と補填を受けた側の双方が、行政処分又は刑事罰に問われるおそれが生じる。そこで、販売者側に属する弁護士が必要な範囲で調査を行って報告書を提出し、当該報告書を参考に購入者側の弁護士が確認書を作成するプロセスが事実上必要になることが多いと考えられる。他方、逆のプロセスとして、顧客である購入者側が、投資に関するリスクの説明義務違反等の主張を既に行っているときには、販売者側の弁護士がその法令違反行為や損害賠償額の主張の合理性の判断に関し、購入者側の主張について調査を行う場面も多いと考えられる。

(iii)　組織内弁護士の重要な役割

ここで事実関係の調査を迅速かつ適切に行うためには、販売者側、購入者側ともに自社の業務に精通した組織内弁護士が主導的に資料収集と事実認定を行う必要性が高いといえ、それは和解プロセスの透明性を確保するため金商法が明示的に弁護士の確認書を要求した趣旨にも沿うものであるといえる。和解プロセスの透明性の確保が重要である理由をさらに検討すると、損失補填は、顧客との良好な取引関係を維持したい金融商品取引業者等と、損失を少なくしたい顧客の間で利害が一致して行われるため、真実は違法な損失補填であるのにもかかわらず、証券事故による法律上の義務を装って過大な補填が行われる可能性がある。また、損失補填規制の保

護法益は、市場の公正な価格形成機能を歪め、金融商品取引業者等の市場仲介者としての中立性及び公平性が損なわれる危険の防止にあると考えられており、社会的法益に対する罪の一種である[4]。社会的法益の侵害については、一般的に、当事者の合意では違法性が阻却されないと考えられ、社会的法益を保護するためには、弁護士法1条に基づき基本的人権を擁護し社会正義の実現を使命とする有資格者である弁護士により、法令違反行為等につき専門的能力に基づき判断するという関与があって始めて違法性が阻却されるという制度は整合的であるといえる。

　このように考えると、この適用除外が1000万円以下の補填金額に限定する理由が問題となり、2007年の適用除外の制度導入時において金融庁が示した考え方によれば、『弁護士が関与する場合であっても、無制限に適用除外することとすれば制度趣旨が没却されるおそれがあることから、和解金額が高額に及ぶ場合は対象外とすることが適当』とされ上限金額が設定された。事前のパブリックコメントに付された案文の段階では140万円以下であったが、限定は不要である、あるいは上限が低過ぎるとのコメントに対応し、1000万円以下と修正されたものであるが、理論的には金額によって差異を設ける根拠は見当たらない。この適用除外は、金融商品取引業者等が証券事故により損害賠償義務を負う場合に、損失補填規制を口実に和解による迅速な解決を拒み裁判上の手続き等を求めるのは投資家保護の観点から問題があるため認められているところ、上限金額の設定はこの適用除外が認められた必要性に支障を及ぼす可能性があるといえる[5]。

　次に、この適用除外に関して組織内弁護士が果たす役割の例としては、販売者側の金融商品取引業者等の営業部門と、顧客（顧客が機関投資家の場合にはその運用部門）の間で、法令違反行為等による賠償義務に関する合意がある場合でも、顧客である購入者側の弁護士が独自に調査を行い、

4）損失補填規制の趣旨につき、神田秀樹ほか編『金融商品取引法コンメンタール2』（商事法務、2014年）335頁。〔石田眞得〕執筆部分の金商法39条の解説。

5）日本弁護士連合会『証券取引法の一部を改正する法律案（金融商品取引法（いわゆる投資サービス法）案）の修正を求める意見書』2006年3月24日。意見の趣旨5。

法令違反行為等を口実とした損失補填である疑いを抱いたときには、当該合意のままの事故の確認書を作成しない判断も当然にありうるし、確認書を作成するとしても、相当因果関係のある賠償額の範囲や、過失相殺の影響の評価について、自身の判断をもとに修正を加えた確認書を作成することも同様にありうる。このような判断は、必要に応じて外部の弁護士から判例調査などの支援を得る場合もあるが、事実関係の調査について外部の弁護士が担える役割は限定的であり、人的、物的証拠に最も近い距離にいる組織内弁護士が行うのが迅速かつ適切であると考えられる。

　このように、金商法は証券事故における弁護士による確認制度において、弁護士による関与を違法性阻却の要件にしており、その和解プロセスの透明性を確保するため重要な存在と位置付けているところ、その趣旨を最も適切に実現できる地位にいるのが組織内弁護士であると考えられる。

⑵　指定紛争解決機関における紛争解決委員及びその資格、金融商品取引業協会の内部に設けられた委員会の委員

　指定紛争解決機関とは、苦情処理手続及び紛争解決手続の業務（紛争解決等業務）を実施する機関として金融庁長官から指定を受けた者をいい、特定非営利活動法人・金融商品あっせん相談センター（以下、「FINMAC」という）、一般社団法人全国銀行協会など現時点で合計8団体が指定されている。指定紛争解決機関は、2009年の金商法の改正（2010年施行）により金融分野における裁判外の紛争解決手続である、金融 ADR 制度（Alternative Dispute Resolution）が創設されたことに基づき、紛争解決の中立性、公正性を確保しつつ、金融機関に手続の応諾義務や和解案の受諾等の対応を求め、訴訟に比して簡易、迅速な紛争解決を実現するものである。指定紛争解決機関において紛争解決業務を行う委員の複数の資格のうちの1つが、弁護士として5年以上の経験を有する者である（金商法156条の50第3項1号）。この資格の趣旨は、法律知識等に係る専門能力を理由とするものといえる。2021年3月1日現在、FINAMC にはあっせん委員として、37名が在籍し、全員が弁護士であり、FINMAC は具体的にあっせんの申立てがあった際には、その事案に特別の利害関係のないあっせん委員

を担当の紛争解決委員として指名することとされている。

　次に、金融商品取引業協会の内部に設けられた委員会とは、損失補填の適用除外の一類型として、事故による損失について、金融商品取引業者等と顧客との間で顧客に対して支払をすることとなる額が定まっている場合であって、和解金額が1000万円を超えないときに、その支払が事故による損失を補填するために行われるものであることを調査し、確認する委員会のことである（金商法39条3項但書、業府令119条1項9号）。この委員会の委員は、金融商品取引業協会により任命された複数の委員により構成され、事故に係る金融商品取引業者等及び顧客と特別の利害関係のない弁護士又は司法書士に限定される（業府令119条1項9号ロ）。金融商品取引業協会の1つである日本証券業協会は、付属機関として、事故確認委員会を設けており、支払金額が1000万円以下の場合に、顧客の損失が事故等に起因するものであることを確認し、確認されたときに補填が認められる（日本証券業協会の定款17条の2、事故の確認申請、調査及び確認等に関する規則）。

(3)　一定の顧客分別金信託、顧客区分管理信託に係る受益者代理人

　金融商品取引業者等は、顧客から金銭の預託を受ける場合において、万一、破綻等により業務を終了することとなった場合であっても、顧客から預託を受けた資産が金融商品取引業者等自身ではなく顧客の資産として保護されるように、固有財産とは分別して管理することが義務付けられている。金銭には特定性がないことから、一定の金銭を国内の信託会社等に信託する方法より、破綻等の場合でも顧客が信託された金銭から返還を受けられるようにすることが規定されている（顧客分別金信託又は顧客区分管理信託）。これらの信託のうち、一定のものについては、受益者代理人として、投資家保護の観点から、弁護士等が就任することが義務付けられている（業府令141条1項11号、7項、業府令141条の2第1項2号、同項4号、業府令143条の2第1項2号、同項4号）[6]。

　6）「弁護士等」とは、弁護士、弁護士法人、公認会計士、監査法人、税理士、税理士法人又は金融庁長官の指定する者を指す（業府令141条7項1号）。

　ここで、金融商品取引業者等の組織内弁護士や顧問関係にある弁護士が、通貨関連デリバティブ取引等の区分管理（業府令143条の２）における信託の受益者代理人としては除外されるのか、というパブリックコメントに対し、金融庁は2009年、『利益相反の防止といった観点から、金融商品取引業者等において受益者代理人として適切な者を選任する必要があります。』との考え方を示した[7]。肯定も否定もしない考え方であるが、慎重に検討する必要があり、当該金融商品取引業者における地位や役割、関係の軽重、想定される弊害と対応策の有無、その内容等を個別に判断する必要があると考えられる。

(4)　金融庁における課徴金の審判官となりうるものの資格、被審人の代理人の資格

　2005年４月施行の金商法改正により、金商法違反を行った者に対して刑事罰に加え行政上の措置として金銭的負担を課す課徴金制度が導入された。課徴金制度の運用を行うために、金融庁長官は、金融庁の職員から５人以内で審判官を発令するほか（金融庁設置法25条）、審判手続室を設置した。審判官は、裁判類似手続である行政審判を主宰し、その結果を踏まえて課徴金納付命令の決定案を作成する裁判官的な業務を行い、金融庁長官は当該決定案に基づき、課徴金納付命令の決定を行う。審判手続は原則として３人の審判官による合議制であり（金商法180条１項）、具体的な事案に関し審判官として指定を受ける者には、検察官、弁護士又は弁護士となる資格を有する者を加えるものと規定されている（金融商品取引法第六章の二の規定による課徴金に関する内閣府令６条２項）。

　次に被審人とは、金融庁から見て課徴金の納付を命じようとする者である。被審人は必ずしも金商法や審判手続きについて専門的な知識や経験を有していない場合があり、審判手続の公正性を確保するため、課徴金の審判手続において代理人とすることができる者として、弁護士、弁護士法人

　7）金融庁『コメントの概要及びそれに対する金融庁の考え方』（2009年７月３日）
　　6頁　項番35。

又は金融庁長官の承認を得た適当な者であることが規定されている（金商法181条1項）。この規定は裁判手続における訴訟代理人について原則として弁護士であることを求める民事訴訟法54条と類似の趣旨であるといえる。組織内弁護士が所属する法人が課徴金納付命令を受けようとする場合の審判手続において、当該組織内弁護士は被審人自身、あるいはその代理人として参加することができると考えられる。

⑸　証券モニタリングに関する基本指針

　証券モニタリングに関する基本指針（以下、「基本指針」という）とは、証券モニタリングの過程において、証券取引等監視委員会（以下、「証券監視委」という）及び財務局等（財務局、財務支局及び沖縄総合事務局をいう。以下同じ）が実施するオンサイト・モニタリングに係る基本的な手続を示したものである。オンサイト・モニタリングとは、いわゆる立入検査のことであり、証券監視委及び財務局等の検査官が、金融商品取引業者等の事業所、営業所に一定期間赴き、現物を実査するものである。

　基本指針は、金商法や下位の法令ではないが、金商法56条の2第1項後段に基づく金融商品取引業者等への立入検査の運用を定めるものである。組織内弁護士は、日常的に外部の法律事務所に相談する際の窓口を務めることが多いと考えられ、立入検査を受けて検査官から問題点を指摘され、外部の弁護士に相談をしようとする際に、基本指針により事前に主任検査官に対して報告が求められているので注意が必要である。具体的には、基本指針は検査対象先の金融商品取引業者等に対し、検査関係情報の第三者への開示制限を求めており、検査関係情報として、①検査を受けている事実、②検査中の検査官からの質問、指摘、要請その他検査官と検査対象先の役職員等とのやりとりの内容、及び③検査終了通知書を列挙している。開示制限を求める理由として、①検査関係情報は、検査対象先の顧客、取引先等に係る保秘性の高い情報、更には検査の具体的な手法等に関わる情報が含まれていることと、②検査の円滑な実行を阻害しないことが挙げられている。この開示制限の要請により、検査対象先の金融商品取引業者等は、検査関係情報を証券監視委事務局証券検査課長（以下「証券検査課長」

という。財務局等にあっては、証券取引等監視官）又は主任検査官の事前の承諾なく第三者に開示しないことが求められ、具体的には、上記を理解の上、検査関係情報を証券検査課長（財務局等にあっては、証券取引等監視官）又は主任検査官の事前の承諾なく第三者に開示しないことの承諾書（以下、「第三者非開示承諾書」という）の提出が求められている。

　ただし、基本指針には、開示承諾申請が不要とされる類型が列挙されており、まず、そもそも「第三者」に該当しない類型の１つとして、次の者が挙げられている。

　①検査・監督部局、自主規制機関及びこれらに準ずると認められる者。
　②検査対象先の組織内に設置された内部管理を目的とした委員会等の構
　　成員となっている外部の弁護士、公認会計士、不動産鑑定士等の専門
　　家。

　また、「第三者」には該当するが、開示承諾申請を要しない類型の１つとして、検査対象先が、検査期間中に、当該検査対象先と契約関係にある外部の弁護士、公認会計士、不動産鑑定士等の専門家に対して相談のために行う開示であって、当該開示について事前に主任検査官に報告が行われ、主任検査官が検査の実行性及び保秘の観点から支障がないと判断した場合が挙げられている。

　検査対象先が弁護士に相談することを事前報告又は許可制とする基本指針について、その法的根拠については判然としないが、基本指針の前身である「証券検査の基本指針」の改正の際の証券監視委によるパブリックコメントに対する考え方を見ると、検査関係情報は証券監視委の判断、検査手法を含むものであることを理由に、検査の実効性確保が挙げられている[8]。この基本指針については憲法上の権利の制約となりうるものである

　8）証券監視委　『「証券検査に関する基本指針」の一部改正（案）に対するパブリックコメントの結果について「コメントの概要及びコメントに対する証券取引等監視委員会の考え方」』（2009年6月26日）。

ことを理由に議論があるが[9]、第三者非開示承諾書の提出拒否は事実上困難であると伝え聞くところである。金融商品取引業者等に所属する組織内弁護士としては自社が立入検査の対象として検査を受けた場合は、検査官の質問に対応して法令上の問題を迅速に検討し回答する必要性が高い非常事態であるといえ、上記の開示制限の理由や根拠等に照らして外部の弁護士の支援を必要とする場面で特に注意する必要がある。

2　過去の20年にわたる金融商品取引業者の組織内弁護士の拡大と業務

(1)　外資系証券会社による組織内弁護士の導入

　日本で、最初に本格的に組織内弁護士を採用した業界[10]は、外資系証券会社だと思われるが、今から20年度ほど前には既に、外資系証券会社の法務部は、現在と同じく、M&Aやファイナンスなどの取引法務の経験を法律事務所で積み、留学も経験した弁護士の中途採用を中心に構成されてきた。

　外資系証券会社が、最初に組織内弁護士を採用し法務部の立ち上げを進めたのは、1980年代後半と考えられる。バブル最盛期であった1986年ごろ、東証の会員権が外資系証券会社に開放され、外資系証券会社はその当時世界で最も資本市場が活況を呈していた日本市場での証券ビジネスの拡大を図ろうとしていた。日本の法令に通じ、本国の法務担当者と英語でコミュニケーションがとれる人材を必要としていた外資系証券会社は、日本の経験弁護士の中途採用でこのニーズに対応しようとした。その頃日本では組織内弁護士の前例はほとんどなかったと思われるが、外資系証券会社は本

9）日本弁護士連合会の意見書『被検査先が弁護士に相談することを事前報告・許可制とする金融庁及び証券取引等監視委員会の検査指針の撤廃を求める意見書』（2009年12月17日）。

10）個社レベルでは、日本IBMは1980年代から一定数の組織内弁護士を雇用していたが、業界レベルで本格的に組織内弁護士を採用してきたのは、外資系証券会社が最初だと思われる。

国の法務部では法律事務所出身の弁護士を多数中途採用で採用していたため、経験弁護士の中途採用に抵抗感がなかったものと思われる。また、当時の日本企業で一般的であった終身雇用とは異なり、経験者の中途採用を中心に組織が構成されていたことも、経験弁護士の採用が外資系証券会社からスタートした背景にあると思われる。

　もっとも、当時日本で組織内弁護士の実例はほとんどなく、その中で敢えて企業に応募する弁護士を見つけるのは難しかったようであり、しばらくの間、外資系証券会社は組織内弁護士を増員するのが難しかったようである。この状況に変化が生じてきたのは、1997年ごろからだと思われる。当時、不良債権に苦しむ日本の金融機関の経営破綻が相次ぐ一方、1997年に始まった金融ビッグバンによる自由化を追い風に、外資系証券会社が資本力や本国での金融ノウハウ（M&A、証券化、デリバティブズなど）を活かして東京市場でプレゼンスを高め、就職人気でも上位に浮上した。また、そのころには、外資系証券会社で働く組織内弁護士も徐々にではあるが増加し前例も増えてきていた。このような事情から、1997年ごろから外資系証券会社の組織内弁護士の応募者数が増え、法務部の人数も増えてきたようである[11]。

　日本組織内弁護士協会は企業内弁護士数上位20社を2001年分から公表しているが、2001年9月時点では、上位8社のうち5社を外資系証券会社が占めており、全体でも、66名中（確認できる範囲で）26名が外資系証券会社に勤務している。

　外資系証券会社の組織内弁護士の仕事は、M&Aアドバイザリーや証券引受、金融商品組成など、個別取引のサポートが当時から主体であったと考えられる。M&Aアドバイザリーについては、M&Aの当事者となるのは、M&Aアドバイザリー部門が助言するクライアントであって、クライ

11）綿貫治子「外資系における企業内法務の発展過程」（長島ほか「日本のローファームの誕生と発展」311頁以下）によると、2人目を採用できたのは1996年とのことであるが、日本組織内弁護士協会が公表している資料によると2001年にはゴールドマン・サックスの組織内弁護士の人数は6名となっており、1997年以降の数年間で急激に増員していることがうかがえる。

アントが直に法律事務所を雇用し、弁護士法の関係で、証券会社がクライアントに法的助言を行うことはできない。このため、アドバイザーである証券会社の組織内弁護士が果たせる役割は比較的限られていると考えられる。しかし、クライアントにスキームを提案する段階では、証券会社の組織内弁護士が初期的な検討を行うことが多いとみられる。証券引受業務については、証券会社が自ら引受人となるため、組織内弁護士はより積極的な関与が必要になると思われる。他方、デリバティブズや金融商品開発においては、組織内弁護士があくまで中心的に検討し、組織内弁護士だけでは対応できない場合、例えば、社内では専門的知見が十分ではない場合、客観性が必要な場合や、人手が足りない場合のみ外部法律事務所を起用するほうが一般的だと思われる。

　なお、特にリーマンショック後には金融規制が強化され、店頭デリバティブの規制など、取引相手方との契約改定交渉が必要な金融規制が多く導入されているが、このような規制への対応も法務部の仕事となる。また、特にリーマンショック後は、不祥事への制裁が厳格になっており、海外では天文学的な金額の制裁金が課される例も珍しくないが、このような不祥事への対応は、非常時において会社の利益を守る重要な任務である。なおこれらに加えて、外資系証券会社でも、労務紛争対応やベンダーとの契約レビューなどの業務も法務部の仕事に含まれる。

　なお、証券会社において法律に関連する業務を行う部署として、法務部門とは別にコンプライアンス部門がある。対外的法律関係に関わる業務を主務とする法務部門とは異なり、コンプライアンス部門は、法人関係情報の管理、AML（アンチ・マネーローンダリング）、売買審査など、社内の金融規制遵守確保を担う部署である。検査対応や対当局対応もコンプライアンス部門が中心となって対応するケースが多いと思われる。

　コンプライアンス部門は、法務部門と異なり、外資系証券会社でも弁護士資格保有者の比率は高くない。これは、以前から証券業界では当局の指導の下優秀なコンプライアンス担当者の育成が進み、法律事務所から弁護士資格保有者を採用する必要性が小さかったこと、また、法律事務所において、取引法務とは異なり、金融機関のコンプライアンスに精通した弁護

士の数が多くないことが背景にあると思われる。すなわち、デュー・デリジェンスなど大量のアソシエイト弁護士の投入が発生する取引法務とは異なり、法律事務所での金融コンプライアンス関係の仕事は通常少人数で行われる。このため、法律事務所において、金融商品取引業者等のコンプライアンス関係業務に深く関与し精通している弁護士の数は、比較的少数だと思われる。また、民法を含む基本法令の理解とドキュメンテーション（契約書などの文書作成）スキルが重要となる取引法務とは対照的に、コンプライアンス業務の多くは、各社担当者の過去の経験や社内整理と当局とのコミュニケーションに従って行われ、当局との検査や日常の監督対応の経験が重要視され、証券会社の生のビジネスや証券市場の動きについての理解もより強く求められる。このため、取引法務と比較すると、法律事務所で経験を積んだ弁護士が付加価値を出せるようになるまで、時間を要する可能性はある。他方で、コンプライアンス部の業務は、事業部門の日々の活動にダイレクトな影響を及ぼす業務であって、法務と比べてより日々の事業活動に密着している分、組織内弁護士ならではの面白みがあるであろう。

　コンプライアンスは、まさに金商法などの法令の遵守確保であるから、弁護士として培った法令解釈のスキルは、もちろんコンプライアンス担当者として勤務する上でも有用である。最近は、コンプライアンス違反の制裁が厳しくなってきていること等の事情から、コンプライアンス分野に進出する弁護士の数も以前と比べて増加しているようである。コンプライアンス部に弁護士がいない場合、規制法の解釈についてコンプライアンス部門で疑問が生じた場合は、法務部門所属の弁護士に助言を求めることも少なくないと思われる。その意味でコンプライアンス部門は法務部門のユーザーであることも多い。

⑵　その後の日系金融機関を含めた組織内弁護士の広がり

　日系金融機関は、日本組織内弁護士協会の統計がスタートする2001年時点ではほとんど弁護士を雇用していなかったが、2006年ごろから緩やかに組織内弁護士を増やし始めている。このうち、日系証券会社はリーマンシ

ョック後の2011年頃から組織内弁護士の採用を急拡大している。日系銀行による組織内弁護士の増員はそれよりも若干遅めであるが、その後も継続的な採用を続けており、直近では日系銀行が金融機関の中で組織内弁護士を最も多く抱えている。株式会社ジュリスティックスが、日本弁護士連合会等の公表データをもとに調査し公表する「2021年全国インハウスローヤーランキング100」(「ジュリナビ」という名称で運営するウェブサイトで公表)をみると、三井住友銀行と三井住友信託銀行がともに24名(全体4位)で金融機関ではもっと多く、続いて野村證券(23名)、三菱 UFJ 信託銀行及び三菱 UFJ 銀行(ともに21名)、第一生命(16名)、みずほ証券(13名)、SMBC 日興証券(11名)、ゴールドマン・サックス証券及びモルガン・スタンレー MUFG 証券(ともに10名)、みずほ銀行(10名・26位)という順序になっている。なお、日系金融機関の組織内弁護士は、経験弁護士の中途採用もあるが、相当数が司法修習所を卒業した新人弁護士の新卒採用だと推測される[12]。

　一般にホールセール(対大企業・金融機関・機関投資家取引)業務のみを行う外資系金融機関とは異なり、ほとんどの日系金融機関ではリテール(対個人・中小法人取引)業務も行っており、リテール専業の金融機関も多い。ホールセールでの法務業務が、特定の取引相手方との個別の取引のアドバイスであるのに対して、リテール業務は、通常は不特定多数の顧客を相手にする業務であり、景表法などマーケティングに関わる法律が問題となることも多い。また、近時のフィンテックの影響も、リテール業務が最も大きな影響を受ける。対面営業を行っている証券会社であれば、顧客との紛争対応(説明義務違反など)も重要な業務となる。

(3) 官公庁による組織内弁護士の任用

金融庁は、従前は法務省から法務に関する人材の供給を受けており、組織

---

[12] 本多和則「社内弁護士に求められる役割──三井住友銀行における取組みを踏まえて」銀行法務21第814号14頁によると、三井住友銀行では、23名の組織内弁護士中17名が新卒採用とのことである(2017年ごろ)。

内弁護士の任用は後述する任期付職員法の施行後から本格化したといえる。弁護士が従事する主な業務は法制度の企画、立案の分野が先駆といえ、次に法執行の強化に伴い、証券監視委や財務局等に所属して金融商品取引業者等に対する検査や取引調査、監督に関する分野が後に続いたといえる。採用人数の増加の実態などの詳細は次章で述べる。

3　組織内弁護士のキャリア

(1)　官民のキャリア

　組織内弁護士のキャリアを考える上で、民間企業から民間企業への転職の例は数多く見られるところ、金商法に関する業務に携わる弁護士のキャリアを考える上では、民間企業と公務員の双方で多くの弁護士が活躍している点に大きな特徴があるといえるため、この官民の間における転職や交流について検討したい。具体的には、円滑な人材の移動を促進する目的の下、民間から公務員、及び公務員から民間へという双方向の移動に関する現状の制度について紹介した後、守秘義務や利益相反の防止などについて特に金商法の観点からの留意点を検討し、弁護士が適切にキャリアを形成し所属する組織に貢献する方法を検討したい。なお、金商法に関する権限は中央官庁等に与えられているため、本章では金融庁、証券取引等監視委、各地の財務局等の国家公務員を対象とし、地方公務員や、裁判所、検察庁の公務員は割愛する。

(2)　民間企業から公務員へ

(i)　任期付公務員制度

　任期付公務員制度とは、2000年11月に施行された「一般職の任期付職員の採用及び給与の特例に関する法律」（いわゆる「任期付職員法」）に基づき、民間人材の採用の一層の円滑化を図るため、一般職の職員について、専門的な知識経験又は優れた識見を有する者の任期を定めた採用を行い、特例に基づき給与を支給する制度である。「専門的な知識経験」とは、弁護士又は公認会計士がその実務を通じて得た高度の専門的な知識経験などを含

むと解されている。各府省が人事院の承認を得て、選考により採用し、任期は 5 年以内とされ、概ね 2 年程度とする例が多い。勤務時間や休暇は任期の定めのない職員と同じ制度が適用される。なお、任期付公務員は国家公務員等共済組合に加入することになるため、民間企業における組合管掌健康保険、いわゆる協会健保、さらに厚生年金から移行する手続きが必要となる。

　従来、弁護士は、原則として報酬のある公職を兼ねることはできなかったため（弁護士法旧30条）、非常勤職員に止まるか、又は弁護士登録を取り消して公務員になる必要があったが、任期付職員法の制定、及び2004年 4 月 1 日施行の弁護士法30条の改正により、弁護士の公務就任の制限が撤廃され弁護士登録を維持しながら公務を兼ねることが可能になった。

　任期付公務員の実際の採用状況については、日本弁護士連合会が2020年 6 月 1 日現在でまとめた2020年版弁護士白書で見ると、会員登録をしている弁護士を対象としたものであるが、中央省庁等で123名（うち女性が35名）、地方公共団体が118名（同45名）、合計241名（同80名）となっている。金商法に関連するものとしては、金融庁に所属する者が10名、財務省（財務局）が 9 名である。これには、弁護士会の会員登録を抹消している者が含まれておらず、かかる登録抹消者は相当数存在するものと推測される。この点、法務省が国の機関における弁護士の在職者数を2019年に調査した結果では、弁護士として採用された後に弁護士登録を取り消した者を含めた在職者数が集計されており、同年 8 月 1 日現在で金融庁は46名（うち非常勤10名）であった。各地の財務局に所属する弁護士の人数は調査対象外であったが、弁護士から公務員に移動した人数を把握する上でより実態を反映したものであると思われる。また、金融庁が外部専門家の採用・登用として公表した集計によれば、2020年 3 月 1 日現在で弁護士は39名に上る[13]。

　13）金融庁『金融庁の 1 年』（2019事務年度版）18頁。

(ii)　中途採用

　弁護士が恒久的な国家公務員になる制度として主に考えられるのが、経験者採用試験を通じたものである。経験者採用試験とは、民間企業等における実務経験のある者を、国の機関の係長級以上の国家公務員行政官として採用するための試験である。経験者採用試験は、総合職試験、一般職試験、専門職試験と並ぶ採用試験区分の１つであり、例えば金融庁は2021年度にも経験者採用試験の合格者からの採用を予定している[14]。経験者採用は、任期のない行政官としての採用であるため、広範な分野に知見を持つ行政官の採用が想定されており特定の分野に特化した専門性のある者の採用は想定されていないようにみえるが、弁護士が排除されているものではなく、他省庁では弁護士が採用されているケースもある[15]。また、民間企業等における実務経験は２年以上が必要である。なお、別の採用試験区分である専門職試験は、特定の行政分野に関する専門知識を有することを重視して行う係員の採用試験であり、大学卒業程度と高校卒業程度に分かれて概ね30歳未満の者を対象としている。本稿執筆日現在、専門職試験により採用が予定される特定の行政分野の一覧に、金商法に関連する分野は見当たらないため、本章では割愛する[16]。

　経験者採用試験に合格した者のうち採用されたものは、令和元年度において国家公務員全体では617人である[17]。このうち弁護士の採用の状況は、項目がなく公表された統計資料からは見当たらなかった。

(iii)　官民人事交流制度

　官民人事交流制度とは、「国と民間企業との間の人事交流に関する法律」

---

14)　人事院人材局「2021年度における経験者採用試験の実施予定について」（2021年5月25日）

15)　消費者庁の2013年入庁者の例　内閣人事局ウェブサイト「国家公務員 CAREER GUIDE」より。）

16)　人事院　国家公務員試験採用情報ナビ「専門職試験（大卒程度・高卒程度）」。

17)　人事院「令和元年度　年次報告書」「一般職の国家公務員の任用状況調査」の実施。

（いわゆる官民人事交流法）に基づく制度であり、民間企業と国という行動原理の異なる組織間における人事交流を通じて、民間と国との相互理解を深め、双方の組織の活性化と人材の育成を図ることを目的としている。官民人事交流制度は、同法に基づき、透明性と公開性を確保した公正な手続きの下、公務の公正な運営を確保しつつ、民間企業と国の機関との人事交流の途を開くものとされている。この制度に基づき、民間から国に採用される者は、民間企業から退職する場合のほか、雇用継続（在籍出向）も可能であり、国の正規職員として任期３年以内（最長５年）として常勤の国家公務員として勤務する。交流の対象となる民間企業は、一定の交流基準が設けられており、許認可等の処分の対象とされる関係がある場合、当該民間企業の職員は、処分等に関する事務を所掌する地位に就くことはできないが、その他の地位に就くことは可能である。人事院は、官民人事交流の透明性を確保するため、毎年、交流の状況を年次報告として公表しているところ、令和２年版の「官民人事交流に関する年次報告」によれば、金融庁は2020年に新たに10人を民間企業から採用している。例を挙げると、大手証券会社のIT統括部に勤務する職員が、金融庁の総合政策局秘書課情報セキュリティ分析専門官として採用されている。また、同じく大手証券会社の市場戦略リサーチ部の職員が、財務省理財局国債業務課市場分析官として採用されている。同年次報告では特に組織内弁護士に関する記載は見当たらないが、中堅の弁護士法人のアソシエイトが、内閣府の政策企画専門職として採用されていることも記載されており、今後、民間企業の組織内弁護士が、自社の処分等に関する事務を所掌しない部門に採用される可能性があるものと考えられる。なお、官民人事交流制度に基づき、公務員が民間企業に派遣される側面については、後述の「(3)　公務員から民間へ」において検討する。

(3)　公務員から民間へ

(i)　退官後に民間へ

　まず、任期付公務員として採用された弁護士が、任期の終了後に、民間企業に再就職する場面がある。また、司法試験に合格した者が総合職試験

の合格後に採用されて公務員になったのち、司法修習を経て弁護士資格を得た後も公務員として勤務を継続し、公務員を退官して民間企業に就職する場面が想定される。また、公務員を退官した後に司法修習を経る場合も想定される。このような退官後に民間企業等への就職の際に留意するべき事項としては、いわゆる天下りに関する弊害防止のため、2008年に施行された改正国家公務員法が重要である。同法は、同年12月31日以後、現職職員による再就職あっせんについて全面的に禁止し、官民人材交流センターへ一元化した。弁護士資格を有する公務員の場合には、同センター経由ではなく自ら探す場合が多いと推測されるところ、同改正法は、現職職員による、在職中の利害関係企業等への求職活動も規制した（国家公務員法106条の3）。求職活動の規制の内容は、本省課長補佐級以上に相当する職員は、利害関係企業等（営利企業等のうち、職員の職務に利害関係を有するものとして政令で定めるものをいう。以下同じ。）に対し、離職後に当該利害関係企業等もしくはその子法人の地位に就くことを目的として、次の行為をしてはならないというものである。

①自己に関する情報を提供すること。
②当該地位に関する情報の提供を依頼すること。
③当該地位に就くことを要求し、もしくは約束すること。

　この規制は、国家公務員として採用される前に所属していた民間企業等に対して改めて求職活動を行う場合にも適用される。ただし、公務の公正性の確保に支障が生じないと政令で定める場合に、再就職等監視委員会の承認を得た場合には規制が適用されない。また、退職後に、求職活動を行うことも規制されない。

　さらに、同改正法は、離職後、営利企業等に再就職した職員が、離職前5年間に在籍していた組織の職員に対し、離職後2年間、職務上の行為の要求や依頼を行うことを禁止している（国家公務員法106条の4）。金商法の観点で具体例を挙げると、公務員の退職後に元の同僚や後輩に対し、許認可を認めるよう要求することや、行政処分を甘くするよう要求すること

が該当すると解される。ただし、公務の公正性の確保に支障が生じないと政令で定める場合で、再就職等監視委員会の承認を得たときには規制が適用されないのは求職に関する規制と同様である。

　以上は弁護士である公務員が、公務員であるときに就職活動をする際の留意点であるに止まらず、弁護士を採用する際に関与することが多い民間企業側にいる組織内弁護士が、公務員の退職後の採用に際し留意しておくべき事項といえる。

⑪　在職しながら民間へ（官民人事交流制度）

　官民人事交流制度に基づき、公務員が民間企業等に派遣される場面について述べる。

　交流の対象となる民間企業に関する交流基準により、許認可等の処分の対象とする関係がある場合、処分等に関する事務を所掌する地位についていた職員を、当該民間企業に派遣することは禁止されている。しかし、処分等に関する事務を所掌する地位についていない職員であれば、処分等の対象となりうる民間企業に派遣することは可能である。前掲の人事院の年次報告によれば、2020年に金融庁から民間企業に新たに派遣された公務員は２名である。この２名について、１名の派遣前の地位は、金融庁総合政策局秘書課の課付であり、その派遣先は株式会社日本証券クリアリング機構（OTC デリバティブ清算部の部員）であった。もう１名の派遣前の地位は、金融庁総合政策局政策課サイバーセキュリティ対策企画調整室であり、その派遣先は株式会社エヌ・ティ・ティデータ（金融事業推進部の主任）であった。同年次報告書では特に組織内弁護士に関する記載は見当たらなかったが、弁護士資格を有する公務員が民間企業や法律事務所等へ派遣される可能性が考えられる。

⑷　留意点その１──守秘義務について

ⅰ　弁護士法及び弁護士職務基本規程に基づく守秘義務

　弁護士又は弁護士であった者は、その職務上知り得た秘密を保持する権利を有し、義務を負うと規定されている（弁護士法23条）。ただし、法律に

別段の定めがある場合には、この限りではないと規定されている。これを受けた弁護士職務基本規程23条は、秘密の保持について、弁護士は、正当な理由なく、依頼者について職務上知り得た秘密を他に漏らし、又は利用してはならない、と規定している。

(ii)　民間から公務員へ

　まず民間から公務員へ移動する場面から検討する。民間企業に所属する組織内弁護士にとって、所属する組織が依頼者であると考えると、当該民間企業において組織内弁護士がその職務上知り得た秘密について、民間企業に勤務している間はもとより公務員として採用された後においても、秘密として保持する義務を負い、また、正当な理由なく、漏らすことや利用することが禁止される。また、公務員として採用された後、弁護士登録を抹消した場合、「弁護士」ではなくなるが、「弁護士であった者」に該当するため、継続して弁護士法上の守秘義務を負う。もっとも、公務員として採用された後に、採用した組織が改めて当該民間企業から得た情報は、当該組織の組織内弁護士にとっては公務という職務上の地位に基づき知った情報であり、当該組織内弁護士が民間企業の弁護士としての職務上知り得た情報ではないため、守秘義務の対象外であるといえる。次に、弁護士法上の守秘義務に違反した場合、刑法134条は、「医師、薬剤師、医薬品販売業者、助産師、弁護士、弁護人、公証人又はこれらの職にあった者が、正当な理由がないのに、その業務上取り扱ったことについて知り得た人の秘密を漏らしたときは、6月以下の懲役又は10万円以下の罰金に処する」と規定している。したがって、この場合の公訴時効は3年となる（刑事訴訟法250条2項6号）。

(iii)　公務員から民間へ

　他方、公務員から民間企業へ移動する観点では、公務員である組織内弁護士にとって、所属する組織が依頼者であると考えると、当該組織において職務上知り得た秘密について弁護士法上の守秘義務の対象となる。これに加えて、公務員として国家公務員法上の守秘義務も負う（国家公務員法

100条1項1文)。ここで国家公務員法の同条同項2文は、その職を退いた後といえども同様とする、と規定しているため、退官して民間企業に採用された後においても継続して国家公務員法上の守秘義務を負う。

　ここで、公務員である組織内弁護士が、関与した法令に関する専門的な解説や、やりがいなどの経験談を在職中や退官後に公表することが多く見られ、これらの行為が国家公務員法100条1項の「秘密」に該当するかが問題となる。特に、金商法に関する専門的な解説は、複雑な条文を理解する上で非常に有意義であり、また、金融商品取引業者等は法令遵守態勢について当局の立入検査などを通じて厳しくチェックされる立場にあり、正しい解釈を知る必要性が高い。また、やりがいを論じた経験談は、後に続く組織内弁護士にとって公務員を目指す上で重要な判断材料となる。

　この論点について参考となる判例としては、いわゆる外務省秘密電文漏洩事件である。同事件で判例は、「国家公務員法109条12号、100条1項にいう秘密とは、非公知の事実であって、実質的にもそれを秘密として保護するに値するものをいい、その判定は司法判断に服する」と述べており、いわゆる実質説を採用したとされている[18]。この件は、外務事務官が、新聞記者の依頼に応じて沖縄返還交渉に関する秘密指定された電文を見せたことが、国家公務員法100条1項等の違反に問われたものである。この「実質的にも秘密として保護に値する」かどうかについて、上記判例は、条約等の締結に関する外交交渉の具体的な内容は公開しないという国際的慣行、漏示されると相手国や第三国の不信を招き、将来の外交交渉も阻害される危険性があることから、電信文について秘密として保護に値すると述べている。この判例から考えるに、専門的知識に基づく正しい法令解釈が公表される限り、漏示されることによる危険性は考え難く、むしろ、法令は罪刑法定主義の原則により要件を明確にしておく必要があり、それは日本国憲法31条の解釈による要請にも合致するから、解釈の公表は一般的に望ましいものと考えられる。また、やりがいを述べた経験談についても、

18）最決昭和53年5月31日刑集32巻3号457頁。

その内容が特定の個人を識別できるものであるときや法人の正当な利益を害するもの、犯罪の捜査手法などであり公表されると将来の捜査に支障を及ぼすものであるなど、公表されると公務の適正な遂行に支障が及ぶ危険性があるような場合は別であるが、そうではない限り、後に続く優秀な人材の採用の促進のため公表は一般的に望ましいものと考えられる。なお、公表の可否の考え方としては、行政機関の保有する情報の公開に関する法律（いわゆる情報公開法）における不開示情報の類型を参考にするべきと考えられる。

　次に、国家公務員法上の守秘義務に違反した場合、1年以下の懲役又は50万円以下の罰金に処される（国家公務員法109条12号）。したがって、国家公務員法上の守秘義務違反の公訴時効の期間は、弁護士法と同様に、3年となる（刑事訴訟法250条2項6号）。なお、弁護士は、弁護士職務基本規程18条に基づき、事件記録を保管又は廃棄するに際しては、秘密及びプライバシーに関する情報が漏れないように注意する義務を負うところ、当該事件記録の対象となる事件が生じた際に所属していた組織を通じた保管又は廃棄になると考えられる。

(5)　留意点その2——利益相反の管理について

(i)　民間から公務員へ

　民間企業に所属する組織内弁護士にとって、所属する組織が依頼者であると考え、また公務員に採用された後は、採用した組織を依頼者であると考えた場合、公務員として、弁護士法25条に基づき、職務を行い得ない事件が定められている。同条は1号から9号まで列挙しているところ、特に同条1号から3号を次に取り上げる。

①相手方の協議を受けて賛助し、又はその依頼を承諾した事件（1号）
②相手方の協議を受けた事件で、その協議の程度及び方法が信頼関係に基づくと認められるもの（2号）
③受任している事件の相手方からの依頼による他の事件（3号）

　ここでいう「相手方」とは、組織内弁護士が公務員就任後に所属する組織から見ると、かつて組織内弁護士が所属した民間企業が該当する。そして、当該組織内弁護士がかつて当該民間企業において依頼を承諾した場合、又は協議を行っている場合、かかる協議は通常は社内における信頼関係に基づくと認められるため、当該組織内弁護士は弁護士法25条1号又は2号に基づき、当該民間企業に対し公務員としてその事件に関する職務を行ってはならないことになる。例えば、金融商品取引業者に所属していた組織内弁護士が、証券監視委又は財務局等から採用されて業者に対する検査、モニタリングを行う部署に移動した場合、「相手方」はかつての所属先の民間企業が該当すると考えられる。この点、たしかに検査、モニタリングは、金融商品取引法及び金融商品取引業者等向けの総合的な監督指針、並びに証券モニタリングに関する基本指針にしたがって定期的に行われるものであり、当局と業者は必ずしも紛争性のある事件の対立当事者とは限らないと解することも考えられるが、しかし、立入検査の結果、重大な問題が発見される可能性があるのであり、仮に重大な問題を発見しながら意図的に看過するとすれば現在の依頼者といえる証券監視委や財務局等に対する問題を惹起することになる。そのため、公務員としての組織内弁護士は、事件性がある場合に準じて職務を行い得ないと考えられる。

　なお、上記③（3号）については、民間企業の職員としての職務と公務員としての職務は、それぞれ専念義務を負うのが通常であり併存しないため、常勤であれば通常は問題にならないといえる。

(ⅱ)　公務員から民間へ

　弁護士法25条4号は、弁護士が公務員として職務上取り扱った事件について、職務を行うことを禁止している。弁護士職務基本規程27条4号も同趣旨である。

　また、弁護士法25条5号は、弁護士が仲裁手続により仲裁人として取り扱った事件について、職務を行うことを禁止しているが、これを受けた弁護士職務基本規程27条5号は、弁護士が仲裁、調停、和解斡旋その他の裁判外紛争解決手続機関の手続実施者として取り扱った事件について、職務

を行うことを禁止しており、弁護士法の趣旨を踏まえて例示を拡大して規定したものと考えられ、注意が必要といえる。

(6)　小括

　本章では組織内弁護士が官民の双方でキャリアを積むために、設けられている制度を概観し、適切に職務を行うための主な留意点を検討した。次項では、金商法の母法といえるアメリカの証券取引法に関連し、弁護士が官民の双方で円滑にキャリアを積んでいる現状と特徴的な留意点を検討し、今後の日本におけるあり方について得られる示唆を検討したい。

4　SEC における回転ドアについて

(1)　概要

　米国では、日本よりはるかに官民間の人材移動（すなわち、規制される側である民間企業やそれを代理する法律事務所に勤めた人が、規制側である公的部門に転職すること、またはその逆）が活発に行われている。これは、「回転ドア」（Revolving Door）と呼ばれている。

　例えば、2001年から2010年まで、419人の元 SEC 職員が、弁護士として SEC の法執行案件に携わることについて、1949件の届出を行っている[19]。当該届出は SEC 退職後 2 年間について要求されるものであるため、実際に元 SEC 職員が関わっている法執行案件は、それより遥かに多いものと推測される。

　日本でも、2000年ごろから金融庁をはじめとする官庁が任期付公務員として弁護士資格保有者等を雇用することが行われるようになった。また、上述の通り、任期付公務員ではなく正規の無期雇用として働いている弁護士資格保有者（又は司法試験合格者）は、以前よりも相当増えてきている。

---

19)　Michael Smallberg "Dangerous Liaisons: Revolving Door at SEC Creates Risk of Regulatory Capture" (Feb 11, 2013) A report by the Project On Government Oversight

　今後は、無期雇用の弁護士として働いている弁護士資格保有者が、公務員としての勤務経験を活かして法律事務所や民間金融機関で勤務するケースも増えてくるものと思われる。とはいえ、米国の状況に比較すると、現状の日本における官民間の人材移動はかなり限定的である。

　官民間の人材移動が進めば、当局側としては、金融ビジネスの実情を肌で理解しているスタッフを抱えることで、実際のビジネスに即した規制を遂行することができる。他方、金融機関側としては、当局の意図を的確に理解できることで、無用なコミュニケーション・コストを削減できる。また、規制当局の考え方をよく理解した担当者が金融機関の法令順守に関わり、経営陣にその重要性を的確に伝えることで、金融機関でのコンプライアンス体制の構築が進展することも期待できる。

　他方、米国では、官民間の人材移動によるネガティブな側面についても、様々な議論がなされてきた。米国ではリーマンショック前に規制緩和の時代が数十年間続き、この間の過度な金融規制緩和が金融危機を招いたという問題意識がある。そこで、官民間の人材移動の結果、規制当局が、本来規制される側である民間金融機関に逆に支配されてしまい、民間金融機関の利益のための行政（過度に緩やかな監督）がされていたのではないか、という主張がなされている。これは、規制の虜（Regulatory Capture）と呼ばれている。

　具体的には、
⑴金融機関出身者を公務員として中途採用する場合
　金融機関出身者は、これまでの立場や経験に影響を受けて、当局で仕事をする上でも金融機関のビジネス上の利益を過度に重視し、他の利益（金融機関の顧客保護や金融システム全体の安定性）を軽視する傾向があるのではないか。
⑵公務員が、規制対象である金融機関に転職する場合
・転職先（候補）の歓心を買う（反発を避ける）ために、過度に緩やかな規制・エンフォースメントをするのではないか。（「見返り」（quid-pro-quo）仮説）

・転職後に、元同僚との人間関係を利用して民間金融機関のためにロビイングを行い、公正な行政がゆがめられるのではないか（こちらも「見返り」仮説の一種とされることがある）

といったことである。

「規制の虜」が実際に生じていることを裏付ける明確なエビデンスはないが、金融危機が発生し、バブル期の金融機関の問題行動が発覚したことなどから、当局と民間部門の間の「回転ドア」が元凶の1つとなって、規制当局が「規制の虜」の状態になっていたのではないかという主張は、米国で数多くなされている。なお、「回転ドア」以外では、金融機関が多額の政治献金をしていたことも、「規制の虜」の原因として問題視されている。

　ところで、「回転ドア」による影響としては、「規制の虜」とは逆方向で、より積極的な規制活動がされるのではないか、という議論もある。これは、「回転ドア」により、公務員が転職市場での価値により敏感になり、公務員の転職市場での価値が、公務員として身につけた専門的スキルにより決まるのだとすると、当該専門的スキルを習得したり、対外的にアピールできるような実績をつくることに力を注ぐことになる、と考えるものである。これは、「規制上のスクーリング」（Regulatory Schooling）仮説と呼ばれている。なお、「回転ドア」がなくても、これらは公務員として出世していく上でもともと有効なものと考えられるが、民間部門への転職という選択肢が広がることで、より熱心に取り組む可能性がある、ということであろう。

　なお、「規制上のスクーリング」は、「回転ドア」により「規制の虜」が生じず、規制活動の実効性が損なわれずむしろ強化されている、という意味でポジティブに語られることが多いようであるが、以下のようなケース（こちらも、「規制上のスクーリング」の一種である）は効率性や公平性をむしろ害していることになる。

・厳格な規制を敷いた方が、規制をよく知っている元規制当局者として

　　自分の転職市場での価値が高まると考えられるため、必要以上に厳格
　　な規制を敷く
・法執行活動は、専門スキルを対外的にアピールできる機会であるため、
　　自己のスキルをアピールするために必要以上に積極的・攻撃的な法執
　　行を行う

(2)　実証分析

　前述のように、米国のメディア等では、「回転ドア」の結果、規制当局
が一般公益ではなく金融機関の利益のために行動することになったとネガ
ティブにとらえられる傾向がある。

　このため、「回転ドア」の動きを止めようとして、退職後の公務員の民
間金融機関での雇用について、現在より厳格な規制を敷くよう主張する声
もある。しかしながら、現在のところ、「回転ドア」は止まっていない。
これは、上述のような「回転ドア」のメリットが相当大きく、規制当局、
金融機関ともにそのメリットを実感しているためだと思われる。また、退
職後の公務員の民間金融機関での勤務を強く制限すると、公務員の採用活
動にも相応の支障が出てくると思われる。

　このような中で、米国では「回転ドア」現象について、「規制の虜」が
本当に生じているのか、2010年代中ごろから、様々な実証分析が進んでい
る。

　なお、「規制の虜」が生じているかどうか、というのは、実際のところ、
なかなか客観的に判断するのは難しいと考えられる。例えば、規制立法活
動については、結局のところ、当該政策判断が（その判断当時において）
正しかったかどうか、という判断に帰着する。また、監督活動について、
後日問題が発生したとしても、当時の「緩やかすぎる」エンフォースメン
トが間違いだったとは限らない。たしかに、当該事例だけを考えれば、よ
り厳格に監督していれば問題が予防できたので、その方が望ましかったと
いうことになりそうだが、監督・規制のコストは諸々発生することを考え
ると、問題事例が発覚したからといって、その当時における監督の姿勢が
間違いだった（緩すぎた）のかは、容易には判断できない。

　このように、規制活動について「規制の虜」が生じているかを実証分析するのは相当難しく、実証分析に乗せられるものはかなり限定的である。しかし、少しでも客観的なエビデンスを積み上げる、という意味で、実証分析は有用と思われる。

(i)　銀行と当局との人材移動の分析

　David（2014）[20]は、銀行と当局との人材移動の分析を行い、「見返り」仮説よりも「規制上のスクーリング」仮説に整合的と結論付けている。

　すなわち、David（2014）によると、厳格な規制活動がなされている時期には、民間から当局の人材移動が増加し、その時期には、相対的には規模が小さいものの当局から民間の移動も同時に増加する。これは、規制活動が厳格な時期に、新しい規制を学びたいために民間から当局への人材流入が増加し、また、当局で学んだ規制を民間部門で活かすために、民間部門への移動も増えているということであって、「規制上のスクーリング」仮説に整合するとしている。仮に「見返り」仮説が正しいとすると、規制が緩やかな時期に民間部門への人材流入が増えるはずだが、そうなっていないと指摘している。

(ii)　SEC のエンフォースメント（民事訴訟）

　deHann（2015）[21]は、336名の SEC 所属弁護士が行った1990年から2007年の会計不正に関する284件の SEC 民事訴訟を分析し、回転ドアによる転職機会があると、法執行の専門スキルを習得したり外部に見せたりするため積極的な法執行活動がなされる、という「人的資本」仮説（上述の「規制上のスクーリング」仮説に近い）に概ね整合的であると結論付けている。

---

20) David O. Lucca, Amit Seru, and Francesco Trebbi "The revolving door and worker flows in banking regulation"（July 2014）Journal of Monetary Economics, Volume 65

21) Ed deHaan, Sumi Kedia, Kevin Koh, and Shivaram Rajgopal "The revolving door and the SEC's enforcement outcomes: Initial evidence from civil litigation" Journal of Accounting and Economics Volume 60（2015）

　deHann は、SEC の法執行部（Division of Enforcement）に所属する弁護士のうち、後日法律事務所に転職した弁護士とそれ以外の弁護士の間で、法執行の積極性に差異がないかを調査している。具体的には、SEC が勝ち取った不当利得吐出し及び民事制裁金（以下あわせて「民事制裁金等」という）の額、SEC の民事訴訟に加えて米国司法省（DOJ[22]）の刑事手続きに付託したか、CEO の個人責任も追及したか、という3点に焦点を当てて比較分析している。結論としては、後日法律事務所に転職した弁護士の方が、それ以外の弁護士（すなわちそのまま SEC で勤務し続けている弁護士又は民間企業に転職した弁護士）よりも、企業から多額の民事制裁金等を勝ち取っているという。さらに、法律事務所へ転職した弁護士のうち、SEC 訴訟関連業務を専門的に行っている法律事務所へ転職した弁護士は、それ以外の法律事務所へ転職した弁護士より一層積極的なエンフォースメント（DOJ の刑事手続きと CEO の個人責任追及点を含む）を得ているという。

　他方、「回転ドア」により、人的関係の構築や将来の雇用主の歓心を買うため緩やかなエンフォースメントがされているという仮説（「見返り」仮説に近い）の当否を検証するため、(i)当該 SEC 弁護士のオフィスと同じ地域に所在する法律事務所（転職先候補になりやすい）が被告企業を代理している場合、(ii)SEC 弁護士がワシントン DC オフィスに勤務している場合（SEC 関連業務を行う法律事務所等が集積しており人的関係構築の機会が多い）、(iii)当該 SEC 弁護士の最終勤務年度である場合、(iv)当該 SEC 弁護士が若手（キャリアインセンティブが強いと考えられる）である場合、(v)当該 SEC 弁護士の転職先が、当該事件の被告代理人法律事務所と共同受任をしているケースがある（親密である）場合にどうなるかを検証した。その結果、SEC 弁護士がワシントン DC に所在しており、被告企業を SEC 訴訟関連業務を行っている法律事務所が代理している場合における刑事手続付託は有意に少なくなっており、その部分ではこの仮説と整合的であるが、それ以外の部分では有意な差はないという。

22）米国の行政機関であり、司法関係の事務を所管する。DOJ とは The U.S. Department of Justice の略称である。

　さらに、訴追側の SEC 弁護士と被告代理事務所の SEC 出身弁護士が以前 SEC で同僚だった場合、人間関係による不当な影響力が行使され結果に影響を与えている可能性があるため、結果に差異がないか検証したが、差異はないという。他方、被告を代理する法律事務所が SEC 出身者を全般的に多く採用している事務所である場合は、民事制裁金等の額が低く刑事手続きに付託することが少ないという。後者は、元 SEC 職員の経験・知見により有効な弁護活動ができるためではないかと指摘している。

　なお、法律事務所出身の SEC 弁護士は民間企業にシンパシーを感じるため SEC での法執行が緩くなるという仮説を検証するため、法律事務所から SEC に転職した人とそれ以外で民事訴訟の結果に差異がないか分析したが、有意な差はないという。

ⅲ　SEC のエンフォースメント（コメントレター）

　Michael（2021）[23]は、SEC のコメントレターに企業が対応する際に元 SEC の弁護士を使うかどうかでどのような差異が出るかを実証分析している。なお、コメントレターとは、企業が1933年証券法又は1934年取引所法に基づき企業が提出した開示書類を SEC のコーポレートファイナンス部が審査の上、質問をしたり過去分訂正を求めたりするプロセスである。なお、継続開示書類については、サーベンス＝オクスリー法408条に基づき、少なくとも３年に１回以上の頻度で審査される。

　2005年から2016年の間に外部カウンセルが関与したコメントレターのやりとりが3734件あるが、そのうち7.3％では SEC 出身の弁護士が関与しているという。

　検証の結果は次のとおりである。

　・規模の大きい又は歴史の長い会社、最近財務諸表の修正再表示を行っ

23）Shen, Micheal and Tan Samuel T. "Individual Lawyers, the SEC Revolving Door, and Comment Letters"（June 1, 2021）Singapore Management University School of Accountancy Research Paper No. 2019-99

た会社、SEC から当初受領したコメントレターが長文だった会社ほど、非 SEC 出身ではなく SEC 出身の弁護士を雇うことが多い。
・SEC 出身弁護士を雇った会社は、SEC とより強く交渉する傾向があり、コメントレターで指摘された事項について過去の開示書類の訂正、株主からの訴訟提起、財務諸表の修正再表示に至ることは少なく、代替策として将来の開示書類の修正により対応することが多い。
・ただし、SEC 出身弁護士を雇った会社は、コメントレターの交渉が決着した後、コメントレターのやりとりが公表された後 2 年以内に、財務諸表の修正再表示や帳簿価格切り下げをすることが多く、当該 2 年間の株価も劣後している。これは、コメントレターへの対応過程で過去分訂正をせずに済んだことにより、会計や開示の問題が是正されず、後日の修正再表示等が必要になったものと考えられる。
・この傾向は、当該弁護士が SEC を最近退職した者である場合、SEC のコメントレタープロセスに習熟しており、コメントレターを出す SEC の部署であるコーポレートファイナンス部で勤務していた場合は、より強まる。

　SEC 出身弁護士が対応した場合に、過去分訂正などを回避できる可能性が高まるが後日財務諸表の修正再表示が必要になるケースが多い、という点について、Michael（2021）は、SEC の回転ドアにより、SEC による企業のディスクロージャー監督の有効性が阻害されているということだと評価している。なお、かかる結果が発生した原因として、同論文は当該 SEC 出身弁護士が SEC 職員との人間関係による影響力を行使している可能性と、コメントレターのプロセスに習熟しているゆえに会社が希望する結果が出せている可能性の両方を指摘している。前者だとすると、前述した「規制の虜」の問題であるのに対して、後者だとすると、経営陣の希望を叶えられるような「有能」な弁護士を雇って上手く当座の問題を切り抜けたがゆえに、会社として問題の根本解決を図る機会を失い、会社の長期的な利益が害された事案ということになり、一般的な「回転ドア」による「規制の虜」の問題とはやや異質であろう。

(iv)　金融機関の健全性監督等

　Shive（2017）[24]は、自社の監督権限を有する規制当局で以前勤務していた者（特に健全性監督機関の勤務経験者）を金融機関が雇う事例が、最近増加しているとしており、この動機が、規制当局からの優遇措置獲得の期待か（見返り仮説）、規制当局での勤務で得た専門的知見の獲得（スクーリング仮説）かを検討している。仮に前者だとすると、特に健全性監督機関出身者を雇用する場合については、当該雇用前後で当該金融機関のリスクテイクが上昇すると考えられる。他方、当局からリスク管理強化を求められ、その知見のある人を雇ったのだとすると、雇用後はリスクの低下が見込まれる。

　そこで雇用後の金融機関の株価のボラティリティを見ると、スクーリング仮説に整合的という。また、当該金融機関のレバレッジは低下しており、理由の1つは配当抑制であるという。このため、リスク抑制のために当局出身者を雇い入れた可能性が高いという。

　なお、元公務員の雇入前後2年間で、監督活動の低下や罰金の低下が生じているエビデンスは十分にみられず、長期的な影響もないという。

(3)　得られる示唆

　米国の「回転ドア」については、特にリーマンショック後においてメディア等から様々な批判もなされているところではある。しかし、現在も人材の移動は活発に行われており、これは適格な人材を確保する上で「回転ドア」が有用であることが実務界で広く認識されているためだと考えられる。また、弁護士としてキャリア形成をするうえでも、規制側、被規制側の両方で働く、というのは、多面的な視点を養う上で有用だと考えられる。

　「回転ドア」の利益相反への懸念（規制の虜）については、以前から指摘されてきたところではある。確かに、それと整合的な実証分析も一部にはあるが、一般的には実証分析と整合的ではない。もっとも、現時点での

24）Shive, Sophie and Forster, Margaret "The revolving door for financial regulators" Review of Finance, Volume 21（2017）

実証分析はかなり限定されており、また、実証分析の有効性は今後も限定的と思われる点には留意が必要ではある。

　「回転ドア」の利益相反の予防については、日米とも様々な制度的手当てがなされており、今後もその有効性についての検証をしながら、官民間の人材移動が限定的な日本においては、それを活発化していくのが、健全かつ的確な官民間の関係を作っていく上で有効ではないかと考える。

第2章

企業内弁護士における専門性の追求
——とりわけ知財畑を歩むということ

山口裕司

1　はじめに

　四半世紀ほど前、私が社会人となったころに、企業で法務や知的財産の業務に携わるかどうかは、新卒採用時の配属で決まることが多かったように思われる。終身雇用の時代において、新卒採用時に法務部または知的財産部に配属されると、定年まで同じ会社で法務や知的財産の業務を続けることはごく普通のことであったし、それゆえ、電機メーカーの新卒採用で知的財産部に配属された私を迎えて下さった上司や先輩は、知的財産部門一筋に歩んでこられた練達の専門家ばかりであった。

　司法制度改革を経て、今日、司法研修所修了後にすぐに企業に就職する弁護士も、法律事務所を経てから企業に転職する弁護士も大幅に増加した。また、企業内弁護士の他社への転職も活発に行われている。企業内弁護士としてのキャリアをスタートさせる時期も一様ではなくなっているし、企業内弁護士が転職することによって仕事内容が変わることも少なくないであろう。

　本稿では、企業内弁護士のおかれた今日的な状況において、特定分野の専門性を追求していくことの可能性について考察する。なお、本稿では、知財畑で専門性を身につけることを主に取り上げるが、企業内弁護士として専門性を追求できる特定分野の例としては、会社法、労働法、情報セキュリティなど、様々なものがあり、本稿で述べることは大なり小なり他の

分野にもあてはまると思われる。

2　企業内弁護士における専門性

　企業内弁護士の外部法律事務所の弁護士との大きな相違点は、企業内弁護士にとって依頼者となるのが勤務先企業1社のみであることである[1]。そして、企業内弁護士は、会社組織の中の特定部署に所属して業務を行うため、部署の職務分掌に伴って担当職務も自ずと限定されることになる。外部法律事務所の弁護士が、異なる依頼者から委託されて特定の専門的な案件（M&A、訴訟等）に関与し、専門化していくのとは異なるが、企業内弁護士も、担当職務を継続する中で専門性を身につけていくことは十分あり得ることである。

　今日において、終身雇用は当然の前提とはいえなくなったが、なお同じ会社に長く勤めて昇進していく人が大多数である。法務部に配属されると、業務の専門性の高さゆえに、法務担当者として身につけた専門知識や経験に応じて昇進していくことになるであろう。とはいえ、法務部では、ビジネス支援業務のほか、株主総会業務、企業提携業務、監査業務なども経験して、法務分野のジェネラリストとして経験を積み、昇進していくことが多いように見受けられる。法務部の中での人事ローテーションからすると、特定の法分野に特化した法務人材は育ちにくいのではないかとも思われる。

3　企業の知的財産部門の特色

　社内組織としての法務部門と知的財産部門は、法務知的財産部というように一体となっている会社もあれば、法務部と知的財産部というように分化している会社もあり、総務グループに属する法務部と技術グループに属する知的財産部というように担当役員が異なるなど指揮系統からして違う

1）例えていえば、診察を受けられる患者が限定される「宮内庁病院」のような存在であり、反面として、患者のことを深く知ることができる。

場合もある。法務部門と知的財産部門は、法的問題を取り扱う点で、一体化した組織にもメリットがあるが、技術戦略に直結するため、知的財産部門が、法務部門とは別個独立の社内組織になることにも理由がある[2]。

　知的財産部門は、メーカーの場合、理系出身者が多く配属され、技術的知識が関わってくる特許業務に携わることになる。また、文系出身者が、業界の事情に通じていることも必要な著作権業務、マーケティングやデザインとの関連性が深い商標・意匠業務に携わることが多い。このため、文系と理系の垣根を超えた人事異動は行いにくく、特許業務担当者と著作権・商標・意匠業務担当者は比較的継続して同じ業務に携わることになるし、詳しくなればなるほど余人をもって代えがたい存在になる。

　このように、知的財産部門は、法務部門と比較して、特定の法分野に特化し、継続して同じ業務に携わる可能性の高い職場であるといえる。

4　企業の知的財産部門への就職

　司法制度改革後、企業内弁護士は大幅に増えたが、その殆どは法務部門に配属されていて、企業内弁護士が知的財産部門に配属される例は、わずかであった[3]。ただ、知的財産業務に関心を持って、知的財産部門の企業内弁護士のポジションを探す人も、少しずつ増えていると推測される。

　企業の知的財産部門に就職するメリットとしては、①法務部門よりも守備範囲は限定されるが、技術やブランドに関心があれば、専門性を高められる、②海外ビジネスを行う企業であれば、海外企業とのライセンス交渉や知的財産訴訟等の案件に関与する機会も多く、日本の法律事務所の弁護士のように、業務が日本法に限定されないといった点を挙げることができ

　2）米国企業における法務部門と特許部門の位置づけにつき、坪川弘「法務部・特許部・知的財産部等の法務管理の指針」知的財産権法研究会編集（代表染野義信）『知的財産権の管理マニュアル』〔第一法規、2004年〕1901頁参照。
　3）日本弁護士連合会ウェブサイトでの弁護士検索により、事務所住所（ビル名・企業・団体名等）に「知的財産」や「知財部」が含まれる弁護士を検索すると、それぞれ19件と8件ヒットする（2021年7月現在）。

る。ライセンス交渉や知的財産訴訟等の案件は、企業のビジネスに直結するものが少なくないが、外部法律事務所の弁護士と異なり、法的意見を述べるにとどまらず、ビジネス判断にも及ぶ深い関与をして、案件を最初から最後まで見届けることができることも、企業内弁護士の仕事の醍醐味といえるかもしれない。

　なお、案件への深い関与ゆえに競合する企業やそれを代理する法律事務所への転職に制約が生じる場合もあるが[4]、知的財産業務を取り扱う求人は、法務分野の求人とは別にニーズがあり、前職の専門的なスキルを活かす形で転職することは可能だと思われる。

　会社によっては、知的財産部門に、以前から企業内弁理士が相当数在籍している場合があったが、知的財産部門が、企業内弁理士とは違うスキルをもった人材として企業内弁護士を採用するようになったことは歓迎すべき傾向である。

　知的財産部門が企業内弁護士を採用することのメリットとしては、①知的財産訴訟やライセンス契約等の権利活用の分野での活躍が期待できる、②毎年のように改正される知的財産法の改正に向けた議論を継続的にウォッチし、企業の知的財産戦略を立案したり、社内知的財産教育の講師を担当したりする役割を担わせ得る、③知的財産部門が法務部門や社外弁護士と連携をとりやすくなると共に、社外弁護士の意見を予測したり、検証したりすることも可能であるといった点を挙げることができる[5]。

4）知財高決2020・8・3裁判所ウェブサイト（2020年（ラ）第10004号）は、特許権侵害訴訟の原告会社担当者であった社内弁護士が転職した法律事務所に所属する他の弁護士が被告から委任を受けて訴訟代理人として訴訟行為を行うことは弁護士職務基本規程57条に違反し、原告は訴訟行為の排除を求めることができると判断した。しかし、許可抗告審で、最決2021・4・14裁判所ウェブサイト（2020年（許）第37号）は、「弁護士が訴訟代理人として行う訴訟行為が日本弁護士連合会の会規である基本規程57条に違反するものにとどまる場合には、その違反は、懲戒の原因となり得ることは別として、当該訴訟行為の効力に影響を及ぼすものではない」と解して、原告は訴訟行為の排除を求めることはできないと判断した。

5）知的財産部門の業務に企業内弁護士が関与する意義について、実際の事例に即して解説する文献として、吉武信子「企業内弁護士──知財の観点から」法律のひろば72巻6号〔ぎょうせい、2019年6月号〕38頁参照。

5　企業における知的財産部門の歴史的発展

　最近は、企業内弁護士の裾野も広がり、歴史のある企業のみならず、スタートアップと呼ばれる創設間もないベンチャー企業に勤務する企業内弁護士もみられるようになった。特許庁もスタートアップに対する支援プログラムを提供しており、スタートアップにふさわしい新しいタイプの知的財産部門も生まれていると考えられるし、その中で企業内弁護士が活躍している例もみられる[6]。

　他方で、日本の産業財産権制度は135年以上の歴史を有し、例えば、東芝の前身である芝浦製作所や東京電気における特許管理の歴史は100年を超えている[7]。企業内弁護士が今後、知的財産部門で専門性を発揮していき、新しい1頁を刻んでいくとしても、当該企業の歩んできた商品開発と知的財産管理の歴史と切り離すことはできない。そういう意味で、企業内弁護士として一歩踏み出そうとするときに、目指す企業の社史ないし知的財産部門の歴史を知ることには、意味があると思われる[8]。また、競合する企業の歴史に関する本を読んで、所属しようとする企業とは異なる観点から書かれた当該業界の歴史的事象についての記述に触れることも興味深いものである。

　同じ会社において知的財産部門一筋に歩む場合、その業界の知的財産紛争や知的財産法改正をめぐる綱引きなどの事件については身をもって体験することになるであろうが、入社前の会社の歴史についても紐解いてみると、業界の置かれた状況についての理解が深まり、生き字引的な立場で業界について説明することもできるようになると思われる。専門的な論点では、新しい議論に目を奪われてしまいがちであるが、過去においても、同

6）IP BASE「スタートアップの知財を支援する専門家向け手引き書」
https://ipbase.go.jp/specialist/forpro/pdf/startup_forpro.pdf
7）西村成弘『国際特許管理の日本的展開──GEと東芝の提携による生成と発展』
〔有斐閣、2016年〕5頁。
8）丸島儀一『キヤノン特許部隊』〔光文社新書、2002年〕、トヨタ自動車株式会社
『知財、この人にきく Vol.2トヨタ歴代知財部長』〔発明協会、2009年〕など参照。

様な検討が行われていることがあり、過去の資料に遡って調査をしてみることも大事だと思われる。

　また、最近では、企業グループによって、知的財産の管理業務を分社化するだけでなく、収益を生み出す財産であり、他社との差別化を図るための武器である知的財産自体を（信託的に）事業会社から分社化された知的財産保有のための会社に譲渡する例も見られる。税務上の問題も考慮しながら、企業の知的財産部門は、スタッフ部門から、知財ビジネスを行う主体へと進化を遂げる可能性も秘めていると言えよう。

6　企業内弁護士としての専門性の追求と評価

　企業内弁護士が知的財産部門に配属されて、専門性を身につけ、専門家として評価されていくには、どのような取り組みが必要であろうか。一般的な説明となるが、列挙してみたい。

　知的財産部門でも、企業内弁護士は、日常的には契約書案の作成やレビューの仕事に携わることが多いと考えられる。契約書案の作成やレビューは1人で担当することも多いが、契約書案の作成や修正の仕方についての社内の法務担当者間の共通理解を深める観点からは、社内マニュアルや契約ひな形を作成するなどして情報の整理と共有を図ることが有益であると思われる。

　また、日常的な業務ではないとしても、大きな知的財産紛争が勃発することもあり、そのような訴訟事件等を担当し、望ましくは、勝訴による企業収益に貢献できるとすれば、貴重な経験となり、財産となるはずである。

　知的財産部門では、社内業務だけでなく、業界団体内の委員会や業界横断的な知的財産関連団体（一般社団法人日本知的財産協会〔JIPA〕、一般社団法人日本国際知的財産保護協会〔AIPPI JAPAN〕、日本ライセンス協会〔Licensing Executives Society（LES）Japan〕等）の委員会で活動することを認めている場合が多く、他社の知的財産担当者と共同研究をしたり、パブリック・コメントに対する団体としての意見をまとめたりすることが活発に行われている。2021年の特許法改正は、特許権・実用新案権侵害訴訟に

おいて第三者の意見を募集する制度（日本版アミカスブリーフ制度）[9]を新設しており（特許法105条の 2 の11）、会社や団体から意見が出されることも今後増えると予測される。

　社員が雑誌等に掲載される論文を執筆したり、社外で講演したりすることについては、会社によっては許可を取ったりすることが必要な場合もあろうが、企業内弁護士が専門性を社外においても評価してもらう観点からは重要であり、機会があれば、積極的に応じるべきだと思われる。前述の知的財産関連団体は、日本知的財産協会の「知財管理」、日本国際知的財産保護協会の「A.I.P.P.I.」、日本ライセンス協会の「LES JAPAN NEWS」等、それぞれ機関誌等を発行しており、知的財産関連の論文等を発表する場は多いと言える。

　手前味噌となるが、JILA でも、2010年に知的財産研究会が始動し、組織内弁護士のための知的財産法分野での研究会を開催してきた[10]。研究会の場において、特定のテーマについて学ぶだけでなく、会社の垣根を超えた参加者間のネットワーキングを行って、人脈を広げることも、専門的あるいは実務的な知見に触れるきっかけにつながると思われる。

7　企業の知的財産部門における弁護士の役割

　日本企業の特許出願はかつてに比べると減少し、厳選されるようになっている。それとともに、知的財産部門の機能も、特許管理から知的財産戦略の立案へと比重が変わってきているといえる。企業内弁護士の増加は、知的財産戦略の立案機能が重視される傾向に沿うものであるが、より企業

---

9 ）アミカスブリーフ制度につき、山口裕司「米国での法廷の友意見書の活用状況と知財高裁大合議事件における意見募集の意義」特許ニュース13674号〔経済産業調査会、2014年 3 月11日号〕 1 頁、山口裕司「第三者意見募集制度（日本版アミカスブリーフ制度）の意義と活用の可能性」〔2021年〕https://www.businesslawyers.jp/practices/1375参照。

10）山口裕司「 6 年目を迎えた知的財産研究会」JILA 日本組織内弁護士協会 会報誌 2 号〔2016年〕 2 頁参照。

内弁護士の役割が大きい米国企業の状況は、今後の日本企業において、企業内弁護士が活躍し、専門性を発揮していくうえで、参考になる。

　マーシャル・フェルプスによれば、マイクロソフトは、他社とのコラボレーションを重視する戦略を採っているが、知的財産部門において、「特許弁護士たちが、広範囲のビジネスと戦略のスキルを持った人達と連携したからはじめてうまく解決できた」とされる[11]。「一昔前、知的財産は法務部門の管轄下に置かれており、そして知的財産戦略は単なる法務上の戦略であり、簡潔に言えば訴訟を起こすかライセンスを行うかの判断に過ぎないものだった」が、今日のオープンイノベーション環境下で、「知的財産に関する戦略的そして戦術的な対話のための、一種の効率的な『駆動力伝達ベルト』としての役割を果たす」ためには、「弁護士だけでなく、事業開発、財務、企業買収、マーケティング、ライセンシング、そしてコミュニケーションの専門家達も同様に知的財産組織に組み込まれるべきである」と考えられており[12]、知的財産部門は、企業内弁護士等の法務担当者のみから成る法務部門とは異なる組織編成にする必要があることがうかがえる。

　フォード・グローバル・テクノロジーの会長兼 CEO とフォード自動車のアシスタントジェネラルカウンセルを長く務めたウィリアム・J・コフリンは、最高知財責任者（Chief IP Counsel）の重要なスキルセットとして、①リーダー（知財とビジネスチームによる目覚ましい成果の動機付けを与えることができる戦略家）、②リスクテイカー（「職を賭する」決断を厭わない注意深いが、勇敢なリティゲーター）、③教師（Teacher）（チームが必要とする知識を絶えず伝授するメンター）、④ディールメーカー（大きな取引を完了させ、かつ、正しく完了させることの力となり得る熟練のネゴシエーター）、⑤イノベーター（ビジネスによる、ビジネスと共に行うイノベーションに影響を

11）マーシャル・フェルプス（Marshall Phelps）＝デビット・クライン（David Kline）（加藤浩一郎監訳）『マイクロソフトを変革した知財戦略（原題 *Burning the Ships: Intellectual Property and the Transformation of Microsoft*）』〔発明協会、2010年〔原著2009年〕〕147頁。

12）マーシャル・フェルプス＝デビット・クライン・前掲注11）172頁。

及ぼし得るクリエイティブエンジニア）[13]、⑥起業家（Entrepreneur）（知財
／ビジネスの機会を見て取り、出資することができるエグゼクティブ）、
⑦賢者（Sage）（あらゆる知財の論点について経営陣に賢明な助言を与え
ることができる信頼されたカウンセラー）、⑧コーチ（チームメンバーに専
門的な最善を引き出すことができる偉大な才能の判定者）、⑨マネージャー
（効果的な知財の工場を建設することができる知財のプロセスと指標の専門家）
を挙げている[14]。最高法務責任者（General Counsel ／ Chief Legal Officer）
について挙げられる多様な役割[15]と比較しても、最高知財責任者の方が、
よりビジネスと直結した役割を担っていることが分かる。

　メーカーの知的財産部門の場合、特許業務の比重が商標業務よりも大き
いことが多いが、メーカーか否かを問わず、商標業務がブランド管理の観
点で重要な業務であることはいうまでもない。商標管理の部署は、文系出
身者によって構成され、出願業務や侵害品対策のために、内外の法律事務
所とのやり取りに追われることが多い。しかし、商標管理の部署に企業内
弁護士が加わって、訴訟やライセンスも見据えた商標の活用戦略を練る司
令塔になることができれば、商標管理業務の処理に終始するだけでなく、
商標法等を駆使したブランドマネジメント全般を担うことも期待できる。
本来、商標管理の部署は、マーケティング部門と協働して、会社や製品の
イメージ向上に寄与できることが望ましく、ビジネス環境を改善し、風評
被害を防止し、経営戦略にも直結する最高ブランド責任者（Chief Brand
Officer）を置く会社もみられる。商標に詳しい企業内弁護士が、最高ブラ

13）明司雅宏『希望の法務　法的三段論法を超えて』〔商事法務、2020年〕110頁は、
　　法務人材はイノベーション促進には向いていないのではないかという興味深い議論
　　をしているが、知的財産部門が、イノベーションを促進する組織を標榜し、技術系
　　人材と法務人材の協働によって成り立っているためか、知的財産部門内の法務人材
　　については、イノベーション促進には向いていないのではないかという疑問を持つ
　　ことは少ないように思われる。

14）William J Coughlin, "*So, you want to be chief IP counsel, eh?*" Intellectual Asset
　　Management November/December 2010 〔Law Business Research〕
　　https://www.iam-media.com/article/CD1ADD3654F499399DC6EF9675511496FF
　　987339/download

ンド責任者に就くという将来のキャリア像もあり得ると思われる。

8　結び

　以上のように、企業内弁護士においても、人事異動に伴う不確実な側面はあるものの、特定分野の業務に精通し、それをアピールしていくことにより、社内で一目置かれ、余人をもって代えがたい存在になっていくことは可能であり、さらに、執筆活動等によって、社外においても、専門性が評価され、認知されることもあることを述べた。

　ただ、外部法律事務所の弁護士が、様々な依頼者から委託されて特定の専門的な案件を処理していることによる専門的知識も、企業にとって必要なことがあり、法律業務を社内のみで処理せずに、外部法律事務所に委託するニーズも、この点にある。知的財産部門の業務も、社内で行うべきものと社外にアウトソースできるものに分かれており、両者を組み合わせることが効果的な知的財産権の保護につながると指摘されている[16]。

　社内と社外の人材の活用を効果的に組み合わせることの重要性は今日においても変わることはないが、副業・兼業を促進する政策がとられ[17]、2020年以降の新型コロナウイルス（COVID-19）感染症の蔓延に伴ってリモートワークが一般化し、リモートワークを行うためのツールが普及したことによって、外部法律事務所の弁護士をパートタイムで企業内弁護士の

15）サラ・ヘレン・ダギン／本間正浩監訳「企業のインテグリティ（Integrity）と専門家としての責任の推進の中核となるゼネラル・カウンセルの役割(1)」中央ロー・ジャーナル17巻 2 号〔2020年（原著2006年）〕47頁、54頁。
　　E. Norman Veasey & Christine T. Di Guglielmo, *"Indispensable Counsel: The Chief Legal Officer in the New Reality"*〔OXFORD UNIVERSITY PRESS、2012年〕39頁。
16）Paul-Alexander Wacker, *"IP counsel: insourcing versus outsourcing"*, Brands in the Boardroom 2011 〔Law Business Research〕
　　https://irp-cdn.multiscreensite.com/b93eec44/files/uploaded/paw_insourcing_vs_outsourcing.pdf
17）厚生労働省「副業・兼業の促進に関するガイドライン」（2018年 1 月策定〔2020年 9 月改定〕）。

ように扱って、活用することは、難しくなくなったように思われる。今後、企業内弁護士と外部法律事務所の弁護士の境界も曖昧になり、両者の差も大きくなくなると予測され、それぞれの弁護士が所属企業や事務所の垣根を越えて、専門性を磨き、専門性を発揮して活躍できるようになっていくことが期待される。

第3章

エネルギー事業におけるリスクマネジメントとカーボンニュートラル社会へ
──組織内弁護士の観点から

髙畑正子・横井邦洋・進藤千代数[*]

1 はじめに

　日本は、国民生活や経済活動に必要な一次エネルギーの自給率が低く[1]、石炭・石油・天然ガスは、ほぼ全量が海外から輸入されている[2]。また、化石燃料以外の鉱物資源についても、省エネルギー・再生可能エネルギーに利用するための機器等に必要不可欠な原材料である鉱物資源も含め、その供給のほとんどを海外に頼っている[3]。そのため、日本では長年にわた

＊）本稿の執筆を担当した、エネルギー資源開発法研究会の執行部の主要メンバーの略歴は、次のとおり。座長　髙畑正子（株式会社インダストリアル・ディシジョンズ　ジェネラル・カウンセル）、副座長　横井邦洋（アンダーソン・毛利・友常 法律事務所 外国法共同事業　パートナー）、副座長　進藤千代数（ホーガン・ロヴェルズ法律事務所外国法共同事業　カウンセル）。なお、本稿中の意見にわたる部分はすべて筆者らの個人的見解であり、筆者らが過去に所属しまたは現在所属する企業、法律事務所その他の団体の見解ではないことを申し添える。

1）2019年度で12.1％。東日本大震災後の原子力発電所の停止に伴い2014年度に過去最低の6.3％に低下したが、近年は再生可能エネルギーの導入や原子力発電所の再稼動に伴いやや回復している。資源エネルギー庁「令和2年度エネルギーに関する年次報告」（エネルギー白書、2021年）（https://www.enecho.meti.go.jp/about/whitepaper/2021/PDF/）88頁ほか。

2）資源エネルギー庁「日本のエネルギー 2020年度版『エネルギーの今を知る10の質問』」（https://www.enecho.meti.go.jp/about/pamphlet/energy2020/001/）。

3）資源エネルギー庁「令和2年度エネルギーに関する年次報告」（エネルギー白書、2021年）（https://www.enecho.meti.go.jp/about/whitepaper/2020pdf/）207頁参照。

りエネルギーを供給するための資源の安定確保がエネルギー政策の重要課題となっており、日本企業も、従前から、海外の資源調達案件を中心として、エネルギー・資源開発プロジェクトに関与してきた。かかるエネルギー・資源開発プロジェクトは、その活動範囲が国内及び世界各国で行われ、かつ、事業に伴う法的問題も許認可や多国籍・多数当事者の契約関係等複雑かつ多岐にわたっている。また、一般に、エネルギー・資源開発関連事業は、その事業規模（金額）が大きくその活動に伴うリスクも大きいため、事業活動に伴い適切なリスクマネジメントが必要となる分野でもある。そのため、各企業が事業活動を遂行していくにあたり、企業の法務部門、とりわけ組織内弁護士が、関係するプロジェクトの契約書の作成や審査、リスクの分析と助言、関係者との交渉への参加、子会社・関連会社の管理、関係国の弁護士の選任・管理、外国政府との交渉、紛争対応等様々な場面において、マネジメントや各事業部門を支援していくことが重要である。

　そこで、本稿では、主に、日本企業の組織内弁護士の視点から、エネルギー・資源開発プロジェクトにおけるリスクマネジメントについて考察した後、近時この分野で重要課題となっている"2050年カーボンニュートラル"の実現へ向けて、再生可能エネルギー事業の発展及び ESG について概観する。

2　エネルギー・資源開発プロジェクトと日本企業

⑴　日本企業による海外の資源調達

　従来、日本企業による資源調達方法としては、大きく①自主開発（資源開発企業が海外鉱山等に進出して資源開発をする方法）、②融資買鉱（外国の資源開発企業に融資する見返りとして長期契約で資源を購入する方法）、③単純輸入（特別な条件なしに単なる輸入取引で取引する方法）に分けられており、資源の安定確保という観点からは、1950年代以降、多種にわたる海外の資源調達案件において自主開発及び融資買鉱の手法がとられた[4]。これらの海外の資源調達案件は、アメリカ大陸やアジア地域、アフリカ大陸など様々な国で行われ、初期調査→探鉱・探査→確認・分析・評価→開発工

事→生産というプロセスの中で、探査権・採掘権・営業権などの各種権利・許認可の取得や規制、現地政府との条件交渉、資源開発に必要な技術・資本・労働力の調達や投入、施設の整備や現地での運営などにおいて、様々な技術的・経済的側面の検討が必要となるほか、法務面でも多様な規制やトラブルへの調査・対応、契約書の作成・交渉などの諸問題が重要となっていた。また、日本企業による海外の資源調達案件では、開発資金の大部分を借入金によって賄うことも多かったため、政府系金融機関からの融資や出資受入、民間金融機関からの借入など、金融面でのリスク分析や担保設定、スポンサーによる債務保証、契約交渉等も重要な課題となっていた[5]。

(2)　プロジェクトファイナンスによる資金提供

　1970年代から、北海油田開発案件等において本格的にプロジェクトファイナンスの手法が用いられるようになったが、1980年代以降、アジア・オセアニア・太平洋地域における LNG 開発案件や鉱山開発案件においても、日本企業がプロジェクトファイナンスの手法を用いた海外の資源調達案件に多数参画するようになった[6]。石油・ガスの分野では、1990年代以降、石油開発会社・商社のみならず資源の買い手である電力・ガス等のエネルギー会社による出資や、政府系・民間金融機関による資金提供、エンジニアリング会社によるプラント建設への関与、船会社による運搬等、多くの日本企業が関与するようになった。

(3)　日本企業によるエネルギー投資

　1990年代以降、電力プラント案件や IPP 案件、石油化学プラント案件などがタイやインドネシアを中心とするアジア地域で広まり、多くの日本

---

4 ）斎藤優編　『海外資源開発の実務』（ダイヤモンド社、1979年）３頁以下参照。
5 ）斎藤・前掲注 4 ）180頁以下参照。
6 ）井上義明　『実践プロジェクトファイナンス』（日経 BP 社、2011年）65頁以下参照。

企業が関与するようになった[7]。アジア電力案件は、1997年に発生したアジア金融危機の影響により多くのプロジェクトが危機に瀕したが、2000年代以降は様々な国・地域において活発に行われ、多くの日本企業が関与している[8]。これに対し、国内の電力・ガス産業は、従来、事実上の地域分割・独占と生産から供給までを一体的に運営する垂直統合体制及び総括原価方式による投資回収を保証する制度の下で営まれてきたが、1990年代以降の制度改革による段階的な自由化への動き、2010年代の固定価格買取制度（FIT制度）に基づく再生可能エネルギー発電事業の開発促進の流れ、電力・ガスのシステム改革に基づく小売事業の完全自由化・ネットワークの中立化等の動きを経て、より多様な企業がこの分野に参入するようになった。

　近時、地球温暖化防止対策や省エネルギーの実現のための再生可能エネルギーの大量導入によりカーボンニュートラル・脱炭素社会の実現を目指す活動の活発化に伴い、国内外のエネルギー案件に多くの日本企業が積極的に関与している。

3　エネルギー・資源開発プロジェクトにおけるリスクマネジメント

(1)　エネルギー・資源開発プロジェクトの特徴

　エネルギー・資源開発プロジェクトは、そのプロジェクトの所在国や、開発の目的等により様々ではあるが、一般的な特徴としては、鉱物資源分野、石油・ガス分野、電力（再生可能エネルギーを含む）分野や石油化学プラント分野など、事業規模が大きく多額の資金を要するほか、事業期間が長期にわたるものが多い。操業を行うためには施設や周辺のインフラ整備への投資を伴うものも多く、事業の遅延や仕様の変更等により大きな影響

7）井上・前掲注6）77頁以下参照。

8）加賀隆一『プロジェクトファイナンスの実務』（金融財政事情研究会、2007年）64頁以下参照。

が生じやすい面もみられる。その一方で、プロジェクトの操業開始までの
リードタイムが長いため、事業から収益を上げるまでに長期の時間とコス
トを要するものも多い。さらに、対象となる資源の埋蔵量の偏在性や事業
に適切な地域も特定のものに偏っていることも多いため、事業の対象国が
ポリティカルリスクの高い国であることも多い。このほか、事業活動中に
設備の故障、関係者の不履行や災害等の不可抗力など予期せぬ事態やトラ
ブルが生じやすいという特徴もある。

　このように、エネルギー・資源開発プロジェクトは、事業リスクが比較
的高く、各プロジェクトの各場面において様々なリスクを慎重に検討し、
適切な対応策を取ることにより当該リスクをコントロールしていくことが
重要となる。

⑵　主要なリスクファクターとリスクマネジメント

　エネルギー・資源開発プロジェクトにおけるリスクは、プロジェクトの
規模・性質、関係者の動向等に応じて様々なリスクがあり、またプロジェ
クトの所在国やプロジェクトの進捗状況によって重要となる側面も異なる。
エネルギー・資源開発プロジェクトにおいて問題となるリスクを網羅的に
指摘することは不可能であるが、上述のエネルギー・資源開発プロジェク
トの特徴も踏まえ、事業において想定される代表的なリスクとしては、以
下のものが挙げられる。

　　需要・マーケット変動リスク
　　スポンサーリスク
　　完工リスク
　　技術リスク
　　操業・保守リスク
　　原燃料調達リスク
　　不可抗力リスク
　　制度変更リスクその他の政治的リスク

（ⅰ）　需要・マーケット変動リスク

　資源開発プロジェクトにおいては、生産物の販売価格が事業の収益を大きく左右するので、販売価格の低下や生産物を販売できないリスクは、当該プロジェクトにおいて極めて重要なリスクとなる。発電（IPP）案件においても、電力市場に販売する場合（いわゆる独立採算型事業）や特定の販売先による長期引取の場合でも販売価格が市場価格連動の場合等においては、販売価格の低下リスクを負うことになり、実際に資源価格の下落時やアメリカでの電力価格の下落時に事業の採算性悪化が問題となっている。

　そのため、エネルギー・資源開発プロジェクトにおいては、この需要・マーケット変動リスクの程度やリスクへの対応策の有無について十分に検討することが極めて重要となる。例えば、発電事業案件においては、従前から多くのプロジェクトにおいて資金を提供する金融機関等から、電力会社による長期の電力購入契約（PPA: Power Purchase Agreement）により一定の料金が支払われること（いわゆる take or pay 方式によるオフテイク）等が求められてきた。なお、日本の固定価格買取制度（FIT 制度）に基づく再生可能エネルギー発電事業案件も、従量料金制ではあるが固定価格での売電を保証する長期 PPA の締結によりマーケット変動リスクに対処したものとなっている。また、LNG プラント案件などでは、生産予定量の大半についてあらかじめ購入者のめどをつけてから LNG プラントの建設に着手する等の対応をとっている[9]。

（ⅱ）　完工リスク

　完工リスクとは、プロジェクトが当初予定した期日内あるいは予算内に完成しなかったり、完成はしても求められる能力に達しないリスクをいう[10]。プロジェクトの完工遅延（タイムオーバーラン）は、借入金利の負担増加によるコスト増加や事業収入を得るタイミングの遅延・減少（キャッシュフローの問題）等の問題を引き起こし、予算超過（コストオーバーラ

　9）井上・前掲注6）113頁以下参照。
　10）加賀・前掲注8）77頁。

ン）や性能未達の問題は、事業収支の悪化を招き、借入金の返済等に支障
をきたす可能性もある。

　そのため、かかるリスクに対応するため、従前より豊富な経験と能力を
有するコントラクターによる固定された価格、工期、一括発注でのEPC
（設計・調達・建設）契約を採用する手法が多くのプロジェクトでとられて
きた。ただ、このEPC契約に応じられるコントラクターが限られている
ことや分野により応じられない場合等もあるため、一定の設備ごとに分割
して契約する手法がとられることもある。いずれにしろ、完工遅延や性能
未達等のリスクに対応するための契約条件を設定し、コントラクターにリ
スクを転嫁できない部分については保険の付保やスポンサーサポート等を
含めた代替手段の検討が必要となる。

(iii)　原燃料調達リスク

　プロジェクトに必要な原燃料を調達できない場合は、事業継続に支障を
きたすこととなる。そのため、原燃料の調達については、プロジェクトの
投資決定前の段階で、埋蔵量や他の調達手段の確認、原燃料供給者との長
期供給契約の締結、代替供給者の有無、プロジェクト対象国による支援体
制の確認や保証、スポット調達の可能性とその場合の価格変動リスクへの
対処（準備金の設定）等の対処が重要となる。

(iv)　操業・保守リスク

　プラントの操業・保守（O&M）において、プロジェクト会社や業務委
託したコントラクターが設備の故障等による不履行、運営コストの増加や
事業収益の悪化を引き起こすリスクである。例えば、運転員による機器の
操作ミスにより重大事故が発生し発電停止となってしまった事例などがこ
れにあたる。対応としては、経験・能力を有する会社との間で長期の契約
を締結し、O&M報酬の固定化や不履行の場合の予定損害賠償金の設定、
安定的な操業に向けた修繕計画の策定、事故・災害に対する保険の付保な
どにより、操業リスク・費用増加を抑え、安定収益につなげようとするこ
とが一般的と思われる。

(v)　不可抗力・制度変更リスク

　不可抗力（フォース・マジュール）リスクは、災害や戦争・テロ等により プロジェクトの運営に支障が生じるリスクであり、プロジェクトをめぐる事実関係によっては適切に定義しておくことが可能な場合もある。もっとも、昨今のコロナウィルスの発生によるプラント工事の中断や事業運営の停止の影響などについては、不可抗力を理由とするコントラクターからの工期延長請求や義務免責・追加費用の請求等をめぐって紛争となるケースが生じており、予期せぬ事態によりリスクが発生する場合も多い。制度変更リスクは、政府機関等がプロジェクトに関する法制や許認可の内容を変更したり、取り消すリスクである。不可抗力リスクへの典型的な対処方法としては、保険の付保が考えられるが、保険でカバーされない事象の場合や被害額が保険でカバーされる範囲を超える場合等もありうる。プロジェクトに関する契約の中で、不可抗力の発生時は義務の履行について免責されることや、不可抗力に伴うコスト増加や事業遅延リスクのシェアを求めることができるような契約条件の設定を検討したり、反対にコントラクターからの請求に対する対応等も必要となる。制度変更リスクは、政府機関等により引き起こされるという意味で事業者にはコントロールできない事情であり、リスクが発生してから政府機関等と交渉するのは容易ではないため、事前に契約においてリスク分担移管する規定を設けておくことや、ポリティカルリスク保険の手配、相手国の政府機関等との交渉力を持ちうる政府系金融機関等の支援を確保しておくことのほか、事後的には投資協定仲裁による紛争解決を検討すること等が重要となる。

(3)　紛争解決手続

　エネルギー・資源開発プロジェクトは、規模も大きく、プロジェクトライフが長く、法域が異なる権利関係や国籍の異なる多数当事者の契約関係である場合が多く、様々なリスクファクターを包含している。そこで、紛争が起こった場合には、商事仲裁又は投資協定仲裁という国際的な紛争解決手続を利用することとなる。組織内弁護士としては、契約交渉段階より、紛争解決条項について考慮することも大切であるし、紛争が生じた段階で

も、事実関係の調査を前提に両者の主張とその根拠を整理して法的な分析を加え、国際仲裁等の対応方針の検討や代理人弁護士の選定、協議等について、リーダーシップをとっていくことも期待されている。

4　再生可能エネルギー事業の発展

(1)　再生可能エネルギー事業

　再生可能エネルギーとは、化石燃料以外のエネルギー源のうち永続的に利用することができるものを利用したエネルギーであり、代表的な再生可能エネルギー源としては太陽光、風力、水力、地熱、バイオマスなどが挙げられる[11]。国は、2030年度の電源構成（エネルギーミックス）について、LNG 火力発電は27％程度、石炭火力発電は26％程度、原子力発電は20〜22％程度、石油火力発電は3％程度、そして再生可能エネルギーは22〜24％程度と見込んでいる[12]。2020年以降の温室効果ガス排出削減等のための新たな国際枠組みであるパリ協定[13]などを受け、第5次エネルギー基本計画では、2030年のエネルギーミックスの確実な実現へ向けた取り組みの更なる強化を行うとともに、新たなエネルギー選択として2050年のエネルギー転換・脱炭素化に向けた挑戦を掲げている[14]。2020年10月26日には、菅総理大臣から「2050年までに、温室効果ガスの排出を全体としてゼロにする、すなわち2050年カーボンニュートラル、脱炭素社会の実現を目指す」ことが宣言された[15]。これについての経済会の反応は好意

---

11)　資源エネルギー庁「令和2年度エネルギーに関する年次報告」（エネルギー白書、2021年）（https://www.enecho.meti.go.jp/about/whitepaper/2021pdf/）120頁。

12)　2018年7月エネルギー基本計画（https://www.enecho.meti.go.jp/category/others/basic_plan/pdf/180703.pdf）39頁。

13)　パリ協定の概要として、世界共通の長期目標として2℃目標の設定。1.5℃に抑える努力を追求すること、主要排出国を含む全ての国が削減目標を5年ごとに提出・更新すること、全ての国が共通かつ柔軟な方法で実施状況を報告し、レビューを受けることなどを含む。（https://www.mofa.go.jp/mofaj/ic/ch/page1w_000119.html）

14)　2018年7月エネルギー基本計画3頁。

的なもので、2050年カーボンニュートラル宣言は、日本の気候変動問題の解決に真摯に取り組む方針を内外に示す英断として高く評価などとされている[16]。2021年1月には、梶山経済産業大臣から「2050年も見据えて2030年の目標や政策の在り方についても議論する。再生可能エネルギーについては、カーボンニュートラル目標もふまえてギアチェンジして議論の充実を図」るとされたところである[17]。これを受けて経済産業省資源エネルギー庁総合資源エネルギー調査会基本政策分科会では、2050年には発電電力量の約5～6割を再エネで賄うことを今後議論を深めていくにあたっての参考値とすることが提案されている[18]。このように再生可能エネルギーをめぐる現在の状況及び今後の計画については目まぐるしく変化している。かかる再生可能エネルギーについて、一見するとエネルギー関連の会社以外の一般の事業会社に勤務する組織内弁護士としては無関係に思われるかもしれないが、近時特に注目が集まっているESGへの取り組みの中枢の一つが再生可能エネルギーであることに照らせば無関係ではない。そこで、本稿では、組織内弁護士として、かかる再生可能エネルギー事業にどのように向き合うべきかについて、再生可能エネルギーの最新の動向と課題に言及しつつ検討したい。

(2)　2030年再生可能エネルギー導入量に係る検討の視点

経済産業省資源エネルギー庁総合エネルギー調査会省エネルギー・新エ

15）2020年10月26日第二百三回国会における菅内閣総理大臣所信表明演説（https://www.kantei.go.jp/jp/99_suga/statement/2020/1026shoshinhyomei.html）。

16）2021年2月24日総合資源エネルギー調査会 基本政策分科会（第37回会合）資料1日本経済団体連合会副会長日本化学工業協会副会長越智仁「エネルギー基本計画に対する経団連の考え方」5頁。

17）2021年3月1日総合エネルギー調査会 省エネルギー・新エネルギー分科会／電力・ガス事業分科会 再生可能エネルギー大量導入・次世代電力ネットワーク小委員会（第25回）「今後の再生可能エネルギー政策について」（「大量導入小委第25回資料」）3頁。

18）2020年12月21日 基本政策分科会資料（https://www.enecho.meti.go.jp/committee/council/basic_policy_subcommittee/035/035_004.pdf）148頁。

ネルギー分科会／電力・ガス事業分科会 再生可能エネルギー大量導入・次世代電力ネットワーク小委員会では、2030年の再エネ導入量に係る検討の視点として、(ⅰ)電源ごとの導入可能性、(ⅱ)系統制約及び(ⅲ)コスト・国民負担を挙げている[19]。

(ⅰ)　電源ごとの導入可能性

(ア)　太陽光発電

　太陽光発電は、シリコン半導体などに光が当たると電気が発生する現象を利用し、太陽の光エネルギーを太陽電池（半導体素子）により直接電気に変換する発電方法である[20]。事業用太陽光発電の導入量は、近年着実に伸びており、エネルギーミックス（6,400万kW）の水準に対して、現時点のFIT[21]前導入量＋FIT認定量は太陽光全体で8,000万kW（FIT前導入量＋FIT導入量は5,890万kW）となっている[22]。もっとも、地上太陽光には、適地が限定的[23]、地域でのトラブル[24]等の課題が挙げられる[25]。

---

19) 2021年3月1日経済産業省資源エネルギー庁総合エネルギー調査会 省エネルギー・新エネルギー分科会／電力・ガス事業分科会 再生可能エネルギー大量導入・次世代電力ネットワーク小委員会（第25回）「今後の再生可能エネルギー政策について」（「大量導入小委第25回資料」）（https://www.meti.go.jp/shingikai/enecho/denryoku_gas/saisei_kano/pdf/025_01_00.pdf）18頁。

20) 経済産業省資源エネルギー庁HP「なっとく！再生可能エネルギー」（https://www.enecho.meti.go.jp/category/saving_and_new/saiene/renewable/solar/index.html）。

21) FITとは、Feed in Tariffの略。電気事業者による再生可能エネルギー電気の調達に関する特別措置法に基づく再生可能エネルギーの固定価格買取制度のことで、再生可能エネルギー源（太陽光、風力、水力、地熱、バイオマス）を用いて発電された電気を、国が定める価格で一定期間、電気事業者が買い取ることを義務付けるものである。電気事業者が買い取りに要した費用は、使用電力に比例した再エネ賦課金によってまかなうこととしており、電気料金の一部として、国民の負担となる。再エネ賦課金単価は、買取価格等をもとに年間でどのくらい再生可能エネルギーが導入されるかを推測し、毎年度経済産業大臣が決定する。以上につき、経済産業省資源エネルギー庁「なっとく！再生可能エネルギー」「固定価格買取制度」（https://www.enecho.meti.go.jp/category/saving_and_new/saiene/kaitori/fit_faq.html）。

22) 大量導入小委第25回資料34頁。

23) 日本の国土の約70％は森林である一方、平地は、宅地や農地として開発済みの地域が多く、導入可能な地域が限定的とされている。

適地が限られ、また地域の懸念も高まりつつあるなかで、地域の理解を前提に、どのように認定ペースを維持・拡大していくか等が今後のポイントとなる[26]。

㈜　風力発電

　風力発電は、風の運動エネルギーを風車により回転エネルギーに変え、その回転を発電機に伝達することで発電するものである[27]。エネルギーミックス（1,000万 kW）の水準に対して、現時点の FIT 前導入量＋ FIT 認定量は1,200万 kW（FIT 前導入量＋ FIT 導入量は440万 kW）となっている[28]。風力発電のうち、陸上風力の課題として、適地が限定的[29]、景観や環境への配慮／用地取得の困難[30]等の課題がある[31]。

㈡　地熱発電

　火山の地下深部にはマグマが存在し、膨大な地熱エネルギーが眠っているところ、地熱は、水力とともに純国産の再生可能なエネルギーとして貴重な資源であり、エネルギー資源に恵まれない日本にとって利用価値の高いエネルギーとされている[32]。地熱発電の一般的仕組みは、火力発電所のボイラーにあたる地熱貯留層に坑井と呼ばれる井戸（生産井）を掘り、

　24）近年増加する災害に起因した被害の発生に対する安全面の不安や、景観や環境への影響等をめぐる地元との調整における課題、太陽光発電設備の廃棄対策等地域の懸念が顕在化しているとされている。

　25）大量導入小委第25回資料42,43頁。

　26）大量導入小委第25回資料66頁。

　27）第一東京弁護士会環境保全対策委員会「再生可能エネルギー法務〔第1版〕」183頁。

　28）大量導入小委第25回資料38頁。

　29）風力適地である 6 m/s 以上の地域は、沿岸部及び山地に集中しており安価な陸上風力発電の大量導入が進みにくいとされている。

　30）環境影響評価手続の、約8割が風力案件に集中しており、景観や環境、鳥類などへの影響考慮や、地域住民との合意形成が必須で時間がかかり、適地に多い山林では、50年以上登記情報の変更が無く、所有者が不明の可能性がある土地が約3割を占め、適地であったとしても、用地取得交渉に時間とコストがかかるとされている。

　31）大量導入小委第25回資料51－53頁。

地熱流体を取り出し、気水分離器で蒸気と熱水に分離し、その蒸気がタービンを回して発電するものである[33]。エネルギーミックス（140万～155万kW）の水準に対して、現時点の FIT 前導入量＋FIT 認定量は63万kWに留まっている（FIT 前導入量＋FIT 導入量は59万kW）[34]。地熱について、適地が限定的[35]、規制の存在[36]、高リスク・高コスト[37]、地元理解を得るのに時間がかかる[38]等の課題がある[39]。事業化にあたって地表調査や持続可能性探査、地元との事前協議等が必要であることをふまえると、事業開始までには一定程度の時間がかかるものと考えられ、新たに認定され2030年に運転開始に至っている案件は限定的になる一方で、2050年を見据え、開発リスクへの対応、革新的技術の開発、制度の運用改善等を行っていくことが必要である[40]。

㈢　中小水力発電

　水力発電は、その名のとおり、水の力を利用して電気を生み出すもので、せき止めた河川の水を高い所から低い所まで導き、その流れ落ちる勢いにより水車を回して電気を起こすもので、水の量が多いほど、流れ落ちる高さ（落差）が高い（大きい）ほど発電量は増える[41]。エネルギーミックス（1,090万～1,170万kW）の水準に対して、現時点の FIT 前導入量＋FIT

32）経済産業省資源エネルギー庁「地熱発電の開発」（https://www.enecho.meti.go.jp/category/resources_and_fuel/geothermal/explanation/development/）。

33）独立行政法人石油天然ガス・金属鉱物資源機構「地熱発電のしくみ」（http://geothermal.jogmec.go.jp/information/geothermal/mechanism/mechanism2.html）。

34）大量導入小委第25回資料39頁。

35）地熱資源は火山地帯に偏在しており、適地が限定的とされている。

36）火山地帯の多くは国立・国定公園であり、関係法令の規制が存在し、許認可手続に時間を要する等、開発に影響が生じうるとされている。

37）地熱資源は目に見えない地下資源であり、複数の掘削調査が必要となること、掘削に時間を要すること等から、地熱開発に係るリスク及びコストが高いとされている。

38）地熱開発にあたっては近傍の温泉資源への影響を懸念する声が多いことから、地元での理解が必要不可欠で時間がかかるとされている。

39）大量導入小委第25回資料58－60頁。

40）大量導入小委第25回資料67頁。

認定量は1,000万 kW に留まる（FIT 前導入量＋FIT 導入量は980万 kW）[42]。適地減少／小規模化／高コストといった課題があり、地域との関係で開発工事が困難な案件が多く、工事中又は経済性の高い未開発有望地点は、25万 kW（0.25GW）にとどまる[43]。事業化にあたって流量調査や地元との事前協議が必要であることをふまえると、事業開始までには、一定程度の時間がかかるものと考えられ、新たに認定され2030年に運転開始に至っている案件は限定的になる一方で、水力は地域資源である水を活用した安定電源であることから、2050年を見据え、開発リスクへの対応、既存の水力発電設備更新等を通じて発電量を維持・増加していくことが必要である[44]。

㈺　バイオマス発電

　バイオマスとは、動植物などから生まれた生物資源の総称で、バイオマス発電では、この生物資源を「直接燃焼」したり「ガス化」するなどして発電するものである[45]。エネルギーミックス（602〜728万 kW）の水準に対し、現時点の FIT 前導入量＋FIT 認定量は1,050万 kW（FIT 前導入量＋FIT 導入量は480万 kW）となっている[46]。国内木質燃料の間伐材は、「森林・林業基本計画」により利用量に限りがあり、一般木材等・バイオマス液体燃料においては、原料の 7 割以上がパーム油や PKS[47]といった輸入材を活用しており、国外への依存が顕著であることから、導入拡大に向けて、国内外の原料の安定確保及び持続可能性を考慮する必要があ

41）経済産業省資源エネルギー庁「水力発電について」（https://www.enecho.meti.go.jp/category/electricity_and_gas/electric/hydroelectric/mechanism/electric/）。

42）大量導入小委第25回資料40頁。

43）大量導入小委第25回資料62頁。

44）大量導入小委第25回資料67頁。

45）経済産業省資源エネルギー庁「なっとく！再生可能エネルギー」「バイオマス発電」（https://www.enecho.meti.go.jp/category/saving_and_new/saiene/renewable/biomass/index.html）。

46）大量導入小委第25回資料41頁。

47）パームヤシ殻：Palm Kernel. Shell の略。

る[48]。

㈔　洋上風力

　以上のとおり、再生可能エネルギーのいずれについてもその導入拡大に向けて解決困難な課題がある。これに対し、現在特に焦点があてられているのが洋上風力である。洋上風力は、大量導入が可能であり、また、コスト低減による国民負担の低減効果や経済波及効果が大きいため、2050年カーボンニュートラルの実現に向けて最大限の導入が必要となる、再生可能エネルギーの中でも、特にその導入拡大が期待される電源とされている[49]。政府は、年間100万kW程度の区域指定を10年継続し、2030年までに10GW（1,000万kW）、2040年までに浮体式も含む30〜45GW（3,000万kW〜4,500万kW）の案件を形成するとしている[50]。もっとも、洋上風力発電については、自然面での課題として、遠浅の海が少なく、適地が限定的[51]、社会面での課題として、漁業者等の先行利用者及び地域との調整[52]に時間がかかる[53]等の課題がある。かかる課題も考慮しつつ、洋上風力発電の導入拡大を目的として2019年4月に施行されたのが、海洋再生可能エネルギー発電設備の整備に係る海域の利用の促進に関する法律（以下、「再エネ海域利用法」という）である。再エネ海域利用法下においては、

48）大量導入小委第25回資料64頁。
49）洋上風力の産業競争力強化に向けた官民協議会2020年12月15日付「洋上風力産業ビジョン（第1次）」（「第1次産業ビジョン」）（https://www.meti.go.jp/shingikai/energy_environment/yojo_furyoku/pdf/002_02_02_01.pdf）2頁。
50）第1次産業ビジョン4頁。
51）海底地形が急深な日本では立地が限られており、そのなかで、漁業者や地元と調整を進めながら案件形成を進めていく必要があるとされている。
52）水深がすぐ深くなる場所が多いこと、「共同漁業権区域」（岸から3〜5km程度の場所に設定されることが通常）では利害関係者を特定しやすいこと、等から、離岸距離の近い海域での案件が多く、離岸距離の近い海域では、景観や騒音などの面を含めて、より丁寧な地元調整を要することが多く、案件形成が困難であったり、時間を要するケースが生じているとされている。
53）総合資源エネルギー調査会基本政策分科会（第33回会合）（2020年11月17日）「2050年カーボンニュートラルの実現に向けた検討」（「基本政策分科会第33回資料」）81、82頁。

まず経済産業大臣及び国土交通大臣が促進区域[54]を指定したうえで、事業者選定のための公募手続において、長期的・安定的・効率的な事業実施の観点からもっとも優れた事業者を1者選定することで、責任ある長期安定的な電源かつコスト競争力のある電源として洋上風力発電の導入を促進する仕組みとなっている[55]。経済産業大臣及び国土交通大臣は、再エネ海域利用法8条及び7条の基本方針に基づき、同法8条1項各号に掲げる基準に適合するものとして、2019年12月27日付けで長崎県五島市沖[56]、2020年7月21日付けで、(a) 秋田県能代市、三種町及び男鹿市沖[57]、(b) 秋田県由利本荘市沖（北側）及び同（南側）[58]並びに (c) 千葉県銚子市沖[59]をそれぞれ促進区域に指定した。再エネ海域利用法及び公募占用指針に関する論点は非常に多岐にわたるが、特に重要なポイントは、公募で勝つためにどのように評価点を取るか（競争力ある供給価格の提示、海外勢とのコンソーシアム等を用いた適切な事業実績の提示等）、漁業関係者など先行利用者の理解をいかに得るか（基金への出捐額等）といった点が挙げら

---

54) 自然的条件が適当であること、漁業や海運業等の先行利用に支障を及ぼさないこと、系統接続が適切に確保されること、等の要件に適合した一般海域内の区域で、洋上風力発電事業の実施のために指定され、その区域内では最大30年間の占用許可を事業者は得ることが可能となり得る。

55) 経済産業省資源エネルギー庁「なっとく！再生可能エネルギー」「洋上風力発電関連制度」(https://www.enecho.meti.go.jp/category/saving_and_new/saiene/yojo_furyoku/index.html#vision)。

56) 2020年6月経済産業省国土交通省「長崎県五島市沖海洋再生可能エネルギー発電設備整備促進区域公募占用指針」(https://www.enecho.meti.go.jp/category/saving_and_new/saiene/yojo_furyoku/dl/sentei/nagasaki_goto_kouboshishin.pdf)。

57) 2020年11月経済産業省国土交通省「秋田県能代市、三種町及び男鹿市沖海洋再生可能エネルギー発電設備整備促進区域公募占用指針」(https://www.enecho.meti.go.jp/category/saving_and_new/saiene/yojo_furyoku/dl/sentei/akita_noshiro_kouboshishin.pdf)。

58) 2020年11月経済産業省国土交通省「秋田県由利本荘市沖（北側・南側）海洋再生可能エネルギー発電設備整備促進区域公募占用指針」(https://www.enecho.meti.go.jp/category/saving_and_new/saiene/yojo_furyoku/dl/sentei/akita_yuri_kouboshishin.pdf)。

59) 2020年11月経済産業省国土交通省「千葉県銚子市沖海洋再生可能エネルギー発電設備整備促進区域公募占用指針」(https://www.enecho.meti.go.jp/category/saving_and_new/saiene/yojo_furyoku/dl/sentei/chiba_choshi_kouboshishin.pdf)。

れる。また、これ以外にも、案件形成に必要な風況、海底・海象調査等を政府主導で行うことや系統・港湾等のインフラの整備、プロジェクトの障害となる規制を緩和していくことも重要である。第一次産業ビジョンでは、(a) 経済産業省（電気事業法）の安全審査を合理化するとともに、(b) 国土交通省（港湾法、船舶安全法）との審査の一本化、(c) 建築基準法に基づく高さ60m超の風況観測調査のための一時設置の観測タワーに係る手続の迅速化、(d) 航空法に基づく、洋上風力発電設備への航空障害灯の設置等に係る基準及び条件等の緩和、(e) 工事作業用及び重量物・長大物国内輸送用船舶の不足に対応するため、船舶法に基づくカボタージュ規制（外国籍船の寄港制限）に関する国土交通大臣特許要件の明確化等、が提示されており[60]、克服すべき課題は多岐にわたる。

(ⅱ)　系統制約

　再エネの大量導入及び2050年カーボンニュートラルに向けた課題として、(ア)出力変動への対応（調整力の確保）、(イ)送電容量の確保、(ウ)系統の安定性維持（慣性力の確保）等が提示されている[61]。

(ア)　出力変動への対応

　変動再エネ（太陽光・風力）は、自然条件によって出力変動するため、需給を一致させる「調整力」が必要なところ、調整力が適切に確保できないと、再エネを出力制御する必要があり結果として、再エネの収益性が悪化し、再エネ投資が進まない可能性がある。今後、変動再エネの導入量が増加する中で、(a) 調整力の脱炭素化（水素、蓄電池、CCUS[62]／カーボンリサイクル付火力、バイオマス、デマンドレスポンス等）を図りつつ、(b) 必要な調整力の量を確保する、といった課題を克服していくことが必要となる[63]。

60）第一次産業ビジョン9頁。
61）基本政策分科会第33回資料34頁。

(イ)　送電容量の確保

　再エネポテンシャルの大きい地域（北海道等）と大規模需要地（東京等）が離れているため、送電容量が不足した場合には、物理的に送電ができず再エネの活用が困難となる。今後社会的な費用に対して得られる便益を評価しながら、送電網の整備を進めていくことが必要となる。

(ウ)　系統の安定性維持

　突発的な事故の際に、周波数を維持しブラックアウトを避けるためには、系統全体で一定の慣性力（火力発電等のタービンが回転し続ける力）の確保が必要となるが、太陽光・風力は慣性力を有していないため、その割合が増加すると、系統の安定性を維持できない可能性がある。その克服に向けて、疑似慣性力の開発等を進めていく必要があるが、現時点では確立した技術がない状況である[64]。

(iii)　コスト国民負担

　再エネコスト低減のため、中長期的な価格目標の設定、入札制度の活用、FIT認定後長期間稼働していない高価格案件への厳格な措置等が講じられている。もっとも、太陽光や風力発電のコストは低減しているものの、世界より高い水準で高止まりしたまま、低減スピードも鈍化・横ばい傾向、その他の電源についてはコスト低減が進んでいないばかりか、今後、適地

---

62) CCUSは「Carbon dioxide Capture, Utilization and Storage」の略で、分離・貯留したCO2を利用しようというもので、例えば米国では、CO2を古い油田に注入することで、油田に残った原油を圧力で押し出しつつ、CO2を地中に貯留するというCCUSがおこなわれており、全体ではCO2削減が実現できるほか、石油の増産にもつながるとして、ビジネスになっているとされる。もっとも、CO2を他の気体から分離させて回収するときにかかるコストが高い点が課題とされている（2017年11月14日経済産業省資源エネルギー庁「知っておきたいエネルギーの基礎用語〜CO2を集めて埋めて役立てる『CCUS』」）（https://www.enecho.meti.go.jp/about/special/johoteikyo/ccus.html）。

63) 基本政策分科会第33回資料34頁。

64) 基本政策分科会第33回資料34頁。

が減少していく中で一定の導入量を確保するためには、むしろ開発コストが上昇する可能性もある[65]。

5　ESG 投資と組織内弁護士

(1)　カーボンニュートラル

　2050年カーボンニュートラル実現に向けては、電力部門の脱炭素化だけではなく、産業・民生・運輸部門の需要サイドにおいて徹底した省エネを進めるとともに、使用するエネルギーの脱炭素化（エネルギー転換）を進めることが重要である[66]。企業においても脱炭素化を目指す動きが出始めており、例えば、エネルギー関連以外の日系企業では、武田薬品工業が、2040年までにバリューチェーン全体でカーボンニュートラル達成を発表[67]、国外企業では Ford Motors が2020年6月、2050年カーボンニュートラルを宣言、グーグルが2020年9月、2030年までに自社のデータセンターとオフィスをカーボンフリー化を表明、アップルが2020年7月、2030年までにサプライチェーンをカーボンニュートラルにすることを表明（2018年よりデータセンターの電力を風力発電で賄う等、企業運営は100％再生可能エネルギーを使用）といった動きが出てきている[68]。金融機関では、ESG 投資の世界全体の総額は、2018年には、30.7兆ドルまで拡大しており（投資市場の約3分の1を ESG 投資が占め、日本は欧州・米国に続く世界第3位の ESG 投資残高）、グリーンボンド発行額も増加傾向にあり、2020年は3,500億米ドルになる推定である[69]。こうした動きに鑑みれば、エネルギー企

65）大量導入小委第25回資料78頁。

66）2021年1月27日総合資源エネルギー調査会基本政策分科会（第36回会合）基本政策分科会資料「2050年カーボンニュートラルの実現に向けた検討」（https://www.enecho.meti.go.jp/committee/council/basic_policy_subcommittee/036/036_005.pdf）3頁。

67）武田薬品工業「カーボンニュートラルへの取り組み」（https://www.takeda.com/jp/corporate-responsibility/environment/commitment-to-carbon-neutrality-at-takeda/）。

68）基本政策分科会第36回資料13頁。

業だけでなく非エネルギー企業の組織内弁護士としても、例えば、自社が全体でカーボンニュートラル達成を企図するバリューチェーンの中にある場合、再エネの利用を求められる可能性もあり得、再エネについての理解は不可欠である。

　産業部門における省エネ取り組みの課題として、特に設備の高効率化に向けた更なる技術開発、省エネ機器の実装に向けたコスト負担があり、対応の一つとして、更なる省エネに向けたベンチマーク制度の指標見直しや対象拡大、省エネ法における執行強化（事業者クラス分け制度、効果的な情報提供）等を通じた制度面からの省エネ施策が挙げられている[70]。

⑵　非化石電源比率——2030年度44％以上

　エネルギー供給事業者による非化石エネルギー源の利用及び化石エネルギー原料の有効な利用の促進に関する法律（以下、「高度化法」という）は、エネルギーの安定供給・環境負荷の低減といった観点から、電気事業者[71]に対して、非化石エネルギー源の利用の促進を義務付けており、具体的には、年間販売電力量が5億kWh以上の小売電気事業者に対して[72]、エネルギーミックスをふまえ、自ら供給する電気の非化石電源比率を2030年度に44％以上[73]にすることを求めている[74]。この関係で、FIT対象の再生可能エネルギー電源の電気に対し証書を発行し、環境価値を取引する非化石価値取引市場が2018年5月に創設され、小売電気事業者は非化石証書を購入することで、高度化法に定められる非化石電源比率の目標達成に利用できる[75]。非化石証書を組み合わせた電気を小売電気事業者が販売し、需要家が購入した場合、RE100の取り組みにも活用できる。

69）基本政策分科会第36回資料14頁。
70）基本政策分科会第36回資料16頁。
71）電気事業法2条1項3号に規定する小売電気事業者、同項9号に規定する一般送配電事業者及び同法27条の19第1項に規定する登録特定送配電事業者をいう。
72）高度化法施行令7条1号。
73）この数値に達しない場合、指導、勧告、命令、罰則が科され得る。
74）非化石エネルギー源の利用に関する電気事業者の判断の基準。

(3)　RE100

　RE100とは、Renewable Energy 100％の略で、イギリスに本部を置く国際環境 NGO「The Climate Group」が2014年に開始した、企業が自らの事業の使用電力を100％再エネで賄うことを目指す国際的なイニシアティブである。RE100は、世界で影響力のある企業が事業で使用する電気を100％再生可能エネルギーとすることにコミットする企業協働イニシアティブで[76]、これに参加する日本企業は、2021年３月現在50社となっている[77]。参加企業は年に１回、再エネ電力の利用状況や、再エネ電力の発電量について報告する必要があり、一部参加企業では取引先に再エネ調達を求める動きもある[78]。再エネ電力としては、(a) 太陽光発電及び太陽熱発電、(b) 風力発電、(c) 水力発電（大型水力を含む）、(d) バイオマス発電（バイオガス発電を含む）並びに (e) 地熱発電の電源に由来する電力であり、許容される再エネ電力の調達手法としては、概して①専用線で接続された再エネ電源からの直接調達、②電力系統（送配電網）を介した再エ

75）2020年12月25日資源エネルギー庁「2020年度第３回非化石証書オークションにあわせたトラッキング付 FIT 非化石証書の販売について」(https://www.enecho.meti.go.jp/category/electricity_and_gas/electric/nonfossil/page/20201225.html)。

76）日本気候リーダーズ・パートナーシップ (https://japan-clp.jp/wp-content/uploads/2021/02/RE100_50-Members-Japan.pdf)。

77）株式会社リコー、積水ハウス株式会社、アスクル株式会社、大和ハウス工業株式会社、ワタミ株式会社、イオン株式会社、株式会社丸井グループ、富士通株式会社、ソニー株式会社、コニカミノルタ株式会社、株式会社野村総合研究所、東急不動産株式会社、富士フイルムホールディングス株式会社、第一生命保険株式会社、パナソニック株式会社、株式会社髙島屋、東急株式会社、ヒューリック株式会社、株式会社 LIXIL グループ、楽天株式会社、三菱地所株式会社、三井不動産株式会社、住友林業株式会社、小野薬品工業株式会社、日本ユニシス株式会社、株式会社アドバンテスト、味の素株式会社、積水化学工業株式会社、株式会社アシックス、Ｊ.フロント リテイリング株式会社、アサヒグループホールディングス株式会社、キリンホールディングス株式会社、株式会社セブン＆アイ・ホールディングス、株式会社 ノーリツ、株式会社村田製作所、株式会社ニコン日清食品ホールディングス株式会社等

78）環境省第５回地域再省蓄エネサービスイノベーション促進検討会資料６「RE100・SBT の義務履行に対応した再エネ調達方法について」(https://www.env.go.jp/council/45chikyu-saiene-inove/y450-05/pdf/mat06.pdf)。

ネ電力メニューの購入及び③再エネ電力証書の購入がある[79]。RE100参加対象企業は、グローバル又は国内で認知度・信頼度が高い、主要な多国籍企業（フォーチュン1000又はそれに相当）、消費電力量が100GWh 以上（現在、日本企業は50GWh 以上に緩和）、RE100の目的に寄与する、何らかの特徴と影響力を有する、のいずれか１つ以上に該当する企業である[80]。RE100に加入して脱炭素化への取り組みを示すことで、環境及び社会に悪影響のない企業であることを顧客となる企業や消費者にアピールできることやエネルギー調達や天然資源、人的資源などの継続的な利用可能性が長期的な企業リスクとして認識される中で、E（環境）S（社会）G（ガバナンス）に対する投資が企業の利益になるといったメリットが指摘されている[81]。ESG 投資とは、環境・社会・ガバナンスに関する要素を考慮して行われる投資活動であり、このうち E（環境）には、気候変動、環境汚染、資源枯渇などが含まれる。ESG 投資の世界規模（2018年）は、前述のとおり30.7兆ドルといわれ、企業による ESG 経営と、機関投資家による ESG 投資が、「車の両輪」となり、ESG 投資の拡大基調が世界的に続いているとされている[82]。RE100加入自体義務的なものではないが、すでに日本企業の50社以上加入しており、脱炭素化のアピールにもなることから、今後日本企業の参加が増加する可能性がある。

　以上に鑑みると、電気事業者である企業の組織内弁護士である場合、高度化法遵守のためだけでなく、自社の企業価値向上の観点からも IR 部門と協働しつつ、非化石電源比率について検討していくことが必要である。

79）2020年６月環境省「公的機関のための再エネ調達実践ガイド」（https://www.env.go.jp/earth/earth/re100_1/RE100guidebook.pdf）５頁。

80）https://japan-clp.jp/membership/faq-reoh

81）NEC フィールディング「RE100とは？」加盟する企業のメリット・参加条件について（https://solution.fielding.co.jp/column/pick_up/201906_01/）。

82）2020年11月20日ニッセイアセットマネジメントチーフ・アナリスト林寿和「ESG 投資の潮流と ESG 情報活用の多様化」（https://www.jpx.co.jp/corporate/sustainability/esgknowledgehub/practical-disclosure-seminar/nlsgeu0000053rrp-att/103.pdf）。

⑷　コーポレートガバナンス・コード

　有価証券報告書では、ガバナンスや社会・環境問題に関する事項（いわゆる ESG 要素）が発行体の事業や業績に重要な影響を与える場合には、有価証券報告書の経営方針、経営環境及び対処すべき課題等、MD&A、事業等のリスクの項目において、それらの事項についての開示が求められる[83]。ESG 関連では、コーポレートガバナンス・コードでは、大要以下が規定されている[84]。

　(i)株主以外のステイクホルダーとの適切な協働基本原則2として、近時のグローバルな社会・環境問題等に対する関心の高まりをふまえ、ESG（環境、社会、統治）問題への積極的・能動的な対応をこれらに含めること

　(ii)原則2－3の社会・環境問題をはじめとするサステナビリティを巡る課題として、上場会社は、社会・環境問題をはじめとするサステナビリティ（持続可能性）を巡る課題について、適切な対応を行うべきこと

　(iii)補充原則2－3①として、取締役会は、気候変動などの地球環境問題への配慮、人権の尊重、従業員の健康・労働環境への配慮や公正・適切な処遇、取引先との公正・適正な取引、自然災害等への危機管理など、サステナビリティを巡る課題への対応は、リスクの減少のみならず収益機会にもつながる重要な経営課題であると認識し、中長期的な企業価値の向上の観点から、これらの課題に積極的・能動的に取り組むよう検討を深めるべきこと

　さらに、2018年6月のコーポレートガバナンス・コード改訂により、

---

83) 2018年6月28日金融審議会ディスクロージャーワーキング・グループ報告（https://www.fsa.go.jp/singi/singi_kinyu/tosin/20180628/01.pdf）7頁。
84) 2021年6月11日株式会社東京証券取引所「コーポレートガバナンス・コード」（https://www.jpx.co.jp/news/1020/nlsgeu000005ln9r-att/nlsgeu000005lnee.pdf）。

「非財務情報」に、ESG 要素に関する情報が含まれることを明確化している[85]。

そのため、有価証券報告書上の ESG について開示する例が出てきている。例えば、気候変動のリスク及び機会と益影響額（再エネ価格の上昇等）及び気候変動に関する指標や目標などにつき記載した事例（株式会社丸井グループ）、シナリオ分析から把握した重要なパラメーター（炭素税や再エネ由来の電気料金）について、1.5〜2℃未満シナリオと3℃シナリオのそれぞれの財務影響や財務的影響をふまえ、今後の取り組みについて、取り組みの目標達成年度と内容等を記載した事例（J. フロントリテイリング株式会社）などがみられる[86]。

以上に鑑みると、上場企業の組織内弁護士としては、事業部門及び IR や PR 部門と協働しながら、ESG 要素が発行体の事業や業績に重要な影響を与えるかを検討し、重要な影響を与える場合には、開示内容をいかにすべきか、検討することが必要である。

⑸　スチュワードシップ・コード

スチュワードシップ・コード「スチュワードシップ責任」の定義が改定され「運用戦略に応じたサステナビリティ（ESG 要素を含む中長期的な持続可能性）の考慮」が追加された[87]。これは、ESG 要素を考慮することは、事業リスクの減少及び収益機会にもつながる、世界における ESG に関す

---

85) コーポレートガバナンス・コード基本原則3の考え方では「上場会社による情報開示は、計表等については、様式・作成要領などが詳細に定められており比較可能性に優れている一方で、会社の財政状態、経営戦略、リスク、ガバナンスや社会・環境問題に関する事項（いわゆるＥＳＧ要素）などについて定性的な説明等のを行ういわゆる非財務情報を巡っては、ひな型的な記述や具体性を欠く記述となっており付加価値に乏しい場合が少なくない」とされる。

86) 2021年3月22日金融庁「記述情報の開示の好事例集2020」2-7及び2-19（https://www.fsa.go.jp/news/r2/singi/20210322/01.pdf）。

87) 2020年3月24日スチュワードシップ・コードに関する有識者検討会（令和元年度）「『責任ある機関投資家』の諸原則≪日本版スチュワードシップ・コード≫」指針1－1

る急速な変化自体がリスクや収益機会に影響を及ぼし得る、ESG 要素を含むサステナビリティに関する課題も、投資プロセスに組み込むことが有益、といった点が考慮されたものである[88]。また、例えば、年金積立金管理運用独立行政法人では、ESG に関する重要な課題のなかでも、気候変動を中心とした環境問題については、国境を越えた地球規模の課題であるとして、株式を対象にした「ESG 指数」を採用しており、さまざまな企業に炭素効率性の向上や情報開示に取り組む一つの契機とすることを企図している[89]。さらに、最近では ESG に取り組まない企業から投資資金を引き上げる「ダイベストメント」の動きも欧州を中心に活発化してきているとの指摘もある[90]。加えて、昨年 6 月には、みずほフィナンシャルグループの株主総会において、同社が「パリ協定および気候関連財務情報開示タスクフォース（TCFD）に賛同している」として「パリ協定の目標に沿った投資を行うための指標および目標を含む経営戦略を記載した計画を年次報告書にて開示する」という条項を、定款に規定すべき旨の株主提案がされた[91]（決議の結果自体は否決）。

　以上に鑑みると、上場企業の組織内弁護士としては、事業部門及び IR や PR 部門と協働しつつ、投資家や株主の視点に立ち自社の再生可能エネルギーの利用を含めた自社の ESG への取り組みが適切になされているか、自社の企業価値向上の観点から検討していくことが重要である。

88）日本版スチュワードシップ・コード p 2

89）2018年 9 月25日年金積立金管理運用独立行政法人「グローバル環境株式指数を選定しました」（https://www.gpif.go.jp/topics/グローバル環境株式指数を選定しました.pdf）。

90）株式会社 NTT データ経営研究所「シリーズ連載　エネルギー業界変革時代の到来　〜脱炭素社会とデジタル化から考える新しい姿〜第 3 回　エネルギーに対する需要家ニーズの変化」（https://www.nttdata-strategy.com/knowledge/reports/2021/0201/）。

91）2020年 6 月25日株式会社みずほフィナンシャルグループ「第18期定時株主総会決議ご通知」（https://www.mizuho-fg.co.jp/investors/stock/meeting/pdf/resolution_18.pdf）。

6　おわりに

　以上のとおり、エネルギー・資源開発プロジェクトには様々なリスクが問題となりうるが、これらのリスクに適切に対処していくためには、関係国の法令の調査と対策の立案のほか、事業の実現可能性の調査、関係するリスクを踏まえた契約条件の交渉・契約書への落とし込み、政府機関の支援や関係する保証や保険の手配、事業リスクが発生した場合に備えた紛争・危機管理・コンプライアンス対応やそのための体制構築等の検討が必要となる。これらのリスクマネジメント業務に対応していくためには、社内や共同スポンサー、金融機関等の関係事業部門、管理部門等との連携が重要となるほか、外部の法律・ファイナンシャルアドバイザー・会計・技術・環境等の専門家を起用する場合もある。このような多種多様なリスクへ法務面から問題点を分析し、関係者と協働しながら適切な対応を進めていくためには、エネルギー・資源開発プロジェクトに携わる組織内弁護士において、関連する諸外国の法令等の専門知識を有するのみならず、関係事業の実情や懸念・会社の方針等をプロジェクトの初期の段階から的確に把握していることが重要であり、長期間のプロジェクトライフにおける紛争解決も視野に入れて、法務面から支援していくことが必要となる。

　また、資源の安定確保や再生可能エネルギーの導入に伴うカーボンニュートラル・脱炭素社会の実現はエネルギー政策の重要課題であり、組織内弁護士の活躍よりエネルギー・資源開発プロジェクトのリスクを適切にコントロールして各事業を成功させていくことは、日本のエネルギー政策の実現に貢献するという意味でも重要な意義があると思われる。

　更に、カーボンニュートラル実現へ向けた再生可能エネルギーの導入拡大等エネルギー政策の転換については、近時、非常に活発に議論されており、かつ関連する法令・規制等は複雑なものが少なくない。エネルギー関連企業の組織内弁護士としては、現行制度に精通することはもとより、様々な政策的な議論に適宜フォローアップし、場合により意見書を提出するなどして、より実務に即した合理的な法制度となるよう提言していくことも必要と考えられる。加えて、ESG への関心の高まりとともに、非エ

ネルギー企業の組織内弁護士としても再生可能エネルギーへの取り組みも看過することはできない。特に、上場企業の組織内弁護士としては、事業部門及びIRやPR部門と協働しながら、投資家や株主その他のステイクホルダーの視点からESG要素が企業価値に重要な影響を与えることに鑑み、再生可能エネルギーについての最新の動向と課題などをふまえたうえで、ESGへの取り組みを検討することが求められる。本稿がこうした組織内弁護士の活動の一助となれば望外の幸せである。

第4章

国際仲裁と企業内弁護士の役割

髙畑正子・石戸信平＊

1　はじめに

　国際仲裁は、国際的な取引等をめぐる紛争を解決するための裁判外紛争解決手続である。国際紛争を仲裁により解決するメリットとしては、①紛争の当事者が判断権者である仲裁人を選任することができ、事案の特性に応じて専門性を有する仲裁人を選ぶことができること、②外国裁判所における紛争解決を回避し、中立な仲裁人に判断をしてもらうことができること、③手続の内容について、当事者の自治が認められていること、④一審で終結するため、手続が迅速であること、⑤手続の内容が公表されないこと、⑥仲裁判断は「外国仲裁判断の承認及び執行に関する条約」に基づき、大多数の国々において仲裁判断の執行が可能であることが挙げられる。

　このように、国際仲裁は、海外展開をし、国際取引に携わる日本企業にとって、有力な紛争解決手段である。現に、下記の表に示すように、主要

＊　本稿はJILA国際仲裁研究会（座長／JILA副理事長髙畑正子〔株式会社インダストリアル・ディシジョンズ　ジェネラル・カウンセル〕、事務局長進藤千代数〔ホーガン・ロヴェルズ法律事務所外国法共同事業カウンセル〕）から、髙畑正子と石戸信平（JILA準会員、西村あさひ法律事務所）が執筆を担当した。なお、本稿中の意見にわたる部分はすべて筆者らの個人的見解であり、筆者らが過去に所属しまたは現在所属する企業、法律事務所その他の団体の見解ではないことを申し添える。また、本稿の執筆に際しては、川崎勝暉弁護士（西村あさひ法律事務所）に、文献・資料調査等で多大な貢献をいただいた。ここに御礼を申し上げたい。

表：主要な国際仲裁機関における日本企業等を当事者とする仲裁案件の数[1]

	2011	2012	2013	2014	2015	2016	2017	2018	2019	2020
ICC*	24	17	21	19	21	23	29	31	28	16
SIAC**	7	4	4(+5	3(+3	7(+1	4(+9	13(+14	15(+15	15(+11	32(+14

* 国際商業会議所（International Chamber of Commerce）
** シンガポール国際仲裁センター（Singapore International Arbitration Centre）
*** 2013年以降の SIAC の件数は、日本企業の海外子会社が当事者となった事案の件数を追加的に示している。例えば、2020年には、日本法人を当事者とする仲裁が32件申し立てられ、日本法人の海外子会社を当事者とする仲裁が14件申し立てられた。

な海外の国際仲裁機関における日本企業及びその海外子会社を一方当事者とする仲裁案件の件数はこの十年で増加傾向が見られる。

　このような日本企業等による国際仲裁活用の活発化傾向は主に私人間の取引から生じた紛争を取り扱う商事仲裁にとどまらず、投資保護条約に基づく投資家と国家との間の投資仲裁（投資協定仲裁）においても観察される。日本企業又はその海外子会社等が外国政府に対して提起した投資協定仲裁は、2001年に野村證券のオランダ子会社がチェコ政府に対して申し立てた事例[2]以来10年以上新規申立てがなかったが、2014年からは、年に1件以上の頻度で投資協定仲裁が申し立てられており、2020年には合計3件の投資協定仲裁の申立てが行われている[3]。

　以上のような進展を踏まえ、JILA は、2017年に、企業内弁護士の国際仲裁についての知見を高めるべく、これまで活動を行ってきた。本稿では、次項において国際仲裁における紛争当事者の企業内弁護士の役割を概観した上で、実際に紛争が発生した場合に企業が国際仲裁を有効に活用することができるようにする観点から企業内弁護士が特に押さえておくべき2つ

---

1 ）ICC Digital Library（Dispute Resolution - Statistical Reports 2011-2020）〈https://library.iccwbo.org/dr-statisticalreports.htm〉; Singapore International Arbitration Centre, Annual Reports 2011-2020〈https://www.siac.org.sg/2013-09-18-01-57-20/2013-09-22-00-27-02/annual-reports〉

2 ）*Saluka Investments B. V. v. The Czech Republic*（UNCITRAL）

3 ）石戸信平「投資協定仲裁判断例研究（132）日本企業の米国子会社による請求-国内裁判所の判断内容の誤りに基づく裁判拒否の主張が認容されなかった事例」JCAジャーナル68巻5号（2021年）48頁。

の事項、すなわち、仲裁合意(3)及び企業内弁護士の秘匿特権(4)を検討することとしたい。また、5 では、JILA 国際仲裁研究会のこれまでの活動内容を紹介する。

2　国際仲裁における企業内弁護士の役割

　企業が国際仲裁手続の当事者となる場合は、通常、国際仲裁を専門とする外部カウンセルを選任することとなる。そして、当該外部カウンセルが、仲裁手続における企業の代理人として、仲裁における主張立証方針の決定について助言し、主張書面を起案・提出し、口頭審問において弁論を行うこととなる。しかし、このことは、企業による国際仲裁の活用及び仲裁手続の遂行において、企業内弁護士が果たす役割が周辺的なものに留まることを意味しない。むしろ、企業が国際仲裁を有効に活用し、仲裁手続に費用効率的かつ適切に対応し、企業にとって最善の結果を導くためには、国際仲裁について基本的な知見を有し、かつ、当該企業の利害・戦略をよく理解し、企業内の関係部署とのコミュニケーションを円滑にとることができる企業内弁護士の存在が不可欠である。

　国際仲裁に関して企業内弁護士の果たすべき役割は、大要、以下のとおりである[4]。

(i)　契約締結時の仲裁条項の内容の交渉・調整

　国際取引等から生ずる紛争を仲裁により解決するためには、契約の当事者間で仲裁合意を書面化する必要がある。それは、通常、契約書中の仲裁条項により契約締結時に予め行われる。紛争発生時に仲裁を有効に利用できるかは、仲裁条項の内容次第と言っても過言ではないが、契約書作成段階で外部カウンセルが関与しているか否かにかかわらず、仲裁条項の内容の交渉・調整においては、仲裁条項について基本的な知見を有する企業内

---

4) See, Ugo Draetta, "The Role of In-House Counsel in International Arbitration," (2009) 75 Arbitration 470-480.

弁護士が関与することが望ましい。さらに、一般的に言って、企業の事業サイドは、仲裁条項の交渉を等閑にする傾向が見られるため、企業内弁護士には、平素から、事業サイドに対して仲裁条項の重要性を認識してもらうべく、周知をする役割も期待される。仲裁条項の内容については後述3で更に論じる。

(ⅱ)　紛争発生時における初期的対応及び社内の調整

　紛争発生時であっても、いきなり請求を付託するのではなく、当事者間では、交渉による紛争の解決を試みるニーズがしばしばある。その場合に、企業内弁護士が交渉及び社内調整に関与し、どの程度交渉の余地がある相手方なのか、紛争類型として和解による解決ができるものなのか等について営業サイドに助言を行うことが望ましい。また、当事者間の協議を仲裁付託の前に一定期間にわたり行う等、段階的紛争解決条項がある場合には、期間計算に留意し、どの時点から仲裁付託が可能になるのかについて把握し適宜仲裁申立ての準備に着手するべきである。さらに、紛争解決のための交渉時には、交渉当事者が、交渉経緯等を文書化する場合もあるが、企業内弁護士がこのような文書化のプロセスにしっかりと関与し、かかる文書が適切な内容であるか、仲裁手続開始後に自社に不都合な形で利用されるおそれがないかについてレビューをするべきである。

(ⅲ)　仲裁付託を決定する際の経営陣への助言

　紛争を和解等によらずに仲裁で解決する場合、通常、取締役会等、社内での機関決定が必要となる。正式な機関決定の前には、経営会議や各経営陣への説明が必要となり、ここでも企業内弁護士の果たすべき役割は大きい。説明が必要な事項としては、仲裁制度の基本的事項、事案の概要、仲裁申立ての必要性と相当性（時間軸、費用対効果〔サード・パーティー・ファンディングの活用の検討を含む〕、仲裁判断の執行可能性、相手方の特性、業種等ビジネス上の判断等多角的な視点からの検討を含む）、代理人選任手続及び候補者等が挙げられる。

(iv)　外部カウンセルの選任

　外部カウンセル（代理人）の選任においては、社内に外部カウンセル選任ポリシーがあれば、トランザクション等他の案件の選任プロセスと同様の選任プロセスを経ることとなるのが通常である。そのようなポリシーがない場合でも、複数の法律事務所から費用・報酬見積り、法律事務所の強み、ケースの見立て等を取得し、比較検討を行うことが望ましい。

(v)　仲裁人選任における外部カウンセルとの協働

　国際仲裁において、判断権者である仲裁人の選任は死活的重要性を持つ。外部カウンセルの助言・推薦を基礎としつつも、企業の事業上の利害・戦略をよく理解している企業内弁護士が積極的に選任プロセスに関与し、外部カウンセルと協働しつつ、仲裁人を選任することが望ましい。また、仲裁人候補者を検討する場合には、IBA ガイドライン[5]等の倫理規範に照らして、仲裁人と自社との間に利益相反がないか等の事前チェックが必要であり、その確認作業も企業内弁護士が調整することとなる。

(vi)　企業の開示書類への記載・関係者への連絡等の検討（特に投資仲裁の場合）

　例えば、東京証券取引所の適時開示ルールでは、「訴訟の提起又は判決等」が開示対象の発生事実として指定されており、これは紛争が仲裁に付託された場合も同様である。企業内弁護士は、関係法令・規則に照らして、仲裁付託又は仲裁判断等の事実について、開示の要否、開示内容の検討をすることが求められることもある。

　また、特に、外国（投資先国）政府を相手とする投資仲裁においては、仲裁前の有効的な協議の段階では日本政府による当該投資先国政府への働きかけが有効であること、投資先国との関係を考慮すべき場合もあることから、日本側の関係当局に事前に連絡・相談をすることが必要となる場合

---

5 ）IBA Guidelines on Conflicts of Interest in International Arbitration（2014）

もある。さらに、当該投資先国に関係する他の取引やグループ会社、取引先等も含め、影響の有無を確認することも検討すべきである。

⑺　仲裁戦略の策定、事実に関する証人の選定における外部カウンセルとの協働

　仲裁における主張立証方針の策定に際しては、外部カウンセルによる助言を基礎としつつも、企業側の事業上の利害・関心事項をよく理解している企業内弁護士の関与が重要である。事実に関する証人の選定は、証人候補者が企業の従業員であることも多く、証人候補者の特定、証人の選定をする際の社内調整、外部カウンセルとの調整等、企業内弁護士が果たすべき役割は大きい。ここで企業内弁護士がよく直面する問題としては、証人候補者が仲裁手続時には離職している場合がある。この場合には、かかる者に証人として陳述書を作成し、口頭審問において出廷を要請することの可否及び適否について慎重に検討を行う必要がある。

⑻　主張書面の準備、文書開示手続への対応等における外部カウンセルとの協働と社内調整

　主張書面の起案は、専ら外部カウンセルが行うが、起案された内容について、事実関係、企業の戦略等との齟齬がないかについての確認は企業内弁護士が行うことが求められる。

　また、国際仲裁では、しばしば日本国内での訴訟とは異なる文書開示手続（document production）が実施される。これは、仲裁手続の当事者が相手方の保有する文書の開示を求める手続である。相手方から開示要求された文書は、秘匿特権等の理由により開示を拒否できる文書を除き、事案との関連性、事案の結果にとっての重要性が認められれば開示をしなければならない。開示対象の文書は、通常、自社の社内文書であることから、社内文書の収集、及び、開示可否の検討等において企業内弁護士の果たすべき役割は大きい。また、紛争の仲裁付託の可能性が見えてきた段階で、関連する文書を保有している者・部署を特定し、当該者・部署に対し、文書保全通知（legal hold notice）を送付し、文書を保全することも必要とな

る[6]。

(ix)　審問期日への出席、及び証人尋問における外部カウンセルとの協働

　審問期日及び証人尋問においても、外部カウンセルが弁論及び反対尋問において主要な役割を担う。しかし、審問期日においては、事実関係や企業の事業についての論点が出ることもあるし、当事者自身による判断が求められる場面も想定される。よって、企業内弁護士が必ず出席し、そのような場合に備えるべきである。また、審問期日に出席することで、外部カウンセルのパフォーマンスを適切に評価することができるし、事前に相談した仲裁戦略が適切に履行されているかを確認することもできる。

(x)　予算の管理

　仲裁費用及び外部カウンセルの報酬についての予算の策定、支出状況のモニター、予算計画の調整等は、企業内弁護士の重要な役割の1つである。

3　仲裁合意の準拠法

(1)　仲裁条項

　仲裁は当事者間の仲裁合意[7]を基礎とする紛争解決手段であるので、国際的な取引等において、当該取引に関する契約交渉の段階において、適切な仲裁条項を契約書に規定する必要がある。紛争解決条項はいわゆる一般条項の一部であって、契約締結に至る過程で信頼関係にある或いはそのよ

　6）文書保全通知については、主に米国訴訟に関する論考ではあるが、小泉志保「日本組織内弁護士協会（JILA）国際仲裁研究会連載企画(3)　国際紛争においてインハウスローヤーの果たす役割についての一考察―米国訴訟を中心として」JCAジャーナル67巻7号（2020年）19頁を参考にされたい。

　7）例えば、日本の仲裁法上、仲裁合意とは、「既に生じた民事上の紛争又は将来において生ずる一定の法律関係（契約に基づくものであるかどうかを問わない。）に関する民事上の紛争の全部又は一部の解決を一人又は二人以上の仲裁人にゆだね、かつ、その判断（以下「仲裁判断」という。）に服する旨の合意」（仲裁法第2条第1項）と定義されている。

うな関係を構築中の相手方との間で将来関係が悪化し紛争に発展すること
は想像し難いものであることから、事業部門にとって関心が低く、契約交
渉の過程で他の取引条件に関する条項と比べて優先的に交渉すべき条項と
は認識されていない。しかし、万が一にでも紛争となれば、（特に、その対
応を余儀なくされる法務部門にとって）重要な条項であるから、契約交渉段
階においても、企業内弁護士としては、当該取引の内容や相手方、プロジ
ェクトの所在国等に照らし所属企業にとって最善と思える条項を提案すべ
きである。もっとも、相手方との間で有効な仲裁合意を成立させることが
大切であるので、意見の相違がある場合であっても、後日紛争となる確度
に照らし、当該仲裁条項に依拠することとなる場合において、仲裁条項の
各要素（仲裁地〔seat〕、仲裁人の数及び選任方法、使用言語、仲裁機関の利用
等）について譲歩できるものと固執すべきものを整理し合意することが必
要である。実務上は、アドホック仲裁を行うことを合意するよりも、常設
の仲裁機関[8]の規則に従い仲裁を行うことを合意すること、そして、当該
仲裁機関の HP に掲載されているモデル条項等を利用することが望ましい。

　ここで、仲裁法の適用について属地主義をとる法制度の国が多いことか
ら[9]、仲裁手続には仲裁地国の仲裁法が適用される。そこで、仲裁地の選
択については、当該都市の仲裁地としての一般的な評判及び認知度、当該
都市における法制度の中立性及び公正性、当該国の仲裁法、並びに仲裁合
意及び仲裁判断の執行に係る実績[10]等を考慮し判断することが必要であ
る。なお、仲裁地（seat）とは、仲裁手続に適用される国の仲裁法を決定
するための法的な概念であって、概念上、仲裁の審問が行われる場所
（venue）とは異なることに注意が必要である。仲裁地（location）という規

8）国際商業会議所（ICC）、ロンドン国際仲裁裁判所（LCIA）、シンガポール国際
　仲裁センター（SIAC）等。

9）西村高等法務研究所『国際仲裁と企業戦略』（有斐閣、2014年）19頁参照。

10）2018 International Arbitration Survey: The Evolution of International Arbitration,
　pp. 9-15, available at 〈http://www.arbitration.qmul.ac.uk/media/arbitration/docs/
　2018-International-Arbitration-Survey---The-Evolution-of-International-Arbitration.
　PDF〉

定ぶりを採用すると、審問地（venue）と混同されるリスクもあるので、仲裁地（seat）と記載すべきである。

　また、審問地については、必ずしも取引に関する契約締結段階で仲裁条項中に規定する必要はない。実務上は、仲裁手続が始まった際に、当事者の合意により、或いは仲裁廷の判断により決定されることが多い。審問地の選定にあたっては、当事者にとっての利便性（地理的、心理的に近接していること、設備等の使い勝手のよいこと、治安のよいこと等）を考慮することとなるが、一般に、仲裁地の仲裁法等に精通した外部カウンセルを選定することも多いため、予測可能性の観点から、仲裁地を審問地とすることについて一定の合理性があるので、仲裁地の選定においても、仲裁地と審問場所が同一となるとの想定の下、当事者にとっての物理的な便宜性を考慮することも肯首できる。

(2)　仲裁合意の準拠法

　国際的な商取引にかかる契約書において仲裁条項があっても、仲裁合意の準拠法が記載されていることは少ない。仲裁合意をめぐって、仲裁合意の存否若しくは効力、解釈、人的・物的範囲等に関連し争いが生じた場合、仲裁合意が妨訴抗弁として提出され、相手方が仲裁合意の無効ないし取消しを主張した場合、又は、裁判所による仲裁判断の取消し及び承認執行訴訟等において仲裁合意の有効性につき争いが生じた場合には、仲裁合意の準拠法が問題となる。なお、日本の仲裁法上は、仲裁判断の取消し及び承認執行にあたって仲裁合意の有効性が問題となる場合の仲裁合意の準拠法について、第一次的には当事者が選択した法により、それがないときには仲裁地法による[11]と解される。

　この点、仲裁合意が有効であれば、仲裁人として仲裁手続を進めることができ、妨訴抗弁を用いることができ、仲裁判断には確定判決と同一の効力が与えられるという点で、訴訟法上の効果をもたらすことから、法廷地

11）仲裁法第44条、同法第45条。

の手続法により判断すべきとする考え方がある[12]。しかし、手続法は一定の問題について自ら基準を定めることなく（外国の）実体法に委ねることを定めているので、手続法上の問題であるというだけで、法廷地手続法により判断することは妥当とは言い難い。

　そこで、仲裁の本質である当事者の合意を重視し、仲裁合意の準拠法についても、当事者の明示の合意がない場合には、黙示の合意により準拠法を選択し、仲裁合意の有効性を判断すべきである。学説上は、仲裁合意の準拠法についてかかる当事者自治を肯定するものが多数説ではあるが、その法的根拠については、①法例7条1項（法の適用に関する通則法7条）、②条理、③仲裁法等がある。判例も同様に当事者自治を肯定する[13]。すなわち「当事者間の合意を基礎とする紛争解決手段としての仲裁の本質にかんがみれば、いわゆる国際仲裁における仲裁契約の成立及び効力については、法例7条1項により、第一次的には当事者間の意思に従ってその準拠法が定められるべきものと解するのが相当であり、仲裁契約中で右準拠法について明示の合意がされていない場合であっても、仲裁地に関する合意の有無やその内容、主たる契約の内容その他諸般の事情に照らし、当事者による黙示の準拠法の合意があると認められるときには、これによるべき」[14]とされる。なお、黙示の合意に関して、仮想的意思の探求で客観的連結をするのは、当事者の予測可能性の観点から問題であると考えられる[15]。

　もっとも、当事者間で仲裁合意の準拠法の明示的な合意がなされるのは稀であり、主たる契約の準拠法と仲裁地法とが同じであれば、黙示の合意

12）谷口安平・鈴木五十三編著『国際商事仲裁の法と実務』（丸善雄松堂、2016年）105頁。

13）*Id.,* 107-111頁

14）リングリング・サーカス最高裁判決（最判平成9年9月4日民集51巻8号3657頁）。

15）「両当事者が準拠法に関する現実の意思を有していなかった場合でも客観的な諸事情から、もし準拠法について考えたならば選択したであろうと合理的に考えられるものを当事者の意思であると解釈するという、仮定的意思」、櫻田嘉章・道垣内正人編『注釈国際私法(1)』（有斐閣、2011年）192-193頁。

があるとして、当該法律を仲裁合意の準拠法とすることには問題がないかもしれない。しかしながら、実績のある、評判のよい仲裁機関を利用することを前提に、法的安定性等を考慮し仲裁地を選択した場合には、業種、取引類型、取引形態にもよるが、主たる契約の準拠法が仲裁地法と異なる場合は十分考えられる。この場合の仲裁合意の準拠法として、当事者の黙示の合意として、主たる契約の準拠法とするのか、仲裁地法であるとするのかは、各国の裁判例で判断が異なっている[16]。

　以上のとおり、仲裁合意の有効性が問題となる場合は多岐にわたり、国際的に確立された基準もないことから、万が一に備えて、仲裁合意の準拠法も合意し、主たる契約書に記載しておくことも検討に値する。

4　企業内弁護士の秘匿特権

(1)　文書開示手続と秘匿特権

　上記 2 ⑻で述べた様に、国際仲裁においては、文書開示手続が行われる。文書開示の対象は時として広範に及び、自らに有利な証拠を相手方に開示させたい当事者と開示すると不利になってしまう文書の開示を何とかして避けたい当事者との間で、開示する文書の範囲をめぐって熾烈な攻防が繰り広げられることもままある。相手方当事者からの開示要求の対象となった文書の開示を拒否する一つの根拠として、いわゆる privilege（秘匿特権）が存在する。privilege は、日本の民事訴訟制度には存在しない概念であるし、国際的にもその範囲等に関しては議論が錯綜している。

　企業内弁護士にとっては、紛争が予期できる状況において、事業サイドに対して行う法的助言の内容が、仲裁の文書開示手続において in-house counsel privilege を理由として開示を拒否できるのか否か、開示を拒否で

---

16) See, Ben Hornan, Jerome Finnis and Charlie Howell, "Which law governs the arbitration agreement?"（Global Arbitration Review, 27 February 2020）; Jack Ballantyne, "UK court clarifies principles on governing law"（Global Arbitration Review, 11 May 2020）等。

きるとしてどのような条件の下それが認められるかは実務上重要な問題である。

(2)　問題の所在

　国際仲裁における当事者は、適用される法律に基づき、privilege に依拠することができ、privilege の対象となる文書については、開示を拒否することができる、この限度ではコンセンサスがとれているといってよい[17]。

　しかし、privilege が認められる要件は、国やその法体系によって、様々であり、コンセンサスはとれていない。特に、広範な証拠開示制度（discovery）が存在しない大陸法系とこれが存在する英米法系の国との間では大きな違いがあり、また、英米法系の国の中でも、少なからず違いがある[18]。この点、IBA 証拠規則[19] 9 条 3 項は、「第9.2（b）条に定める法的障碍又は秘匿特権について検討するにあたり、仲裁廷が適用されると判断した強行規定又は倫理規則において認められている限度で、仲裁廷は以下の事由を考慮することができる。」と規定し、privilege が認められる要件を何に基づいて決するのかについては仲裁廷の裁量に委ねている。「privilege が認められる要件を何に基づいて決するのか」について仲裁機関の仲裁規則は基本的に何らの規定も置いていない。また、紛争が発生する前にこの点について当事者間で合意していることはまずないであろうし、紛争が発生した後では、合意が成立する可能性は低いであろう。

　In-house counsel privilege は、このような privilege の要件のうち、privilege を享受できる主体の問題であると考えられる。すなわち、基本的に、privilege を享受できるのは、国際仲裁の当事者によって起用された外部カウンセルであるところ、当事者の一部といってよい企業内弁護士にまで

17）Chapter 16: Disclosure in International Arbitration, in Gary B. Born, *International Commercial Arbitration*, 3rd edition（Kluwer Law International 2021）pp. 2549-2554、IBA 証拠規則 9 条 2（b）。

18）*Id.*, pp. 2551-2552

19）IBA Rules on the Taking of Evidence in International Arbitration（2010）

これが及ぶのかが問題となる。

　この問題を検討するにあたっては、privilege の準拠法及びその前提としての privilege の性質が重要となる。

(3)　privilege の性質（実体的権利 VS 手続的権利）及び準拠法の選択

　privilege が実体的権利であるのか手続的権利であるのかについて、各国国内法には何ら規定がなく、仲裁規則や IBA 証拠規則にも手がかりとなる規定はない。また、学説を見ても、privilege とは、国家の法によって創成される実体的権利であるという説[20]と、IBA 証拠規則が privilege を規定していることや仲裁廷に裁量があることから手続的権利であるという説が鋭く対立している[21]。

　privilege の要件をどこの国の法律に基づいて判断するのか、という準拠法の問題は、企業内弁護士が社内で行った法的助言の内容等が保護されるか否かを判断する上で最も重要な問題となる。なぜならば、企業内弁護士の社内で行った法的助言が、外部の弁護士と同様の秘匿特権を享受するか否かは、準拠法により大きく異なるからである[22]。privilege を実体的権利と考える場合、①法的助言を提供する者の法曹資格国や②紛争の本案に適用される法律と考えるのが自然であろう[23]。他方、手続的権利と考えると③仲裁地法と考えるのが自然であろう[24]。また、他にも、④文書の所在地国法や⑤コミュニケーションがなされた場所の最密接関連地法と

20）Born, *supra* note 17, pp.2558-2560.

21）Chapter 5: Interpretation of the IBA Rules, in Reto Marghitola, *Document Production in International Arbitration*, International Arbitration Law Library, Volume 33（Kluwer Law International 2015）pp. 70-73.

22）Corina Gugler; Karina Goldberg, "Privilege and document production in International Arbitration: how do arbitrators deal with different legal systems' approaches?", in João Bosco Lee and Daniel de Andrade Levy（eds）, *Revista Brasileira de Arbitragem*,（Kluwer Law International 2017, Volume XIV Issue 53）pp. 67-68.

23）Born, *supra* note 17, pp. 2558-2560; *Id.*, pp. 68-70.

24）Gugler and Goldberg, *supra* note 22, pp. 68-70.

いう説が存在するが、文書がデータベース上で複数国に同時に存在し得たり、世界中どこにいてもコミュニケーションができてしまう現代の状況に照らすと、とりづらいアプローチであろう[25]。

　さらに、当事者間の公平や予測可能性を考慮した折衷的な案として、⑥ Least Favoured Nation Approach や⑦ Most Favoured Nation Approach があり、学説上は、事案において当事者に適用され得る準拠法のうち、最も広範に privilege を認めるものを両当事者に平等に適用すべきとする Most Favoured Nation Approach が支持を集めているようではある[26]。しかし、特に、privilege を法律によって創成される実体的権利であると考える立場から、根拠が曖昧であるし、「当事者間の公平」という理由で本来であれば法律上存在しないはずのところに privilege が発生するのは不合理であるという批判がなされている[27]。

　実際の仲裁事例を見ると、統一された基準が形成されているとは言い難く[28]、企業内弁護士としては、このような予測可能性が低い状況を踏まえ、privilege についてどのような基準が適用される可能性があるかについてを意識した上で、対応を検討する必要がある。

25）*Id.*, pp. 69-70.

26）Marghitola, *supra* note 21, pp. 78-80.

27）Born, *supra* note 17, pp. 2560-2561.

28）投資協定仲裁において、密接関連地法アプローチを採用した仲裁事例として、*BSG Resources Limited v. Republic of Guinea*（ICSID Case No . ARB/14/22），Procedural Order No. 4, 25 November 2015, para. 6（c）; most favoured nation アプローチを採用した仲裁事例として、*Poštová banka, a.s. and ISTROKAPITAL SE v. Hellenic Republic*, ICSID Case No. ARB/13/8, Procedural Order No. 6, 20 July 2014, paras. 14, 16; 法曹資格国法アプローチを採用した仲裁事例として、*Global Telecom Holding S. A. E. v. Canada*（ICSID Case No. ARB/16/16），Procedural order No. 5, 13 December 2018, p. 13.

⑷　実際に企業内弁護士が社内で行う法的助言を開示から保護する
　　ための実務上の留意点

　仮に、in-house counsel privilege を理由とする文書の開示拒否が認めら
れることを前提としても、企業内弁護士による個別のコミュニケーション
がかかる privilege により保護されるためには、少なくとも、企業内弁護
士が、ビジネス上の助言ではなく、法律上の助言を行っていることを個別
のコミュニケーションごとに立証していく必要がある[29]と考えられる。
企業内弁護士は、企業の従業員として、事業サイドに対して、ビジネス上
の助言を行うこともある。ビジネス上の助言については privilege により
保護されない可能性があるため、法律上の助言については、ビジネス上の
助言とは分けて行い、メールの件名や文書のヘッダーに Privilege & Con-
fidential の文字を記載しておく等、予め峻別をしておくことが肝要である。
ただし、このような記号を安全を見て広範に使用している場合には、かか
る記号の信用性が低下することとなるため、記号を付すに当たっては、明
確なルールを策定しておくことが望ましい。

5　JILA 国際仲裁研究会の活動

　JILA 国際仲裁研究会は、JILA 会員が国際仲裁をより効果的に活用で
きるように研鑽、研究の機会を提供している[30]。現時点では、JILA 会員
の多くは、企業法務、特に契約関係の実務を担当しており、国際仲裁手続
に実際に携わっている者は少ないといえよう。今後10年くらいのうちに、
法務部長やジェネラルカウンセルになるとすれば、所属企業にとって大切
なプロジェクトについて係争が生じた場合には、その解決方法について経
営会議等で助言できることが必要となる。

---

29)　*Glamis Gold Ltd. v. United States of America*, UNCITRAL, Decision on the
　　Parties' Requests for Production of Documents Withheld on Grounds of Privilege, 17
　　November 2005, paras. 23-24, 25b; *ADF Group Inc. v. United States of America*,
　　ICSID Case No. ARB（AF）/00/1, Procedural Order No. 3 Concerning the
　　Production of Documents, 4 October 2001, para. 18.

　JILA 国際仲裁研究会において研究したいテーマとして、①各種国際仲裁やその他の紛争解決手段との比較、検討 ②国際仲裁を巡る日本及び諸外国の立法の状況、投資協定等 ③国際仲裁に必要な英語の基礎及び実務 ④国際仲裁条項の基礎（仲裁機関、仲裁人の選定、仲裁地の選定、準拠法、使用言語等）⑤国際仲裁条項の実務（交渉に必要な実務知識、解釈が分かれた場合の対応等）⑥国際仲裁申立ての基礎（手続の概要等）⑦国際仲裁申立ての実務（期間、費用、経営層の説得、仲裁人選任に関する諸問題等）⑧国際仲裁における秘匿特権、秘密保持、証拠開示、ヒアリング等 ⑨国際仲裁判断の承認と執行に関する諸問題 ⑩国際仲裁のケーススタディ（日本企業の関与事例と実務における影響等）⑪模擬国際仲裁（詳細かつ集中的な研修等）等が挙げられている。

　設置以来、JILA 国際仲裁研究会では、2019年に SIAC と共催でセミナー「インハウスのための国際仲裁」を行った他、SIAC、ICC、HKIAC、JCAA その他の仲裁機関のイベントへの後援、スピーカーの派遣等、積極的に関与し、JILA 会員にとって有益な情報を提供している。

　また、2019年10月には、JILA 会報誌の国際仲裁特集のための座談会を行った。更に、2020年 3 月より、JCA ジャーナル（日本仲裁人協会）の企画で、JILA 国際仲裁研究会員による寄稿が連載されている。これらの執筆の機会等も実務と理論を整理するよい機会となっている。

　加えて、2020年 9 月に設置された法制審議会仲裁法制部会に、日本組織内弁護士協会副理事長（JILA 国際仲裁研究会座長）が委員として任命された。国際仲裁という司法インフラの整備について、弁護士会よりは経済団体に近い立場、すなわち、仲裁人や申立代理人ではなく、国際仲裁を利用

30）JILA 国際仲裁研究会設置申請書（2017年 2 月）中の設立趣意書には、「グローバリゼーションの進展とともに、紛争解決手段として国際仲裁がその重要性を一層増している中、国外にて事業を展開している企業の組織内弁護士においては必要不可欠の知識となってきている。そこで、当研究会は、国際仲裁に係る最新の文献、実例の研究、同分野の専門家からの講演会などを踏まえ、最新の実務、問題点、解決法などを把握することを通じて、研究会会員が、各組織における、国際取引と海外投資を促進するために、国際仲裁をより効果的に活用できるよう、参加者同士が一緒に議論し合うことで研鑽し、研究するものである。」と記載されている。

する本人（企業）の視点から、いわばユーザーとしての意見を反映させることが大切である。2021 年 3 月に公表された「仲裁法等の改正に関する中間試案」[31]についても、JILA 国際仲裁研究会として議論する場を設けパブリックコメントを提出した[32]。

　JILA 国際仲裁研究会の活動が日本企業の国際競争力の強化、ひいては、日本における国際仲裁活性化[33]の一助となれば幸いである。

31）法務省「仲裁法等の改正に関する中間試案」（令和 3 年 3 月 5 日）の取りまとめ（http://www.moj.go.jp/shingi1/shingi04900001_00056.html）。

32）2021 年 6 月 7 日に公示された「『仲裁法等の改正に関する中間試案』に関する意見募集の結果について」（https://public-comment.e-gov.go.jp/servlet/PcmFileDownload?seqNo=0000219718）。

33）2017 年 6 月に発表された日本政府の「経済財政運営と改革の基本方針（骨太の方針）」法務省：国際仲裁の活性化に向けた取組について（https://public-comment.e-gov.go.jp/servlet/PcmFileDownload?seqNo=0000219718）。

あとがき

　本書のタイトル「組織内弁護士の実務と研究」のとおり、本書は、日本組織内弁護士協会（JILA）における各研究会や執筆者の研究成果を公表すべく、日本組織内弁護士協会創立20周年の節目に出版された書籍です。

　このような節目の成果となる本書の編集を務めることは、組織内弁護士としての経験が未熟な我々にとって重い責任を感じるところでした。実際にも、「組織内弁護士」という共通のテーマはありましたが、各論稿の研究テーマや対象は多岐にわたり、従来の枠組みにとらわれず意欲的に展開される各論稿にどうやって横串を通していくのか、我が国における組織内弁護士の研究における通奏低音は何なのか等について悩みました。

　一方、編集の立場から、各論稿を通じてこれまでの組織内弁護士の活動について追体験し、また各分野の最先端の研究テーマに触れられたことは、大きな喜びを感じる貴重な経験でもありました。

　振返ってみると、本書の出版が企画され、出版されるまで１年間以上を要しました。新型コロナウイルスが猛威を振るい、緊急事態宣言が発令され、東京オリンピックが延期される等、未曽有の情勢の中、出版社、執筆者、編集者の方々とは結局一度も対面することなく、ウェブ会議とメールのみで、出版に向けた打ち合わせを行うこととなりました。対面によるやり取りができない中でも、編集会議、原稿の更正等を滞りなく進め、無事出版に至ることができたのは、これまで長年に渡って培ってきた日本評論社様や執筆者の皆さまとの関係性の賜物だろうと感じています。

　今回の編集にあたって、我が国の組織内弁護士には既に多様な側面があり、かつそれらを取り巻く環境が大きく変化しつつあることを強く感じました。10年後の日本組織内弁護士協会創立30周年の際には、組織内弁護士の状況は、想像を超えてさらに変化、発展しているものと思います。その際には、組織内弁護士が社会における法の担い手として一段と活躍しており、本書のような書籍を改めて出版できるものと期待しております。

　改めて、本書の執筆にご協力いただいた執筆者及び執筆協力者の皆様、本書を出版してくださった日本評論社様、編集を担当して頂いた串崎様、柴田様、武田様には、この場を借りて深く御礼申し上げます。

　2021年8月

編者を代表して
稲田博志
田附周平

執筆者一覧 （掲載順）

須網隆夫（すあみ・たかお）	早稲田大学法学学術院教授
奥田真世（おくだ・まよ）	弁護士、JFE スチール株式会社
堀籠　雄（ほりごめ・たけし）	弁護士、ウルトラファブリックス・ホールディングス株式会社
幸田　宏（こうだ・ひろし）	弁護士、さいたま市役所
高橋　治（たかはし・おさむ）	弁護士、シティライツ法律事務所
渡部友一郎（わたなべ・ゆういちろう）	弁護士、Airbnb
矢野敏樹（やの・としき）	弁護士、アマゾンウェブサービスジャパン株式会社
土屋俊博（つちや・としひろ）	中小企業診断士、日本電気株式会社
渡邊　賢（わたなべ・さとし）	弁護士、株式会社名村造船所
坂本英之（さかもと・ひでゆき）	弁護士、ジブラルタ生命保険株式会社執行役員チーフ・リーガル・オフィサー
豊田泰行（とよた・やすゆき）	株式会社綜合キャリアオプション
本多愛子（ほんだ・あいこ）	弁護士、日本ピグメント株式会社
前田絵理（まえだ・えり）	弁護士、EY ストラテジー・アンド・コンサルティング株式会社, Strategy and Transactions, Legal Director
黒澤壮史（くろさわ・まさし）	日本大学商学部准教授
染谷隆明（そめや・たかあき）	弁護士、池田・染谷法律事務所
岩間郁乃（いわま・あやの）	弁護士、経済産業省経済産業政策局新規事業創造推進室法務専門官
鈴木　卓（すずき・たかし）	弁護士、三菱商事株式会社
齋藤国雄（さいとう・くにお）	弁護士、LINE 株式会社
吹野加奈（ふきの・かな）	弁護士、株式会社 LegalForce

渋谷武宏（しぶや・たけひろ）　　　弁護士、アンダーソン・毛利・友常
　　　　　　　　　　　　　　　　　法律事務所

宗像孝純（むなかた・たかすみ）　　弁護士、LINE 株式会社

山口裕司（やまぐち・ゆうじ）　　　弁護士、大野総合法律事務所

髙畑正子（たかはた・まさこ）　　　弁護士、株式会社インダストリア
　　　　　　　　　　　　　　　　　ル・ディシジョンズ　ジェネラル・
　　　　　　　　　　　　　　　　　カウンセル

横井邦洋（よこい・くにひろ）　　　弁護士、アンダーソン・毛利・友常
　　　　　　　　　　　　　　　　　法律事務所

進藤千代数（しんどう・ちよかず）　弁護士、ホーガン・ロヴェルズ法律
　　　　　　　　　　　　　　　　　事務所外国法共同事業

石戸信平（いしど・しんぺい）　　　弁護士、西村あさひ法律事務所

《編者》

にほんそしきないべんごししきょうかい
日本組織内弁護士 協 会
(Japan In-House Lawyers Association, JILA)

そしきないべんごしじつむけんきゅう
組織内弁護士の実務と研 究

2021年9月10日　第1版第1刷発行

編　者——日本組織内弁護士協会
発行所——株式会社　日本評論社
　　　　　〒170-8474 東京都豊島区南大塚3-12-4
　　　　　電話 03-3987-8621（販売：FAX—8590）
　　　　　　　　03-3987-8592（編集）
　　　　　https://www.nippyo.co.jp/　振替　00100-3-16
印刷所——精文堂印刷株式会社
製本所——株式会社難波製本
装　丁——図工ファイブ